Ram Dass wurde als Richard Alpert am 6. April 1931 um 10.40 Uhr in Boston geboren. 1957 erwarb er den Grad eines Dr. phil. in Psychologie von der Stanford University. Danach lehrte er bis 1963 in Stanford, an der University of California in Berkeley und an der Harvard University. Gleichzeitig Mitglied der Fakultät des Social Relations Department und der Graduate School of Education und außerordentlicher Direktor des Laboratory of Human Development, lehrte und forschte Richard Alpert in Harvard in den Bereichen menschliche Motivation, Freuds Theorien über frühe soziale Entwicklung, Wahrnehmung und klinische Pathologie. In diesem Zeitraum arbeitete er auch als Psychotherapeut mit den Harvard University Health Services.

Im März 1961 nahm Richard Alpert Psilocybin zu sich, eine bewußtseinsverändernde Substanz. Diese Erfahrung wurde zu einem Wendepunkt in seinem Leben. In der Folgezeit schloß er sich mit Timothy Leary und anderen einem Forschungsprogramm an, das sich mit veränderten Bewußtseinszuständen beschäftigte, die durch den Gebrauch von psychedelischen Drogen so wie LSD hervorgerufen waren. Neben der Forschungsarbeit mit Ministern, Gefängnisinsassen, Wissenschaftlern und anderen, an Orten wie Harvard und bei Gemeinschaften in Mexico, auf den Karibischen Inseln, in Millbrook, New York, und Los Altos, Kalifornien, nahm Richard Alpert diese Drogen selbst über dreihundertmal ein. Indem er seine eigene Ausbildung als Sozialwissenschaftler und klinischer Arzt wie auch seine Erfahrung dabei einsetzte, die er in fünf Jahren Psychoanalyse gesammelt hatte, beobachtete er bestimmte klare Veränderungen in seiner eigenen Psychodynamik und ebenso die Grenzen der psychedelisch herbeigeführten Erfahrung.

Im Jahre 1967 ging Richard Alpert nach Indien; er war auf der Suche nach Menschen, die immer noch die Schlüssel für das Wissen um die Erleuchtung in Händen halten könnten – die Weisheit, die, wie er aus seiner Lektüre wußte, tief in der Geschichte des Ostens begründet liegt. Nach vielen Monaten ergebnisloser Suche fand er das, wonach er suchte; in der Folgezeit ließ er sich in einem kleinen Tempel im Himalaya einen Winter lang nieder, wo er unter der Führung von Neem Karoli Baba, seinem Guru, studierte. Im Jahre 1968 kehrte er als Ram Dass (der Name, der ihm von seinem Guru gegeben wurde) in den Westen zurück, um den Weg des Karma-Yoga als Teil seines Sadhana einzuschlagen.

Im Jahre 1970 kehrte er für weitere Studien noch einmal nach Indien zurück. Im Augenblick hält er sich wieder im Westen auf und läßt an seiner Reise teilhaben. Ram Dass brachte die Energien zusammen, die das Buch *Be Here Now (Sei Jetzt Hier)* und die Schallplatten *Love Serve Remember* entstehen ließen.

RAM DASS

Alles Leben ist Tanz

Gespräche bei der Menninger Foundation,
Topeka, Kansas, 1970
und am Spring Grove Hospital,
Spring Grove, Maryland, 1972.

FRANK SCHICKLER VERLAG
BERLIN

Diese Gespräche erschienen zuerst im *Journal of Transpersonal Psychology*,
dann als Buchausgabe unter dem Titel „The Only Dance There Is"
bei Anchor Press/Doubleday, New York
Übersetzung von Schiva Luetjohann
Veröffentlicht im August 1976, im Jahr des Drachen
©1970, 1971, 1973 Transpersonal Institute
Deutsche Ausgabe
©1976 Frank Schickler Verlag
Postfach 21 02 29, 1000 Berlin 21
Alle Rechte vorbehalten
Abbildungen
Titelbild: Shiva Nataraja, Madras, 13. Jahrhundert, Bronze;
Nelson Gallery — Atkins Museum, Kansas City, Missouri (Nelson Fund)
Innenseiten und Rückseite:© Rameshwar Das
Composer-Satz
Doris van Zütphen, Tönisvorst
Druck
Leo's Druckerei, Solnhofen
Printed in Germany
ISBN 3 921547 00 8

Geleitwort

Dieses Buch ist stufenweise entstanden. Im Jahre 1970 hielt Ram Dass in Topeka, Kansas, einen Vortrag vor Fachleuten des Gesundheitswesens. Der Vortrag wurde aufgenommen, und es erschien wünschenswert, ihn weiteren Kreisen zugänglich zu machen. Er wurde abgeschrieben und 1970 und 1971 in zwei Ausgaben des *Journal of Transpersonal Psychology* veröffentlicht. Wir hatten das Gefühl, daß die Verschmelzung von westlicher Schulung und östlichen Erfahrungen, die Ram Dass unternahm, äußerst wertvoll für unsere Leser sein würde. Ihre Reaktion ist von Anfang an sehr erfreulich gewesen.

Im Jahre 1972 hielt Ram Dass einen anderen Vortrag vor einer weiteren Fachgruppe am Spring Grove State Hospital in Baltimore. Wir erhielten das Tonband und die Erlaubnis, den Vortrag abzuschreiben, zu redigieren und zu drucken. Wiederum war die Reaktion so beeindruckend, daß wir uns dafür entschieden, beide Vorträge einem größeren Publikum zugänglich zu machen. In den Vereinigten Staaten stimmte Doubleday zu, sie in vorliegender Form zu veröffentlichen, wodurch ein umfassender Vertrieb zu einem vernünftigen Preis gewährleistet war.

Historisch gesehen, ist ein spirituelles System nach dem anderen in eine fremde Kultur auf die Art und Weise aufgenommen worden, daß die Form der Disziplin verändert wurde, ohne den Wesenskern zu vermindern. Ram Dass ist besonders erfolgreich dabei gewesen, daß sich Amerikaner und andere Menschen des Westens darin „zuhause" fühlen, was als eine „fremde" Tradition angesehen worden ist.

Redaktion und Herausgeber sind Ram Dass äußerst dankbar dafür, daß er uns die Erlaubnis gegeben hat, diese Vorträge zu veröffentlichen und auch so großzügig war, alle Rechte an das *Journal of Transpersonal Psychology* abzutreten.

ANTHONY J. SUTICH, Herausgeber, und
JAMES FADIMAN, Mitherausgeber,
Journal of Transpersonal Psychology

Ich bin in jenem Himmel gewesen, der am meisten von seinem Licht erleuchtet wird; und ich habe dort Dinge geschaut, die auszudrücken derjenige, der zurückkehrt, weder die Fähigkeit noch das Wissen hat. Denn wenn sich unser Verstand dem Gegenstand seiner Sehnsucht nähert, wird er davon so stark überwältigt, daß er niemals den Weg nachzeichnen kann, dem er gefolgt ist. Was auch immer aus dem heiligen Königreich aber mit der Kraft der Erinnerung zu hüten war, es wird Gegenstand meines Gesangs sein, bis er zum Ende gekommen sein wird.

DANTE

Plötzlich erhob und breitete sich um mich der Ort, der Friede, die Freude und das Wissen, die alle Kunstfertigkeit und Beweise der Erde übersteigen,
Und ich weiß, daß die Hand Gottes meine eigene Hand ist,
Und ich weiß, daß der Geist Gottes der Bruder meines eigenen Geistes ist,
Und daß alle Männer, die jemals geboren wurden, auch meine Brüder sind, und die Frauen meine Schwestern und Liebsten;
Und daß ein Richtkiel der Schöpfung Liebe ist ...

WALT WHITMAN

Die Wahrheit liegt in uns selbst. Was immer wir auch glauben mögen, ihr Ausgangspunkt liegt nicht in äußeren Dingen. Tief im Inneren von uns allen gibt es einen Mittelpunkt, wo sie in übergroßem Reichtum vorhanden ist. Wenn wir einen Weg nach außen öffnen, wo der eingefangene Glanz nach außen entweichen kann, wissen wir viel eher, als wenn wir einen Eingang für das Licht schaffen, das wir draußen vermuten.

ROBERT BROWNING

Ein Mensch ist die Fassade eines Tempels, in dessen Innerem alle Weisheit und alles Gute wohnen. Was wir gemeinhin Mensch nennen — der essende, trinkende, planende und Wurzeln schlagende Mensch —, stellt sich so, wie wir ihn kennen, nicht selbst dar, sondern ent-stellt sich.

RALPH WALDO EMERSON

Der Pfad des Bewußtseins

Als einer der Wanderer auf einem sehr, sehr alten Pfad, dem Pfad des Bewußtseins, hatte ich gestern abend hier in Topeka in gewisser Weise eine Begegnung mit dem Explorers Club; zu ihm sollte ich über die geographische Landschaft sprechen, von der ich eine Karte erstellt hatte. Die Menschen, die sich einfanden, um jemandem zuzuhören, der Ram Dass genannt wird und früher Richard Alpert hieß, haben irgendwo, auf einer bestimmten Ebene und in einem ganz entfernten Winkel, etwas mit dieser Reise zu tun. Nach meiner Sicht der Dinge können wir nichts weiter tun, als die Aufzeichnungen unserer Erforschung miteinander zu teilen. So kann ich etwa sagen: „Hier müssen Sie aufpassen, denn an dieser Kurve fällt die Straße scharf nach links ab ... halten Sie sich am besten weit rechts."

Die Motivation hierfür ist äußerst interessant — sie dient der Arbeit an meinem Selbst. So ist es zwar ziemlich einfach, nicht mehr an weltlichen Spielregeln anzuhaften, wenn du in einer Höhle mitten im Himalaya sitzt. Aber inmitten der Stadt New York, mit Fernsehen, schönen Menschen um dich herum, hervorragenden Köchen, Werbung und völliger Unterstützung all deines Anhaftens ist es schon eine ganz andere Sache mit Sex, Macht, Geld, Ruhm und sinnlicher Befriedigung. Aber da gibt es auch die Geschichte von einem Mönch, der hoch oben in den Bergen sehr heilig wurde, bis er schließlich einige tausend Anhänger hatte. Nach vielen Jahren begab er sich einmal hinunter in eine Stadt, und dort rempelte ihn jemand an. Voller Zorn wandte er sich um, und dieser Zorn war ein Kennzeichen dafür, wie wenig er tatsächlich an sich selbst gearbeitet hatte. Trotz aller Anstrengung hatte er das Samenkorn des Zornes noch nicht entfernen können; noch immer wurde er aufgebracht, wenn ihn jemand anstieß.

So kann ich an meinem eigenen *Sadhana* erkennen (der Arbeit an meinem eigenen Bewußtsein, was ich auch meine spirituelle Reise nennen könnte), daß es ziemlich zyklisch verläuft. Es gibt Zeiten, nach außen zu gehen und Zeiten, sich wieder nach innen zu wenden. Das Leben hier auf dem Marktplatz bedeutet, Dinge in den Vordergrund treten zu lassen, ebenso wie ich mit anderen Dingen zwangsweise konfrontiert werde, wenn ich dreißig oder vierzig Tage allein an einem Ort in den Bergen verbringe. Das eine verbirgt sich nur vor dem anderen, jede Umgebung tritt hinter den Möglichkeiten anderweitiger Anregungen zurück. Beispielsweise hat der Plan der Gemeinschaft, die wir im Bergland von New Mexico aufgebaut haben und wo ich für eine Weile einen Ashram leitete, vier Grundpfeiler, die im wesentlichen mit den Sonnenwenden in Beziehung stehen.

Die vier Grundpfeiler eines Ashrams

Im ersten Zeitraum soll jemand in die Einsiedelei auf der Spitze des Hügels gehen, wo er sich tief in sich hineinversenken kann. In dieser Einsiedelei pflegt er sich dann in vollkommener Einsamkeit zu befinden. Sein Essen wird ihm vor die Türe gestellt. In der Gemeinschaft, in der ich mich diesen Winter aufhielt, gingen die Leute bis zu neunzehn Tagen dorthin. Am Anfang ließ ich sie Bücher, Bilder, Webzeug und alle ihnen lieben Dinge mitnehmen (eingeschlossen ihr Lieblingsquark oder was immer sie zu brauchen glaubten). In der zweiten Runde veränderten wir die Spielregeln ein bißchen, und sie nahmen nur noch ihren Schlafsack mit. Sie gingen in den Raum hinein, schlossen die Türe hinter sich, und während der nächsten zehn Tage wurden Feuer, Holz, Essen und ein Krug mit Wasser draußen hingestellt. Sie waren vollkommen geschützt und umsorgt; es gab keine Telefonanrufe und keine Briefe. Wir nahmen sie in unseren Schutz und gaben ihnen jene einmalige Gelegenheit, sich von all den Reizen zu befreien, die das Bewußtsein beständig gefangennehmen, so daß man immer wieder sagen kann: ,,Ja, wenn nicht dies oder jenes wäre . . ." Nun, dafür waren wir da – wir haben jenen Platz geschaffen.

Der zweite Teil jenes Viererzyklus besteht darin, daß jemand innerhalb einer Gemeinschaft *lebt,* ein Ashram-Bewohner lebt innerhalb der Gruppe – das heißt, er versorgt den Garten, die kleinen Kinder, die Ziegen, er kocht das Essen, hackt Holz, verrichtet Karma-Yoga. Das bedeutet, Karma-Yoga inmitten von *Satsang* oder *Sangha,* einer Gemeinschaft verschiedener Wesen, die sich voll dessen bewußt sind, daß sie an ihrem eigenen Bewußtsein arbeiten. Im Buddhismus gibt es die traditionell überlieferte dreifache Zuflucht. Es gibt eine Rezitation, wo es zuerst heißt: ,,Ich nehme meine Zuflucht zum Buddha" – ich nehme Zuflucht zu der Tatsache, daß ein Wesen erleuchtet werden kann, das heißt, daß es von jedem festgelegten Bewußtseinszustand (Verhaftung) freiwerden kann. Zweitens: ,,Ich nehme Zuflucht in den Dharma" – ich nehme Zuflucht zu dem Gesetz, zu der universalen Ordnung, in die Gesetze des Universums, dies können wir auch Karma nennen. Drittens: ,,Ich nehme Zuflucht in die Sangha" – in die Gemeinschaft mit anderen Wesen, mit Mönchen auf dem Pfade, mit der Gemeinschaft all derer, die Suchende sind. Wenn du dich daher als ein Sucher nach sinnlicher Befriedigung verstehst, wirst du dich auch mit anderen Menschen umgeben, die ebenfalls nach Befriedigung der Sinne suchen. Wenn du dich selbst als einen Intellektuellen bestimmst, wirst du häufig von Intellektuellen umgeben sein. Wenn du dich selbst als einen Sucher des Bewußtseins begreifst, wirst du damit beginnen, dich mit anderen Suchern des Bewußtseins zu umgeben, denn auf dieser Stufe vermittelt dir das Zusammensein mit solchen Menschen tatsächlich eine Art von Unterstützung durch die Einflüsse deiner Umgebung.

Wenn ich das Wort „Weihe" oder „Hingabe" verwende, will ich damit das Wesen jeder Handlung innerhalb eines kosmischen Plans zum Bewußtsein bringen. Früher pflegten die Menschen dies Segen zu nennen. Auf den Segen wurde sogar gewartet, bevor man damit anfing, einen Truthahn zu verspeisen. Nun, wenn ich das Essen segne und mein Tischgebet sage, mache ich dies mit einem alten Ausspruch aus dem Sanskrit, der soviel bedeutet wie: „Dieses Darbieten dieses kleinen Rituals, das ich ausführe, dies ist Teil von allem, Teil von Brahma, Teil alles dessen, was ewig ist. Derjenige, der etwas zum Opfern darbringt, bringt damit zum Ausdruck, daß das Dargebotene Teil von allem ist. Dem Hunger, dem wir Nahrung geben . . . das Feuer, das wir nähren, alles ist Teil davon. Auch derjenige, der das Opfer darbringt, ist ein Teil dessen. Derjenige, der erfährt, daß alles miteinander in Verbindung steht, alles eins ist, wird selbst mit allem eins."

Es gibt eine sehr schöne Geschichte von J. D. Salinger, *Teddy;* Teddy erscheint darin wie ein alter Lama, der durch einen sonderbaren Zug des kosmischen Plans in eine typische Mittelklasse-Familie des Westens wiedergeboren worden ist. Er ist ungefähr zehn Jahre alt und befindet sich, gemeinsam mit seiner Schwester, seiner Mutter und seinem Vater, an Bord eines Schiffes. Er ist draußen auf Deck, und dort begegnet er diesem Mann, der bald erkannt hat, daß dieser kleine Junge nicht einfach nur ein kleiner Junge ist, und dieser Mann sagt zu ihm: „Wann hast Du es zum erstenmal bemerkt, daß Du . . . wie war das?" Und Teddy antwortet: „Nun, da war ich sechs Jahre alt. Ich war in der Küche und schaute meiner kleinen Schwester dabei zu, wie sie in ihrem hohen Kinderstuhl saß und Milch trank. Und plötzlich erkannte ich, daß dies etwa so war, als würde Gott Gott in Gott hineinströmen lassen, wenn Du verstehst, was ich meine." Dies bedeutet haargenau das gleiche wie jenes Mantra aus dem Sanskrit. Wir gießen Energie in Energie, um Energie hervorzubringen, wobei wir ihr mit Ehrfurcht gegenübertreten. Ganz ohne Zweifel wirst du die orale Phase auf ganz andere Art und Weise begreifen müssen, wenn du das Universum einmal so siehst. Was tun wir denn? Nichts. Wie konnten wir jemals etwas tun, wo doch alles da ist? Sind wir alle hier? Sicherlich. Wenn wir lernen wollen, wie wir etwas darbringen oder opfern, ist es daher von großer Hilfe, wenn wir von Menschen umgeben sind.

Es gehört zu meinem Karma dazu, ab und an meinen Vater zu besuchen — einen dreiundsiebzigjährigen Republikaner aus Boston, konservativ und sehr erfolgreich innerhalb der Gesellschaft. Wenn wir uns zu Tisch setzen, beginnt er zu essen und blickt dann auf, um zu sehen, wie ich jene „Sache" ausübe, still für mich. Ich mache nicht viel daher, ich sitze einfach ruhig da . . . und dann bleibt ihm der Löffel mitten in der Luft stecken, und er macht „Pht". Das kommt fast unfreiwillig aus ihm heraus, es könnte etwa bedeuten: „O. K., warte ich eben auf den Jungen . . . er spinnt nun einmal ein bißchen." Das ist nun kein *Satsang*, das ist keine Gemeinschaft von Mönchen, die auf dem Weg sind. Und jenes „Pht", ob es mir nun hilft oder mich behindert, ist eine Auswirkung dessen, wo ich tatsächlich im Augenblick gerade stehe. Mit anderen Worten: wenn ich voll darauf bin, was ich gerade mache, kann jenes „Pht" nur ein Gefühl des Schmerzes über unsere derzeit mißliche Lage entstehen lassen, aber es kann in keiner Weise von der Höhe jener lebendigen Schwingung wegziehen, die ich in die Sache einbringen kann, die ich gerade mache.

Hin und wieder gehe ich, überall in den Vereinigten Staaten, in eine Kirche, und dort singen wir Lieder, die das Bewußtsein antörnen, die dich high machen können. Sie wurden von Menschen verfaßt, die sich in ekstatischen Bewußtseinszuständen befunden haben, und du liest sie ... jeder singt sie dermaßen ab, als würde er eine Einkaufsliste herunterleiern. In keiner Form wird der Geist in dieses Singen hineingelegt, und doch legte derjenige, der auch immer diese Lieder schrieb, seinen Geist hinein. Wir sagen: „Nun, die sind halt etwas einfältig." Das bedeutet aber in Wirklichkeit, daß *wir* nicht angetörnt sind. Wenn Christus sagt: „Sehet, ich schaffe alle Dinge neu", dann bedeutet dies das gleiche, als wenn du wirklich im Hier & Jetzt lebst und jeder Augenblick ganz frisch und unverbraucht ist. Es ist wie beim ersten Mal, als du jenes Kirchenlied gehört hast und wirklich darauf abgefahren bist. Aus welchem anderen Grunde solltest du denn sonst überhaupt zur Kirche gehen?

Der dritte Teil des Ashram-Zyklus besteht darin, daß ein Mitglied der Gemeinschaft in die Stadt, in die Gesellschaft geht und dort das betreibt, was Buddha die „rechte Lebensführung" nennt, das heißt, er verdient Geld für die Gemeinschaft. Ich lebte einmal mit einer Gruppe von entlassenen Sträflingen zusammen, die außerhalb von Los Angeles in der Bergen mit einer Kommune begonnen hatte. Es waren ungefähr hundert von ihnen; sie teilten sich in Gruppen zu je acht auf, legten sich alle in die Wälder, wobei sich ihre Köpfe berührten, und dort nahmen sie, gemeinsam mit ihren Frauen und Kindern, alle LSD ein. Ihre Gemeinschaft strahlte eine große Kraft aus, und sie überlegten sich, was sie wohl tun sollten, denn nachdem sich die Arbeit für eine gewisse Zeit nach innen gerichtet hat, entsteht das dringende Bedürfnis, zu teilen oder zu dienen. Dies entspricht einer karmischen Ordnung, in der wir uns befinden: wir können ansammeln, müssen es dann weitergeben, es verbreiten, und dann können wir uns wieder zurück ins Innere begeben. Als sie mich daher fragten, was sie tun könnten, schlug ich vor, warum sie keinen Laden in Laguna Beach eröffnen würden — und so geschah es auch. Es ist nun ein unglaublich erfolgreicher Laden geworden, wofür sie Kunsthandwerk in den Bergen herstellen und es von dort herunterbringen. Jener gesamte Vorgang bedeutet, diese verschiedenen Teile von uns auszubilden, und die Menschen kreisen abwechselnd durch diese vielseitigen Gegebenheiten.

Der vierte Baustein beschäftigt sich mit anderen Wegen der Bewußtseinsausbildung. Ich habe beispielsweise mit Benediktinermönchen in einem Kloster gearbeitet, um die Arbeit an einem Austauschprogramm mit indischen Ashrams in Gang zu setzen, mit Spiritual Growth-Zentren, mit den Chassidim und den Sufis. Weiterhin ist dieser Abend die letzte formelle Lesung oder Diskussion, die ich in dieser Runde, innerhalb dieser Inkarnation in den Vereinigten Staaten geben werde — so hoffe ich jedenfalls. (Auch dies ist natürlich nur ein Anhaften, was denn sonst.) Ich bin gerade dabei, wieder aufzubrechen, und ich gehe zurück, um weiter zu üben, denn ich stehe noch ganz am Anfang. Manchmal komme ich mir vor wie der Wasserjunge in der ganzen Mannschaft; so tausche ich halt die Chips wieder ein und gehe in den Urwald zurück. Zuerst werde ich jedoch zu einem Sufi-Übungskurs nach Südamerika gehen. Die Sufis sind so etwas wie der mystische Flügel der mohammedanischen Religion. Vielleicht hast du von ihnen schon als den wirbelnden Derwischen gehört, jedoch ist dies nur ein Aspekt von ihnen. Auch Gurdjieff wurde hauptsächlich in der Sufi-Tradition geschult. Danach werde ich wieder nach Indien gehen. Von allen diesen Dingen spreche ich jetzt als der vierten Stufe des Ashramlebens. Was ich damit zum Ausdruck bringe, ist, daß dieser Abend Teil der Arbeit an meinem Selbst ist, weil ich erkannt habe, daß das einzige, was du jemals einem anderen menschlichen Wesen anbieten kannst, dein eigener Seinszustand ist. Du kannst noch solange herumflippen und betonen, was für einen schönen Mantel du doch hast — Josefs Mantel mit den vielen verschiedenen Farben — all dieses weiß ich, und all jenes kann ich tun. Was immer du aber tust, ob du Essen kochst oder jemanden therapierst oder studierst oder in jemanden verliebt bist — du lebst immer nur dein eigenes Wesen, du bringst immer nur zum Ausdruck, wie weit dein Bewußtsein entwickelt ist. Das ist es, was du einem anderen menschlichen Wesen geben kannst. Und dieser Tanz des Lebens ist der einzige Tanz, den es gibt! Wenn du dich gegen jemanden zur Wehr setzt, bestimmt der Grad deines Bewußtseins, in dem du dich wehrst, wie gut das verstanden werden kann, was du wirklich zu sagen hast.

Bewußtsein — die Freiheit nicht anzuhaften

Bewußtsein bedeutet nicht, auf irgendeiner Ebene der Gegensätzlichkeit verhaftet zu sein, sondern Freiheit von jeglichem Anhaften. Hast du einmal entdeckt, daß die am höchsten entwickelte Mutter diejenige Mutter ist, die am meisten *bewußt* ist, der am höchsten entwickelte Student, Therapeut, Liebespartner oder was auch immer derjenige ist, der sein Bewußtsein am höchsten entwickelt hat, so erkennst du es als die Möglichkeit, einem anderen menschlichen Wesen zu dienen, indem du es von seinen besonderen Verhaftungen befreist, die ihm das Leben schwermachen. Du erkennst, daß das einzige, was du für andere menschliche Wesen tun mußt, darin besteht, dich selbst ganz offen zu halten und dann das zu tun, was immer zu tun ist.

Ich halte an einer Shell-Tankstelle, und der Mann dort beginnt damit, meine Windschutzscheibe zu putzen und Benzin einzufüllen. Ich fahre gewöhnlich mit einem alten Buick, einer Limousine aus dem Jahre 1938; ich lebe darin, ich fahre damit herum, jetzt sitze ich darin und habe ein Bein angewinkelt, brause mit voller Geschwindigkeit dahin und singe mein *Mantra* . . . Ich sammele mich in meinem Mittelpunkt. Als ich anhalte, bin ich allein dadurch in einen ziemlich highen Zustand geraten. Nicht ich bin irgendwo hingefahren, sondern das Auto hat alles gemacht. Wie in einem Film sehe ich einen alten Buick die Straße entlangfahren, wie in einem Cinerama-Film, der vier Tage dauert. Ich sitze einfach nur da; ich habe einen ziemlich guten Sitzplatz erwischt und kann alles sehen. Ich halte an der Shell-Tankstelle und betrachte den Mann dort; natürlich hat Central Casting ihn dazu hergeschickt, um mir Benzin zu geben und meine Windschutzscheibe zu putzen. Er spielt das Shell-Kundendienst-Spiel, und er und ich gehören beide zu Central Casting dazu. In seinem Bewußtsein spiele ich in dieser Begegnung die Rolle eines etwas verrückt aussehenden Typen in einem sonderbaren alten Auto, er hingegen für mich den Shell-Verkäufer. Genau da treffen wir aufeinander, und in dem Augenblick, in dem er meine Windschutzscheibe putzt und ich ihn betrachte und . . . da sagt es: „Wie läuft's, Mann?", und er sagt: „Prima." Aber eigentlich sagst du das gar nicht so, sondern du bist einfach . . . voll da. Du mußt nichts tun, du mußt niemanden verändern, du mußt die Menschen nur einfach anschauen. Und so hört er mit dem Putzen auf und beginnt, von alten Autos zu sprechen und wie er während dieses Fleischstreiks 1929 oder auch 1939 Truthähne in einem ähnlichen Auto nach New York transportiert und dort auf dem Markt verkauft hätte. Nachdem wir uns darüber eine Weile unterhalten haben und ich gerade meine Scheckkarte unterschreibe, fragt er mich, ob ich sein Auto sehen wolle. Ich bin einverstanden und steige aus, um sein Auto anzuschauen. Es ist ein Mercedes, wir betrachten ihn und sprechen über Mercedes. Er meint: „Sagen Sie, ich fände es ganz prima, wenn Sie meine Frau kennenlernen würden." So gehen wir nach oben und setzen uns mit seiner Frau zusammen. „Möchten Sie gerne zum Essen bleiben?" fragt sie, und ich antworte: „Ja, gerne."

So bleibe ich also zum Essen da, und ziemlich bald schon kommt sein Sohn aus der Schule nach Hause; wir machen es uns bequem, legen alle unsere Füße hoch und fühlen uns wie zuhause. Ich stelle fest, daß hier mein Zuhause ist. Wo bin ich denn? Werde ich sagen: „Gut, jetzt muß ich nach Hause fahren?" Wie kann ich mir eine bestimmte Vorstellung davon machen? Genau hier bin ich, hier sind wir alle. Hinter dem Shell-Mann und hinter dem Ausgeflippten sind . . . wir! Mir gelingt es zu erkennen, daß es sich mit jedem Augenblick meines Lebens genauso verhält. Wenn ich daher morgen von Topeka nach Albuquerque fahren werde, stellt sich die Frage, wieviel von meinem Bewußtsein nach Albuquerque vorauseilen wird, wieviel in Topeka zurückbleibt und wieviel genau im Hier & Jetzt lebt, wobei sich das Hier & Jetzt auf der Autobahn abspielen wird. In dem Grade, wie ich beim Mantrachanten bleiben werde, bin ich auch die ganze Zeit über wirklich da. Ich kann höchstens etwas davon abweichen, und schon werde ich wieder ins Hier & Jetzt zurückgezogen. Am Beispiel des Shell-Manns kann ich erkennen, daß *meine Umwelt genauso angetörnt ist wie ich selbst.* Komme ich zu der Tankstelle und habe allein im Sinn, daß ich dort Benzin bekommen werde — dann wird sich auch weiter nichts abspielen. Der Shell-Mann gibt seine Gemeinplätze von sich und ich die meinen, und dann fahre ich weiter. Mein ganzes Leben wird so zu einem verfeinerten Tanz, sich in einer Rolle nach der anderen zu bewegen, worin wir mit einer gewissen Bühnenroutine auftreten und sich die Lady Macbeth- oder Was Ihr Wollt-Szene immer wiederholt.

Erhöhtes Bewußtsein als ein Zustand der Einheit

Alles dies zu wissen, ist sehr einfach, wenn wir uns in eine Höhle zurückgezogen haben. Es ist einfach, dort zu sitzen, zu meditieren und wahrzunehmen, wie es sich mit all dem verhält, zu sehen, wie wir uns an Rollen festklammern und wie der Lebensfluß, die Berührung mit dem Geistigen, in eben dem Augenblick zum Stillstand kommt, wenn wir uns vorstellen, daß wir jemand Bestimmtes sind und etwas Bestimmtes tun. Solange, wie ich denke, daß ich zu dir spreche und etwas für dich tue — vergessen wir's lieber! — , sondere ich dich nur als „sie", die anderen, ab. Es stellt sich aber die Frage: bist du *sie* oder bist du *wir*? Wenn ich über dich nachdenke und dabei irgendeine beliebige Schablone in meinem Kopf verwende, die dich als *sie* einstuft, komme ich unweigerlich dahin, mich selbst aus dem Energiestrom auszuschalten. Das haben mein Bewußtsein, meine Vor-Stellungen vom Kosmos verursacht, denn ich weiß ja, daß der erhöhte Bewußtseinszustand ein Zustand der Einheit ist. Er bedeutet: „Hier sind wir." Diese Erfahrung habe ich gemacht, und ich weiß darum. Das ist für mich eine wohlbegründete Tatsache. Es ist für mich daher ganz offensichtlich, daß ich mich jedesmal, wenn mein Verhalten einen Abstand schafft — jene berühmte Unterscheidung zwischen Subjekt und Objekt —, ein bißchen weg von jenem Zustand der Einheit bringe, von dessen Existenz ich überzeugt bin. Und nur ein Verrückter wird sich selbst 'runterbringen ...

Mantra

Ein Mantra ist eine Verbindung von Worten, ein Satz oder auch einfach nur ein Klang. Dieser Satz wird immer und immer wiederholt. Nimm' beispielsweise die tibetische Wortfolge *Om Mani Padme Hum* (du kannst natürlich auch eine deutsche verwenden, aber ... aber ich werde dir zeigen, warum du besser welche aus dem Sanskrit oder dem Tibetischen verwendest). Diese Wortverbindung ist vielleicht eines der weitverbreitetsten Mantras in der heutigen Welt. In Nepal kannst du sogar Steine entdecken, die etwa fünfzig Zentimeter lang und fünfundzwanzig Zentimeter hoch sind und auf deren ganze Fläche *Om Mani Padme Hum* in winzigen Buchstaben geschrieben ist, so daß du es wie einen Brief lesen kannst. Und in den Tempeln gibt es Gebetsmühlen, worin *Om Mani Padme Hum* millionenfach geschrieben ist ... und du siehst, wie Lamas Stupas umkreisen und dabei *Om Mani Padme Hum* rezitieren. Nun, wenn du damit beginnst, ein Mantra zu wiederholen, hörst du es zunächst außerhalb von dir, durch deine Ohren; du sprichst es laut aus, hörst es und denkst über seine Bedeutung nach. So etwa läuft deine erste Beziehung zum Mantra ab. Wenn ich dir nun jenes Mantra, *Om Mani Padme Hum,* gebe, so denkst du darüber nach und fragst dich, was es wohl bedeuten kann. Nun, da gibt es ziemlich viele Möglichkeiten — Lama Govinda hat ein ganzes Buch darüber geschrieben. Eine der Möglichkeiten, seine Bedeutung zu begreifen, ist die folgende: *Om* bedeutet, wie Brahma, dasjenige, das sich hinter allem befindet, das Unendliche. *Mani* bedeutet Edelstein oder Kristall. *Padme* bedeutet soviel wie Lotus, und *Hum* ist das Herz. Das heißt, auf einer bestimmten Ebene, daß das gesamte Universum einem reinen Edelstein oder Kristall vergleichbar ist und sich genau im Herzen oder Mittelpunkt einer Lotusblume befindet — und diese bin ich selbst; es manifestiert sich, es tritt in Form von Licht in meinem eigenen Herzen in Erscheinung. So etwa läßt es sich deuten. Du beginnst damit, *Om Mani Padme Hum* zu rezitieren und denkst dabei: „Gott, in noch nicht manifest gewordener Form, ist wie ein Edelstein im Mittelpunkt eines Lotus, der sich in meinem Herzen manifestiert." Das spielst du durch und kannst es in deinem Herzen spüren — O.K., das ist eine Möglichkeit, die erste. Das ist die einfachste Art und Weise, mit einem Mantra umzugehen. Du ersetzt eine Gedankenfolge in deinem Kopf durch eine andere. Anstatt solcher schrecklich tiefgründigen, aber eigentlich unbedeutenden Gedanken wie: „Mensch, ist das heiß draußen. Soll ich mir bei der nächsten Rast ein Milch-Shake kaufen? Oh, der Motor macht aber ein komisches Geräusch. Diese neue Chevy's sehen auch nicht gerade besonders aus...", konzentrierst du dich eben auf das Mantra.

Nachdem das Mantra einmal eine Weile so weiter gelaufen ist, beginnt es sich seinem Wesen nach zu verändern. Du denkst dann nicht mehr darüber nach, was es wohl bedeuten mag, du wirst von seinem tibetischen Klang sozusagen abhängig, „süchtig". Und dann beginnt es sich in deinem Kopf zu bewegen und dann hinunter in deine Brust, bis es sich dort wie ein kleines Rad dreht, einfach *Om Mani Padme Hum* — stimmt's? An diesem Punkt hat es eigentlich keinerlei Bedeutung mehr für dich. Wenn du es wieder ins Bewußtsein zurückbringen willst, kannst du seine Bedeutung jederzeit wieder anlaufen lassen, und die Sache wird sich wiederholen. Du kannst es aber auch an jenem Ort lassen, wo es einfach weiterläuft. Dann verändert es seine Qualität. Wenn ein Mantra ausreichend wiederholt wird, gelangt es nach seinem eigenen Gesetz in eine bestimmte Art von Schwingungen oder Harmonie mit dem Universum hinein. Die bewußten Wesen, die gewisse Sprachen so wie Sanskrit entwickeln, entwickeln auch die Klangfolgen dieser Sprachen in Beziehung zu bestimmten Bewußtseinszuständen — und dies unterscheidet sie von der englischen oder deutschen Sprache — so daß ein Mantra im Sanskrit, wenn es immer und immer wiederholt wird, dich schließlich in einen bestimmten Bewußtseinszustand versetzen wird.

Die Wirkung des Mandala

In Tibet werden sogenannte *Thangkas* verwendet. Gehst du in Tibet zu einem Arzt, verschreibt er dir keine Rezepte wie: „Pflücke diese und jene Kräuter unter einem feuchten Stein" oder „Gehe in deine Apotheke und beschaffe dir..."; er wird dir häufig ein Thangka geben, ein Mandala, um es mit nach Hause zu nehmen, an deine Wand zu hängen und darüber zu meditieren. Das ist nun wirklich ziemlich ungewöhnlich: hier ist dein Arzt, zu dem du hingehst, weil du Kopfschmerzen hast oder Depressionen oder Angst oder weil du blutest oder was auch immer — und er gibt dir ein Stück Papier, das du an die Wand heften und darüber meditieren sollst. Nun wirst du vielleicht sagen: „Das ist aber ziemlich primitiv." Gedulde dich aber damit mal einen Augenblick, nimm' beispielsweise einfach mal an, daß es keine Dummköpfe und daß sie nicht naiv sind. Dann kannst du dich auch vor diesem Stück Papier hinsetzen und herausbekommen, was es damit auf sich hat. Nach einer Weile wirst du wahrnehmen, daß diese Bilder so aufgebaut sind, daß sie deine konzentrierte Aufmerksamkeit auf das gesamte Mandala lenken; dieses ist ein Kreis innerhalb eines Vierecks, und dieses Viereck hat vier Eingangstore. Wenn du nun alle anderen Gedanken verschwinden läßt und ganz bei dieser Sache bleibst, wird deine Aufmerksamkeit schon ziemlich bald durch diese Tore nach innen gezogen, immer weiter nach innen bis zum allerinnersten Kreis, wo eine besondere Anordnung oder ein Wesen dargestellt ist; und wenn du immer weiter nach innen kommst, wirst du den inneren Kreis als etwas wie einen langen Tunnel erfahren. Er nimmt an Tiefe zu, und wenn du bei jenem inneren Kreis verweilst, wirst du buchstäblich hineingezogen, dein Bewußtsein wird durch jenen Tunnel gezogen, und du wirst von dort buchstäblich in eine andere Schwingungsfrequenz geholt.

Es ist so, als verändere jenes Abbild im Mittelpunkt des kleinen Kreises dein Bewußtsein, weil du dein Bewußtsein genau zu jenem Kreis hingebracht hast. Wenn du etwa zum Fillmore Auditorium gehst, wo es lautstarke Rockgruppen, fünfundzwanzig Lightshow-Projektoren und ein Überangebot äußerer Sinnesreize gibt, so wird dein Bewußtsein dadurch stark verändert werden. Du kannst dich nun dagegen wehren und sagen: „Oh, ich bekomme Kopfschmerzen und muß hier 'raus," weil die Reizzufuhr für dich nicht überschaubar ist. Oder du kannst auch feststellen: „Nun, so ist es eben hier," und öffnest dich; dann wirst du eine neue Bewußtseinsebene erreichen, wo du alle diese Dinge erfahren kannst ... nicht in geradlinigen, voneinander getrennten Einzelheiten, sondern als Gesamtzusammenhang. Du hast eine Art des analytischen Denkens aufgegeben, weil sie für jene Situation nicht anwendbar ist.

Ein Mandala nun — und damit ist es dem Geistheilen sehr verwandt — beruht auf der Vorstellung, daß „sich der Geist in der Materie niederschlägt" und daß du, wenn du das Wesen der Schwingungen oder die Art deines Bewußtseinszustandes veränderst, bestimmte Bewußtseinsebenen erreichen wirst, wo bestimmte Krankheiten einfach nicht existieren. Ein Geistheiler arbeitet mit seiner eigenen Schwingungsfrequenz, um dich damit auf eine andere Schwingungsebene zu bringen. Auf diese Weise arbeitet dieses Prinzip, und so wirken auch die Thangkas. Das gleiche gilt auch für ein Mantra, es wird dich auf seine Ebene ziehen. Nun gibt es äußerst kraftvolle Mantras, Mantras, die für alles geeignet sind, was du dir vorstellen kannst; die einzigen Mantras jedoch, die hauptsächlich im Westen verwendet werden und mit denen auch ich arbeite, sind zu den allgemeinen Mantras zu zählen. Wo immer du dich auch befindest, werden sie dich weiter bringen. Dies ist wie ein unendlicher Fortschritt und hat mit keiner anderen Ebene als der letztendlichen zu tun, die ja eigentlich keine Ebene ist. Zu diesen Mantras zählt auch *Om Mani Padme Hum.* Nachdem du es eine Weile hast in dir wirken lassen, beginnt es, auf dein Bewußtsein einzuwirken. Es verhält sich ähnlich wie mit *Pranayama,* der Kontrolle des Atems: nachdem du die grundlegenden Atemübungen nur wenige Monate durchgeführt hast, wird dein Atem sehr sanft und gleichmäßig; anstelle des grobstofflichen Atemfeldes, worin die meisten von uns leben, kannst du beobachten, daß der Atem eines Yogis immer sehr zart und feinstofflich ist. Diese Art von Atmung ist die Entsprechung dazu, wo sich unser Bewußtsein die ganze Zeit über aufhält. Dieses Atemfeld kommt zutiefst aus unserem Inneren, was die meisten von uns überhaupt nicht zur Kenntnis nehmen, weil sie allzu sehr an unsere gewohnte Art der Atmung gewöhnt sind. Wir denken, so müßte es nun einmal sein. Wenn wir jedoch damit beginnen, jenen ruhigen Atem entstehen zu lassen, kommen wir langsam in eine andere Dimension.

Zusätzlich wird uns dadurch ein Instrument in die Hand gegeben, um uns in unserem eigenen Mittelpunkt zu zentrieren. Das sieht folgendermaßen aus: du bist zumeist, genauso wie ich, in der „Illusion" verhaftet. Du identifizierst dich mit deinem Körper, deinen Gefühlen, deinen Gedanken. Die Idee, die einem Mantra zugrundeliegt, ist die, daß es einfach da ist und alle diese Sachen einfach an dir vorbeilaufen. Du stehst auf ihm wie auf einer Brücke und schaust hinunter in das Wasser, worin du dein eigenes Leben vorbeifließen siehst. Diese Übungsmethode soll dich aus deinen Anhaftungen herauslösen. Wenn ich Auto fahre und dabei ein Mantra chante, bin ich meinem Fahren nicht mehr verhaftet. Ich chante das Mantra, und das Fahren ereignet sich wie von selbst. So ist das Mantra, anders ausgedrückt, eine Technik, um mich an einen Ort in mir selbst zu versetzen, den wir vielleicht die ewige Gegenwart nennen könnten — ein Ort, wo eigentlich nichts mehr geschieht. Dies ist ein Hilfsmittel, um den Geist zur Ruhe zu bringen.

Die ewige Gegenwart

Ein Mantra kann dich so weit aus allem heraus bringen, daß ich — nachdem ich es einmal in Nepal zwei Tage und zwei Nächte lang ohne Unterbrechung wiederholt hatte — nicht mehr schlief und daß es natürlich immer weiter lief. Es lief aber nicht einfach in *meiner* Stimme weiter, sondern es klang . . . wie eine Mischung aus dem Kirchenchor der Mormonen und dem Chor O Haevenly Day. Es setzte sich aus all diesen alten Stimmen zusammen, und sie reichten in unbegrenzter Richtung in Zeit und Raum zurück. Ich hörte nur noch *Om Mani Padme Hum*, der Wind war *Om Mani Padme Hum*, die Klimaanlage war *Om Mani Padme Hum . . .*, einfach alles. Ich war in jenen Ort eingetaucht, wo ich nichts weiter mehr hören konnte. Es war aber nicht mehr meine eigene Stimme, die ich hörte. So lief ich zu einem Yogi und fragte ihn: „Was läuft denn da? Ich glaube, ich werd' verrückt," und er antwortete: „Du hast dich in das *Om* eingestimmt, genau auf diesen Ort hast du deine Wellenlänge eingestellt. Dort treiben sie sich alle herum."

Mein Lehrer ist äußerst feinfühlig, ein wirklich prächtiger Brahmane. Er gab mir den Rat: „Nehme keine Nahrung zu dir, die nicht mit Liebe oder einem Mantra zubereitet ist — sonst wirst du dich vergiften. Die Schwingungen desjenigen Menschen, der das Essen kocht, gehen in das Essen ein, wenn es über dem Feuer gekocht wird." Feuer verwandelt, formt um, bringt jene Energie hervor. Ich kann nun zwar in ein Restaurant irgendwo an der Straße gehen und etwas essen, das ein unausgeglichener Koch zubereitet hat, und es wird mir nichts machen, weil ich noch so grobstofflich, so dickhäutig bin. Mein Lehrer aber würde ernsthaft krank werden; er würde auch krank werden, wenn das Essen von einem liebenswerten Menschen zu ihm gebracht würde und er nichts davon wüßte, wer es zubereitet hat. Jene Schwingungen sind ebenso real für ihn, wie wir durch die Farbe Grün oder Blau oder Purpur oder was auch immer von Ekel erfüllt werden können. Auf einer anderen Ebene wäre er aber dazu in der Lage, jene Energie aufzugreifen und umzuwandeln, denn hier liegt der Kern der Energieumwandlung.

LSD

Als ich sagte, daß Gott in Form von LSD in die Vereinigten Staaten gekommen sei, zitierte ich meinen Lehrer; ich hatte mit ihm sechs Monate lang zusammengelebt, und er war, soweit ich es beurteilen konnte, eines der reinsten und höchstentwickelten Wesen, dem ich jemals begegnet war. Als ich ihn fragte, was LSD sei, ging er fort, und als er einige Wochen später zurückkehrte, schrieb er folgendes fast wörtlich auf: „LSD ist wie Christus, der im *Kali-Yuga* nach Amerika kommt. Amerika ist ein überaus materialistisches Land, und so wollten sie auch einen Avatar in materieller Form. Die jungen Leute wollten ihren Avatar in Form von Materie, und so haben sie LSD bekommen. Wären sie niemals an solche Dinge geraten — wie könnten sie dann wissen?" Nun, diese Worte und die Tatsache, daß mein Guru 900 Mikrogramm LSD einnahm und ihm nichts dabei geschah — ich war unmittelbar Zeuge davon —, waren die beiden neuen Informationen, die ich über LSD gesammelt hatte und die ich der intellektuellen Szene berichtete. In eben diesem Augenblick verwende ich weder LSD noch verwende ich es nicht. Ich verfolge einen Yoga-Weg, der eben jetzt keinen Gebrauch von LSD erforderlich macht.

Ich schätze LSD sehr; es hat für mich jedenfalls eine bedeutende Veränderung in meinem Wahrnehmungsfeld hervorgerufen; ich fühle, daß es unter geeigneten Umständen einen entscheidenden Durchbruch durch die Technologie bedeutet, der es dem Menschen ermöglicht, seine Bewußtseinsebenen zu verändern. Dabei teile ich Tims Vision fast völlig. Ich glaube, daß ich an bestimmten Gegensätzen, die das Establishment, gut und böse, die Abkehr von der Gesellschaft und so weiter betreffen, nicht so fixiert bin wie Tim, aber ich glaube auch, daß er ein großer Visionär ist, und meine Gefühle gegenüber LSD sind, daß ich es schätze. Ich bin jedoch auch der Meinung, daß es schon ziemlich bald zum Anachronismus werden wird; ich glaube, daß es einfach nicht mehr zeitgemäß ist, weil die Bewußtseinsformen, die es eröffnete, einem Maharishi erlaubten, seine Arbeit zu tun, die er in der Vereinigten Staaten leistete. Das gleiche gilt auch für die Wirkung der Beatles und all das, was sich in diesem Verlauf ereignet hat. Ich glaube, daß dies nur ungefähr fünf Jahre gedauert hat, und es kommt mir so vor, als hätten sich die kulturellen Werte, als ein Ergebnis der psychedelischen Bewegung, einschneidend genug verschoben, um eine andere Einstellung gegenüber den Möglichkeiten erkenntnismäßiger Wahrnehmung in den *Zeitgeist* hineinzubringen — genügend jedenfalls, um sie zu untersuchen, zu erfahren und zu erforschen; und Yoga, noch vor sieben Jahren ein anrüchiges Wort, kann jetzt zu einer wohlangesehenen und ernstzunehmenden Wissenschaft werden, wie es sein sollte, was sie auch ist.

Es ist eine völlig andere Sache für Menschen, die die Erfahrung eines veränderten Bewußtseinszustandes gemacht haben, an sich selbst zu arbeiten, als es für Menschen ist, die diese Erfahrung nicht gemacht haben. Wenn ich mir beispielsweise Gurdjieff-Schüler betrachte, so kommen einige in die Gruppe, um die Mitgliedschaft zu erwerben, und es sind gute, aufrichtige Menschen, sie können meditieren und lange Zeit über arbeiten, und doch geschieht ziemlich wenig. Was aber sagt mein Lehrer: „Wenn ein Mensch um solche Dinge weiß, dann . . ." Das gleiche steht auch in allen indischen Schriften — wenn du einmal weißt, wenn du einmal an dieser Möglichkeit geschnuppert hast, dann wird sich deine Arbeit in unglaublicher Weise dahin ausrichten . . . dann finden deine Meditationsübungen einen viel, viel stärkeren Niederschlag. Aufgrund der Werte aus der Statistik der Maharishi Mahesh-Gruppe, die die wieder Abgesprungenen erfassen, ist klar ersichtlich, daß ein großer Prozentsatz ursprünglich nicht dazu in der Lage war, jenen Grad an notwendigem Engagement aufrechtzuerhalten; sie hatten einfach keinen Bezugsrahmen, der sie das Mantra in dem Geiste anwenden ließ, in dem es eingesetzt wurde. Ganz ohne Zweifel lehrt Maharishi eine klassische Methode, die perfekt arbeitet. Sie ist genau das, was er davon sagt, und sie bewirkt genau das, was er davon sagt. Und wenn das, was hineingelegt wird, im Geiste geschieht und im Geiste empfangen wird, so hat diese Methode bei Tausenden von Menschen beachtliche Erfolge erzielt. Wenn du dich einfach nur als Experiment darauf einläßt, um einmal zu sehen, ob etwas passiert oder wenn du es aus vielerlei anderen Gründen tust, so ist die Möglichkeit sehr, sehr hoch, daß du wieder abspringen wirst, bis du endlich dazu bereit bist — ja, so will ich es einmal ausdrücken.

Vor vier Jahren, ehe ich nach Indien ging, gab ich *Playboy* ein Interview. Das ist eine etwas windige Sache. Es wurde von den *Playboy*-Herausgebern zusammengestellt, um einen bunten Artikel hinzukriegen; uns allen wurde eine Reihe von Fragen gestellt, die ich vor vier Jahren beantwortete, ohne irgendeine praktische Erfahrung mit Yoga gemacht zu haben. Als sie mir diesen Artikel jetzt zusandten, meinten sie: „Sie haben uns diesen Artikel bereits verkauft. Wir haben daher das Recht, ihn zu verwenden. Dies werden wir auch tun. Möchten Sie irgendwelche Änderungen vornehmen? Sie haben dafür einen Tag Zeit, und sie sollten sich auf ein Minimum beschränken." So fügte ich lediglich folgendes als neue Information hinzu: (a) was mein Guru machte, (b) was mein Lehrer machte, und (c) die Tatsache, daß ich im Augenblick kein LSD verwende. Das alles kam in den Artikel hinein, und jene Anhaltspunkte hatte ich für meinen Nächsten zu diesem Zeitpunkt beizusteuern.

Das „Buch"

Das Buch kam auf sehr merkwürdige Art und Weise zustande. Ich war, zusammen mit meinem Guru, im Tempel in Indien; eine Reihe bemerkenswerter Dinge hatte sich dort für mich zugetragen, und ich machte einige Aufzeichnungen in ein kleines Buch. Eines Tages kam mein Lehrer zu mir und sagte, daß Maharaji (womit er meinen Guru meint) seinen Segen für mein Buch schicke. Als ich fragte: „Welches Buch meint er denn da?" bekam ich zur Antwort: „Welches Buch auch immer du gerade schreibst." So dachte ich: „Nun gut, offensichtlich wird von dir angenommen, daß du ein Buch schreibst," denn ausführlichere Erklärungen waren in jener Szene dort keinesfalls zu erwarten. Sie sagen nämlich nicht: „Nun geh' mal hin und . . . mach' dieses oder jenes." So läuft es dort einfach nicht. Du machst das, was auch immer von dir angenommen wird, und ich bekam heraus, daß ich wohl ein Buch machen sollte. So kehrte ich nach Hause zurück und, wie jeder gute, akademisch geschulte Intellektuelle, setzte ich mich hin und tippte ein Buch herunter: *Meine Reise gen Osten — phantastische Abenteuer*, etwas in dieser Art. Ich schickte es zu allen Verlegern, die überhaupt in Frage kamen, sie schickten es alle wieder zurück und meinten: „Unser Programm von interessanten mystischen Reiseberichten in den Osten ist für dieses Jahr bereits ausgeplant. Vielleicht sollten Sie es einmal bei einem anderen Verleger versuchen." Worauf ich dachte: „Gut, offensichtlich ist dies nicht das richtige Buch, denn ich weiß ja, daß *er* weiß, was er tut. Er wird mir keinen Segen für ein Buch geben, von dem er nicht will, daß es erscheint, und wenn er es ablehnt, ist er offensichtlich auch selbst der Verleger." Daher zog ich den Schluß, dies könne das Buch nicht sein. So ließ ich es denn etwa ein Jahr lang einfach liegen. Und dann begannen sich die Leute zu sammeln, ich begann damit, einige Jahre lang diese Vorträge zu halten — kostenlos, denn ich war ja kein Buch, und nur dann, wenn Leute ankamen. Ich wollte ein Jahr lang in meiner Studierklause verbringen und dann wieder nach Indien zurückkehren. Das war mein ursprünglicher Plan, denn niemand schien etwas von mir zu erwarten. Und ich erkannte, daß jedes Spiel, das ich spiele, aus meinem Ego entsteht. Mein Job war nichts weiter, als an mir selbst zu arbeiten — wenn sich etwas ereignet, so ereignet es sich eben.

Meine eigene Unreinheit wurde mir deutlich ins Bewußtsein gerufen. Die Art und Weise, wie dies geschah, war ganz außerordentlich. Ich lebte in der kleinen Stadt Franklin und fuhr zum Lebensmittelladen. Mein Vater war das Wochenende über weg, und er sagte zu mir: „Nimm' meinen neuen Cadillac!" So setzte ich mich in seinen neuen Cadillac hinein, was mich natürlich etwas durcheinanderbrachte — du weißt schon, was ich meine: der *Sadhu* lehnt es ab, einen neuen Cadillac zu fahren. Und ich dachte dabei: „Jetzt sollten mich einmal die Jungs in Indien sehen!" Ich fahre in den Ort hinein und sehe zwei Hippies am Straßenrand, ein Pärchen; ich winke ihnen zu, und sie winken zurück. Ich gehe in den Laden, komme wieder heraus, und da stehen auf einmal fünf oder sechs von ihnen. Einer kommt 'rüber zu mir und fragt: „Hey, Mann, hast du Trips?" Und ich dachte: „O je, jetzt haben sie dich erwischt, sie wissen, wer du bist. Meine eigene Geschichte hat mich eingeholt — — — mein Karma, da kann ich nichts dran ändern. Sie wissen, daß ich Richard Alpert bin, ein altbekannter Drogenanhänger." Ich sagte dann: „Nein, warum fragst du?", und sie antworteten: „Ja, wir haben gehört, daß heute eine Connection von Boston kommt, und als wir diesen riesigen Cadillac mit den verdeckten Beschlägen sahen und einen bärtigen Typen darin, nahmen wir an, daß du es sein müßtest." Ich sagte: „Nun, . . .", — und, siehst du, hier liegt meine Unreinheit, die letzte Zeile ist die Bestätigung meiner eigenen Unreinheit. Alles, was ich in diesem Augenblick hätte sagen sollen, wäre gewesen: „Nein, ich bin's nicht. Macht's gut," wäre dann in mein Auto gestiegen und in meinen Wald zurückgefahren. Aber die andere Zeile, die ich tatsächlich sagte — und das sind meine eigenen Wünsche, weshalb wir heute hier zusammen sind —, diese andere Zeile ist die folgende: „Nein, das tut mir leid, aber *diese* Art von Connection bin ich nicht." Das ist ein Wink mit dem Zaunpfahl, etwa so: „Na los, du möchtest doch ganz bestimmt wissen, welche Art von Connection ich bin?", und so wurde ich natürlich auch gefragt: „Welche Art von Connection machst du denn?" und so weiter, und sie kamen nacheinander heran, dann brachten sie ihre Freunde mit, die Freunde ihre Eltern, die Eltern den Minister, die Zeitungen und schließlich die Universitäten.

Wo immer ich verlangt wurde, ging ich auch hin. Dazu gehörten der Rotary Club, Borscht Belt-Hotels, Universitäten, Hippielokale und Kommunen. Ich machte alles mit, was von mir erwartet wurde. Dann wurde damit begonnen, Tonbandaufnahmen zu machen. Diese ganze Generation ist groß im Sammeln — so sammelt sie eben auch Tonbänder. Und dann tippte diese irre Frau, du weißt schon welche, alles ab, bis ein riesiger Stapel zusammengekommen war, ein Stapel aus diesen Tonbändern von überall her. Darauf las dieser Schriftsteller von der Westküste, John Bleibtreu, alles durch, und er meinte: „Du mußt wissen, daß eigentlich zwei Menschen in diesen Tonbändern stecken. Am Anfang gebärdest du dich gewöhnlich wie ein Professor, du sprichst ziemlich heavy, du belehrst; aber wenn das Publikum in einer ganz bestimmten Weise darauf einsteigt und diese Schwingung zu dir zurückkommt, dann ist es so, als ob du verschwindest, und es passiert etwas, so als kommen alle Worte wie in einem fünffüßigen Jambus heraus. Es ist nicht so, als ob du überhaupt noch sprichst, es kommen eine Menge herrlicher Sachen dabei heraus, aber diese haben alle mit der Zeit um 1970 zu tun. Es ist vieles dem *Tao Te King* ähnlich, aber es wird von der Zeit um 1970 geprägt." Daher beschlossen wir: „Nun gut, warum schneiden wir die schlimmen Teile nicht einfach heraus und setzen den Rest zusammen?" Da ich es nicht selber sagte, das heißt, es ist nicht ich, der spricht, ist dies vielleicht *sein* Buch. Er schreibt sein eigenes Buch. Er vertraut mir nicht, er mag nicht, daß ich mit einem heavy Denken sein Buch schreibe, so macht er sich daran, selbst sein Buch zu schreiben. So haben wir damit begonnen, all dieses Material zusammenzufügen, und es entstand ein Buch. Dann gab es da eine Gruppe in New Mexico, und, wie ich bereits gestern abend erwähnte, haben sie mit diesen viereckigen Stücken Packpapier den Anfang gemacht; dieses Buch umfaßt 108 Seiten. Sie meditieren täglich von fünf bis acht Uhr früh — es ist eine Gruppe von fünf Leuten —, und dann verläuft alles schweigend weiter . . . sie machen jede Seite mit Gummistempeln per Hand, Buchstaben für Buchstaben, und die Zeichner entwerfen dann das Layout außen herum. Dann wird das Ganze photomechanisch verkleinert und nach Japan geschickt, wo es auf Reispapier gedruckt und mit der Hand zusammengeheftet wird, weil es sich um ein experimentelles Zeugnis handelt. Das war die Grundlage dieses Buches, es wurden 20 000 davon aufgelegt, und alles verteilte sich. So sah mein Handel mit Maharaji aus.

Dann aber meinten die Leute: „Was würdest du denn davon halten, jene lange Bücherliste über Mystik anzufügen, die du einmal ausgearbeitet hast?" Ich war damit einverstanden. Dann meinte jemand anders: „Du hast dir doch alle diese Aussprüche, die du von Buddha und so weiter gelesen hast, aufgeschrieben. Diese könntest du wie kleine Karten in das Buch einfügen, die wir aufhängen können; Karten, die du an die Tür hängen kannst, wenn du nach draußen gehst — „Die Reise von tausend Meilen beginnt mit einem Schritt", von Tschuang Tse. Du kannst eine über dem Klo, eine über dem Bett und eine über dem Kühlschrank aufhängen." So wurden wir auf den Gedanken gebracht, einen Schwung davon beizufügen. Dann schlug jemand anders vor: „Du hast doch alle diese Bilder von diesen hochentwickelten Wesen und kannst dich mit ihnen umgeben. Warum können wir das nicht auch? Könntest du vielleicht eine Reihe von ihnen einfügen, vielleicht doppelt, damit wir das Buch nicht ruinieren, wenn wir sie herausnehmen?" Auch damit waren wir einverstanden. Dann sagte wieder jemand anders: „Sag mal, dieses lange, ziemlich ausgeflippte Buch verstehen meine Eltern einfach nicht. Könntest du nicht etwas ganz Straightes schreiben, etwa für meinen wachhabenden Offizier oder meine Eltern oder wen sonst . . .?" „O. K. Wir machen eine hübsche straighte Geschichte vom Typus Indienreise. Dort werden einfach nur die reinen Fakten gebracht . . ." So wurde auch das hinzugefügt. Dann meinte jemand: „Du sprichst über Ernährung, über *Asanas*, über Atmung, und du hast diese Dinge gelehrt, wie wir leben sollen und welche Art von Welt du erschaffen mußt, um dein Bewußtsein zu verändern. Könntest du nicht so etwas ähnliches wie ein „Kochbuch" für jene Leute 'reinnehmen, die sagen: ‚Ist ja prima, das möchte ich gerne machen, wie fange ich's jetzt an?' — also eine Art Anleitung zum Nachmachen?" Und daher gibt es auch ein psychologisches Kochbuch darin, eine Do-it-yourself-Anleitung zur Erleuchtung. Dann sagten die Leute noch: „Du singst doch, und ich habe mit diesem Mädchen zusammen gesungen, sie spielt auf der Gitarre, ich Tamboura, und mit dieser indischen Musik kommen wir ziemlich weit nach draußen. Könntest du nicht eine von jenen kleinen billigen Schallplatten beilegen, wie sie von *Look* oder *Life* verramscht werden?" Daraus wurde eine Platte von dreißig Zentimetern Durchmesser, die auf beiden Seiten bespielt ist. So wurde aus dem Buch eine Kassette, diese hat ein großes Mandala auf dem Cover, und die Kassette heißt *From Bindu to Ogis*. Bindu ist die sexuelle, Ogis die spirituelle Energie, und damit ist die Energieumwandlung im Körper durch die Verwandlung einer Energieform gemeint. Ein Name dafür ist das Aufsteigen der *Kundalini*.

Von diesem Buch werden 20 000 Exemplare gemacht, die alle weggegeben werden. Dadurch, daß du Eintritt bezahlt hast, um hierher zu kommen, hast du auch schon für ein Buch bezahlt, denn das Geld wird dafür verwendet. Wenn du dann das Buch bekommst, habe ich's geschafft. Am Ende ist alles ziemlich klar, nicht wahr? Wenn es fertig ist, werden wir dir schreiben: „Dein Buch ist jetzt fertig, möchtest du es haben?", und damit habe ich meine karmischen Verpflichtungen erfüllt, soweit ich davon betroffen bin. Das Buch hat keinen Verfasser, ungefähr fünfzig arbeiten daran, und es sind keine besonderen Namen damit verbunden. Ich glaube halt, daß es Maharajis Buch ist. Es hat kein Copyright.

Psychotherapie als geistiger Weg

Die Psychotherapie ist ebenso gut wie der Psychotherapeut. Wenn dein Therapeut zufällig Buddha ist, würdest du während der Behandlung die Erleuchtung erlangen. Ich mache hier keine Witze, sondern ich behaupte einfach: wenn du das ganze Schaustück beiseite läßt, wirst du ebenso frei von deinen besonderen Rollenverhaftungen werden wie es dein Psychiater ist. Wenn er aber noch an seiner bestimmten Rolle festklebt, kann er dir nur eine Rolle als Ersatz für eine andere anbieten, und dies ist in der Regel seine eigene. So werden Patienten der Freud'schen Richtung gewöhnlich zu deren Anhängern, bei der Jung'schen Methode werden sie zu Jungianern. Die meisten Therapeuten haben ein Denkmodell, wie alles läuft und wonach sie vorgehen, so daß jede Angabe, die vom Patienten kommt, durch dieses Modell hindurchgeht und eine Antwort herauskommen muß, die sich damit in Einklang befindet.

Acht Jahre lang war ich, neben anderen Dingen, beim Harvard Health Service, Stanford Health Service und so weiter selbst Psychotherapeut. Ich brachte damit einen Tag in der Woche zu. Ich hatte acht Patienten; gewöhnlich saß ich da und ließ sie durch meine Freud'schen Theorien laufen. Nachdem ich eine Weile psychedelische Substanzen eingenommen hatte, erkannte ich, daß die Schablone, mit der ich arbeitete, echter Veränderung zeitweise im Weg stand; denn seitdem ich, in dieser oder jener Form, als Arzt beschäftigt war, war dies die einzige, für mich zugängliche Rolle – Ärzte brauchen Patienten, da existiert eine Wechselwirkung, und damit kannst du dich schmücken; da nur einer von uns der Arzt sein kann, bin ich es eben. Ich mag genauso viele Hänger haben wie du, aber wir haben uns nun einmal für das Spiel entschieden, daß ich diesmal der Arzt bin und du daher der Patient. Die Frage stellt sich hier, wie ein Patient als ein Patient endet. Es ist wie mit „Die endliche und die unendliche Analyse" — eine andere Form, um jenen Artikel von Freud nachzuvollziehen. Ich dachte daher: „Nun, solange ich Arzt bin, brauche ich auch Patienten; jedesmal aber, wenn jemand aufhört, sich wie ein Patient zu verhalten, muß ich ihn loswerden, denn dann bringt er nicht mehr das, was ich brauche."

Spieltheorie

Zu jener Zeit lehrte ich Spieltheorie als psychodynamischen Prozeß, nicht nur einfach zum Spaß, sondern als eine Möglichkeit ... Ich unterrichtete es in einer Mittelschule, und es war so etwas wie ein Kurs in geistiger Gesundheitspflege, der den Kindern mit Hilfe der Spiel-Analyse ihrer eigenen Rollenspiele etc. ihre Verhaltensänderungen näherbringen sollte. Diese Kinder waren ziemlich drauf, sie sagten etwa: „Gibt es ein Zentrum des Nicht-Spiels?" Ich sagte: „Nein, keineswegs," oder „Ich weiß nicht", oder „Mach' dir keine Gedanken darum", oder „Dafür bist du noch nicht genügend vorbereitet", weil ich nicht wußte, was ich zu jener Zeit zur Antwort geben sollte. So veränderte ich meine Therapie, was so etwas wie eine äußerlich wirkende „Masche" zu sein schien, aber symbolisch für etwas Tieferes stand. Ich ließ den anderen nun neben mir sitzen, wir stellten eine große Tafel auf und zeichneten von diesem Spiel einen Plan. Der andere brachte die Daten ein und ich die wissenschaftlichen Theorien; er war mein Forschungsmitarbeiter bei diesem Problem der Verhaltensänderung. Von Anfang an schied ich dabei den „Patienten" aus, so daß das Kranke an ihm dasjenige war, was *wir* gemeinsam erforschten, und die Beziehung, die mich mit ihm verband, war diejenige, meine eigene Krankheit zu erforschen. Ich löste ihn sofort von seiner Krankheit ab, indem ich sagte: „Der Junge, mit dem wir uns beschäftigen, ist nicht krank, O. K.?" Dies war zugleich ein Trick und stimmte doch auch. Dann fuhr ich nach Indien und geriet in andere Ebenen und Verständnismöglichkeiten hinein; ich kehrte zurück und machte die Feststellung, daß in dem Ausmaß, wie ich überhaupt nicht denke und mich nicht an irgendeine Rolle klammere, ich am besten für den anderen da sein konnte.

Ich muß hier eine eigene Erfahrung einflechten, die mir wesentlich erscheint. Ich war in England und dort zusammen mit einem Psychiater namens Ronnie Laing. Ronnie und ich entschlossen uns, gemeinsam LSD einzunehmen. Er sagte zu mir: „Wieviel sollen wir nehmen?", und ich antwortete: „Warum nehmen wir nicht ungefähr 300 Mikrogramm?" Darauf er: „Ich glaube, das ist ein bißchen zuviel für mich. Aber solange du in der Nähe bist, wird es wohl in Ordnung sein." Indem er das sagte, versetzte er mich in so etwas wie die Rolle seines Beschützers, das heißt, er wies mir die Rolle des Führers zu, was mich etwas verunsicherte. Naja, ich kenne diesen Typen nicht. Wenn das der Trip ist, den ich durchziehen soll, spiele ich eben John, den Verantwortlichen. Er kann dabei im Zimmer herumflippen. Meine gewohnte Vorstellung, was nun passieren soll, besteht darin, daß ich mich daran mache, eine angenehme Umgebung zu schaffen. Ich lege Miles Davis-Platten auf (so war's zu jener Zeit), wir legen uns hin und lassen es — laufen. Das erste, was geschieht, nachdem wir die Chemie eingenommen haben, ist, daß er alle seine Kleider mit Ausnahme seiner Unterhose auszieht und Kopfstand macht. Das wiederum paßt nun nicht in meine Schablone, was du auf einem Trip zu tun hast. Ich weiß überhaupt nichts von Yoga, und das hier scheint mir ziemlich unsinnig. Das ist jetzt fünf, sechs, sieben Jahre her. So betrachte ich das Ganze mit einem gewissen Mißtrauen. Dann kommt er herüber zu mir, schaut mir in die Augen und sieht dabei wie das wehrloseste Kind aus — genauso wie in meiner Vorstellung, daß ich mich um ihn kümmern müsse . . . Ich werde jetzt der Führer sein müssen. Er sieht wie ein völlig hilfloses Kind aus und erweckt dadurch jegliche fürsorgliche Neigung in mir, die ich überhaupt habe. Ich fühle mich ganz stark als sein Beschützer, ich fühle mich etwa so, als würde ich sagen: ,,Oh, Ronnie . . .'' — tatsächlich sage ich überhaupt nichts, aber es ist wie: ,,Oh, Ronnie, es ist ja alles in Ordnung, ich bin ja da.'' Du weißt schon, ,,Du kannst auf mich zählen.'' Er ist wie ein kleines Kind, ganz weit geöffnet. Kaum aber sind wir in dieser Rolle, verändert sich sein Gesicht auf kaum merkliche Weise, es ist nur ein Spiel der Muskeln: es ist so, als wenn sich ein Gedanke in seinem Kopf als Veränderung in seinem Gesicht widerspiegelt. Er sieht nun wie das beschützendste, väterlichste, wärmste, fürsorglichste Wesen aus, und er erweckt in mir alle jene unausgekochten Samenkörner, ein kleines abhängiges Kind zu sein. Ich werde zu: ,,Oh, Ronnie, wow, willst du dich meiner annehmen . . . Du willst mein . . . Oh, Ronnie, diesesmal kann ich es nicht. Oh, wow.'' In dem Augenblick, wo ich da drinnen bin, verändert sich sein Gesicht wieder, er ist nun der Student, der mir Fragen stellt. All dies läuft schweigend ab, nur in der Mimik und im Gesichtsausdruck. Es sind nur Gedankenformen.

Ich hatte einmal in New York LSD eingenommen, und ich ging, soweit ich mich erinnere, zu einer David Susskind Show und wollte mich dafür konzentrieren. Ich hatte noch einige Stunden Zeit, bevor ich zum Studio gehen mußte, und ich hielt mich in einem über der Stadt gelegenen Penthouse auf. Es war dort ein Mädchen, das die Gesichter der Leute mit Kreide an die Wände malte. Der Besitzer der Wohnung wollte gerne, daß sie eine Reihe von Gesichtern entlang der Wand im Treppenhaus malte. Sie fragte mich daher, ob ich Modell stehen wolle, und ich sagte ihr, daß ich davon begeistert sei. Meine Gehirnsubstanz schien sich verflüssigt zu haben, ich stand dort und dachte: ,,Mensch, wer bin ich denn überhaupt? Wen sie wohl malt?'', und weiter: ,,Sie malt einen jungen Mann, der in die Zukunft blickt.'' So wurde ich dann, nun . . . es ist so, als wenn du die Sonne siehst . . . der Sonnenaufgang ist gerade vorüber, du hast jenes Gefühl von . . . du hast sicherlich schon sehr viele solcher Bilder gesehen. Sie sind immer sehr lebensbejahend. Ich blicke also einfach in die Zukunft, und sie beginnt damit, mich zu malen. Sie ist ihrer selbst sehr sicher, und die Linien sind alle sehr kräftig. Dann langweilt es mich etwas, in die Zukunft zu blicken. Ich weiß, daß ich mein Gesicht nicht verändern darf, weil das ihr Bild ruinieren würde; so stelle ich mir einfach vor, daß ich jemand anderes sei. Ich denke, daß ich ihr Liebhaber bin, sonst tue ich nichts. Nach etwa dreißig Sekunden fängt sie an zu radieren und macht sich daran, das Bild auf eine andere Art zu malen. Nach einer Weile denke ich dann wieder: ,,Nun, ich glaube eigentlich nicht, daß ich ihr Liebhaber sein will. Das fühlt sich nicht so richtig an,'' und dann: ,,Eigentlich bin ich doch ein alter, weiser

Mann." Sie radierte wieder und begann, aufs neue zu zeichnen. Und schließlich gab sie zu: „Ich kann dein Gesicht nicht malen. Es ist wie eine Plastik und verändert sich fortwährend." Nun, Ronnie und ich gingen im Verlauf der nächsten sechs Stunden durch, ich weiß nicht genau, schätzungsweise etwa achtzig verschiedene Rollenspiele. Wir ließen uns auf eine Rolle ein, eine Wechselbeziehung, so wie Therapeut und Patient, und dann drehten wir sie um und waren Patient und Therapeut. Wir spielten Henker und Gefangener und dann Gefangener und Henker. Einige dieser Rollen erschreckten uns ganz schön, das kannst du mir glauben. Bei jeder mußtest du sagen: „O. K., jetzt diese", und dann umschwenken und das Gegenteil davon tun. Ich begann zu erkennen, daß Ronnie und ich eine Beziehung an dem Ort aufbauten, wo wir hinter allem standen — hinter den Menschen, die ihr Spiel spielten. Es ist wie bei einem englischen Tennismatch vor dem Schlußpunkt, wenn sie um diesen Punkt kämpfen, sich gegenseitig anschauen und sagen: „Ein ziemlich gutes Spiel." „Ja, ziemlich gut", und dann setzen sie das Spiel fort. Das ist die Ebene, etwas über allem zu stehen, „Hier sind wir, die Sonne scheint, und es ist wirklich herrlich, nicht wahr?" Die beeindruckendste Aussage, die ich jemals in Zusammenhang mit LSD hörte, stand in den *World Medical News;* sie betraf die Arbeit von Eric Kast, der LSD an Patienten im Endstadium von Krebs gab. Eine Krebskranke hatte gesagt: „Ja, ich weiß, daß ich an dieser tödlichen Krankheit sterben werde, aber ich sehe die Schönheit des Universums." Durch diese Erfahrung oder inmitten dieser Erfahrung, wenn LSD unter den richtigen Bedingungen angemessen verabreicht wurde, war sie dazu in der Lage, den Sterbevorgang als das zu sehen, was er ist und sich doch von der Identifikation freizumachen, daß „sie es ist, die stirbt". Dann verschwindet die Angst. Die größte Angst beim Sterben ist die Todesangst. Damit sind tatsächlich viele Schwierigkeiten auf vielen Ebenen verbunden.

Führer von Reisen des Bewußtseins

Seitdem ich jetzt aus Indien zurückgekehrt bin und nach jener Erfahrung mit Ronnie, mache ich nichts mehr; die Leute kommen aber, um mich zu treffen und hängen mitten in einem Problem. Ich bin jetzt zwar ein Yogi, aber nachdem ich als Psychotherapeut ausgebildet bin, bin ich auch das noch. Ich habe psychedelische Sitzungen geleitet, daher bin ich in gewisser Weise immer noch ein Führer von Reisen des Bewußtseins, auch wenn ich jetzt nicht mehr mit Drogen arbeite. Es ist nichts verloren gegangen, alles scheint sich miteinander verschmolzen zu haben. In gewisser Weise hat es sich summiert. So mache ich jetzt eine interessante Sache: ich sehe in die Augen von jemand (ich könnte überall in ihre Augen schauen, von dreißig Sekunden an bis zu zehn Stunden), aber wenn ich in ihre Augen blicke, sehe ich nicht wirklich in ihre Augen. Das ist da erste. Ich schaue auf einen Punkt genau zwischen ihren Augen. Etwas oberhalb, genau hier. Wenn ich mich auf jenen Punkt konzentriere, bin ich dazu in der Lage, beide Augen zu sehen; das ist das erste. Das zweite ist, daß ich dasitze und *Om Mani Padme Hum* wiederhole. Mit anderen Worten, dadurch entleere ich mein Denken vollkommen. Ich kann, wenn du so willst, ganz zum Spiegel werden, weil kein Spiel bei mir abläuft. Es ist nichts da; alles, was ich tue, ist, daß ich mich auf meinen eigenen Mittelpunkt hin ausrichte, ebenso wie ich mich auf die Flamme einer Kerze konzentriere. Das ist gewissermaßen nicht mehr zwischenmenschlich, ich sage nicht: „Bist du da? Ich bin hier. Hallo. Ich liebe dich. Mach' dir keine Sorgen, du kannst mir vertrauen." Nichts von all dem; nur die Kerzenflamme ist da, das Ausgerichtetsein auf ein Ziel. Nach dieser Arbeit im vergangenen Jahr habe ich schließlich ein kleines Spiel eingeführt, das den Namen Mut-Spiel hat. Als ich mich im Tempel in Indien aufhielt, stellte es sich heraus, daß der Guru alles wußte, was auch immer ich dachte. Sogar, wie ich bereits gestern abend erzählte, die schrecklichsten, innersten, intimsten, fürchterlichsten, ängstlichsten Gedanken, sogar jene, die ich nach fünf Jahren der Analyse (und 30 000 Dollar) noch immer nicht völlig, in ihrem ganzen Ausmaß, mit dem Analytiker geteilt hatte — nicht, weil ich es nicht gewollt hätte, sondern weil es so kräftiger Tobak war, daß ich niemals eine Möglichkeit dafür sah, jene besonders perversen Phantasien, oder was auch immer es war, jemanden mitzuteilen. Dies geschah eher gezwungenermaßen als aus Prinzip. Ich meine damit, du kannst ihnen die ganz dicken Dinger erzählen, du kannst alles, was du willst, in einer genügend abstrahierten Form zum Ausdruck bringen, und es hat doch keine Wirkung. Erst wenn du an die Gerüche und Farben kommst, rührst du an die emotionalen Bausteine. Ich sage zu meinem Partner: „Als ich mit meinen Guru zusammen war, habe ich erkannt, daß er alles von innen heraus wußte. Er blickte mich an und sah jene Stelle in mir, wo ich mich selbst hinter all dem befand. So fixierte er sich nicht auf „Ich bin neurotisch", „Ich bin ein schlechter Mensch", „Ich bin ein guter Mensch" oder „Ich bin irgend etwas". Er sah mich fast als so etwas wie Leben an, und hinter allem konnte er das Strömen von Liebe und Licht in jenem Wesen in meinem Innern spüren." Weiter sage ich: „Genauso sagen die Sikhs, eine religiöse Gruppe in Indien, 'Hast du einmal erkannt, daß Gott alles weiß, so bist du frei'. Das bedeutet, hast du einmal erkannt, daß alles in Ordnung ist — mit anderen Worten: der ganze Film von der Erbsünde — hast du einmal gesehen, daß du nicht der Erbsünder bist, so bist du frei."

Als sich mein Guru nun so verhielt und als ich plötzlich bemerkte, daß da ein anderes menschliches Wesen so tief in meinem eigenen Kopf war, daß wir beide uns das alles von der gleichen Stelle betrachteten und er das völlig akzeptierte, was er sah, erfuhr ich ein ungeheures Gefühl von Freiheit, Heiterkeit und Wohlbefinden. Dadurch veränderte sich mein Verhalten, denn ich fand heraus, daß die Wahrheit nicht länger zu kostspielig war. Sie wurde zu einer unbedingt erforderlichen Voraussetzung in dem Tanz: wenn ich mit jedermann high sein wollte, hatte ich nichts weiter zu tun, als sie hereinzulassen. Ich mußte nicht herumlaufen und die Leute so an mich heranlassen wie der alte Seemann mit seinem Albatros um den Hals, der seine Geschichte auf eine vorgefertigte Art und Weise bringt; aber ich mußte dazu in der Lage sein, einen anderen Menschen in mich hineinzulassen. Der Guru war bereits drinnen, und das war in Ordnung, so verhielt es sich offensichtlich richtig damit.

Einfache Spielregel

So sage ich dann zu meinem Partner: „Das ist eine von den Sachen, die er für mich getan hat. Vielleicht kann ich dies auch für dich tun. So lautet die einfache

Spielregel, daß du gerne spielst. Ich werde zwar die Spielregeln erklären, aber am besten spielst du einfach, wenn du spielen willst; denn du kannst sowieso nur dann spielen, wenn du spielen willst. Auch wenn du den Eindruck erwecken möchtest, du wolltest spielen, wäre das nicht so gut. Die Spielregeln sind die folgenden: alles, was du denken kannst — und du kannst alles probieren, es macht Spaß, einfach nach innen zu schauen —, alles, was du denken, fühlen, wünschen, fürchten kannst, alles, was du dir davon bewußt machen kannst, womit du Schwierigkeiten hast, was dich hemmt, was dir unangenehm ist, mit mir zu teilen — teile es mit mir." Dies ist eine einfache Spielregel. Ich sage, mit anderen Worten, das gleiche zu dir, wie es in Hermann Hesses Magischem Theater heißt: „Öffne jede Tür, die du verschlossen findest. Laß uns damit anfangen. Du und ich haben teil an dieser Sache ..." Dann sage ich: „Ich bin nicht mein Guru, ich kann nicht in deinen Kopf hineingehen, weil ich es so möchte. Ich kann nur dann in deinen Kopf hineingehen, wenn du mich dazu einlädst, und das kannst du nur, wenn ich für dich nicht mehr 'er' bin. Jeder Gedanke, den du hast und den du vor mir verbergen willst, läßt mich 'er' bleiben. Wenn schließlich nichts mehr in deinem Kopf ist, was du nicht mit mir teilen kannst, sind wir zu 'wir' geworden. Das ist so, als wenn du einen schweren Tag draußen hattest, nach Hause kommst, deine Füße hochlegst, deine Tasche auf den Tisch schmeißt, dich entspannst und zuhause fühlst: da sind 'wir'. 'Wir' kennen alle schwachen Seiten etc." Ich möchte diesen Abschnitt noch zu Ende bringen. So blickt mich ein anderer Mensch an, und ich sage: „Spiele nur dann, wenn du spielen möchtest." „O ja, ich möchte unbedingt spielen." Dann setze ich mich hin und schaue zwischen die Augenbrauen, wobei ich *Om Mani Padme Hum, Om Mani Padme Hum, Om Mani Padme Hum* fortwährend wiederhole; der andere blickt mich auch an und sagt: „Ich möchte meinen Penis durch deine Nase stecken," so beginnt er das Spiel. So sitze ich da und rezitiere *Om Mani Padme Hum*, und es ist so, als hätte er seinen Mund aufgemacht und „Blah, Blah, Blah" von sich gegeben, stimmt's? Mit anderen Worten: ich klebe an keiner Theorie.

Als ich noch Freudianer war und jemand sagte: „Ich habe an die Vagina meiner Mutter gedacht", schrieb ich „Vagina der Mutter" auf. Dadurch hatte ich den Patienten schon ziemlich bald bestärkt; jedesmal, wenn ich zu meinem Bleistift greife, kommt ein Geistesblitz über ihn. Er sucht meine Aufmerksamkeit und Liebe zu gewinnen. Nach nicht allzu langer Zeit spricht er fünfzehn Minuten von unserer Stunde über die Vagina seiner Mutter. Ich denke dann: „Oh, jetzt kommen wir der Sache auf den Grund." Jetzt aber — und das ist wirklich wahr — kann er nichts mehr sagen, wodurch sich noch irgend etwas verändern würde. Ich könnte kaum weniger auf das achten, was er sagt.

Dann schaut der andere mich an, und er schaut wieder weg, und ich sage: „Du kannst mich ruhig ansehen, es ist schon in Ordnung. Hier sind wir. Du möchtest das tun, und hier sind wir." Dann geht es weiter, *Om Mani Padme Hum, Om Mani ...* Er sagt „Aber sicher" und fühlt sich danach so gut, daß er fortfährt: „Du siehst wie Buddha aus, es kommt Licht aus deinem Kopf heraus, du bist wirklich schön." In meinem Inneren entsteht eine kleine Welle von „Um—m—m, vielleicht bin ich es, vielleicht bin ich Buddha", und dann läuft wieder *Om Mani Padme Hum, Om Mani ...* Dieses *Om Mani Padme Hum* sieht ihm dabei zu, wie er das sagt, und es sieht mir bei meinem Trip zu, es beobachtet einfach alles. Ich sitze einfach da, habe meine Augen auf das Licht gerichtet und sage *Om Mani Padme Hum, Om Mani Padme Hum,* ich beobachte dabei nur die Übertragung, die gegenseite Übertragung, gehe unter die Brücke. Es fließt einfach alles . . . ich könnte mich nicht weniger darum kümmern.

Er sagt: „Dein Gesicht hat sich gerade verändert, du siehst nun geil und böse aus; Speichel kommt aus deinem Mund und Feuer, mir wird übel." Das macht er nun alles durch, und ich dabei *Om Mani Padme Hum, Om Mani* . . . Es ist nun interessant, daß ich dies als eine Methode dafür verwende, um mich zu sammeln. Ich arbeite an mir selbst, etwas anderes kann ich nicht tun. Genauso lautet auch mein Rat, den ich Menschen gebe, die Therapeuten sind und mich fragen, was sie mit ihrer Therapie machen sollen. Ich sage: „Arbeite an dir selbst, denn deine ‚Patienten' werden genauso frei sein, wie du es bist." Daher kann ich auch zu dem Ausspruch zurückkehren, daß eine Therapie genauso hoch entwickelt ist, wie es der Therapeut ist. Das einzige, was ich sonst noch auf deine Frage antworten würde, ist, daß jede bestimmte therapeutische Schule mit einer bestimmten Art von Energieverteilung im Körper oder *Prana* verbunden ist.

Chakra-Zentren

Wenn du mit den Begriffen der *Chakras* oder Energiezentren im Körper oder in Verbindung mit dem Körper arbeitest, so gibt es das erste, zweite, dritte, vierte, fünfte, sechste und siebte; sie heißen *Muladhara, Svadhisthana, Manipura, Anahata, Vishudda, Ajna und Sahasrara.* Das erste liegt am unteren Ende der Wirbelsäule, das zweite ist unterhalb des Nabels, das dritte ist am Nabel, das vierte liegt im Bereich des Herzens, das fünfte an der Kehle, das sechste zwischen den Augenbrauen, das siebte am Scheitelpunkt des Kopfes. Sie haben nicht unbedingt physiologische Entsprechungen. Es handelt sich um psychische Lokalisationen von psychischer Energie, so können wir es vielleicht umschreiben, innerhalb jenes Hindu-Systems, wovon ich schon gesprochen habe. Anstatt nun ein MMPI oder einen Rorschach-Test zu machen, könntest du, ebenso wie ein Kosmogramm, auch eine Chakra-Darstellung machen. Von allem kannst du gewisse Aufschlüsse bekommen. Ein Kosmogramm geht eine Stufe weiter in die Abstraktion zurück. Ein Schaubild der Chakras teilt dir in einer gewissen Weise mit, wo sich die Energie im Menschen verdichtet oder lokalisiert ist, wo sie sich ballt.

Für die meisten Menschen im westlichen Universum, überhaupt für die meisten Menschen in der ganzen Welt lokalisiert sich fast die gesamte Energie entweder im ersten, zweiten oder dritten Chakra. Das erste Chakra kann ganz grob dadurch gekennzeichnet werden, daß es mit dem reinen Überleben, dem Überleben des Individuums als einzelnes Wesen, verbunden ist. Es ist so, als wären wir im Urwald, und es gibt ein Stück Fleisch: wer bekommt das jetzt, du oder ich? Es ist das Schema vom Kräftigsten, der überlebt, wie Darwins These von den Motivationen der Lebewesen. Wenn du dich an diesem Chakra befindest, besteht deine Motivation darin, dich selbst als einzelnes Wesen, deine Vereinzelung, zu verteidigen. Du kannst dir das wie das dunkelste Afrika vorstellen. Den Kanal, den diese ganze Energie hochfließt und der *Sushumna* heißt, stelle dir als einen großen Strom vor. In Afrika steigst du in diesen Fluß hinein, und wenn du das nächste Mal anhälst, ist es wie an der Riviera. Du hast nun deine Sicherheit unter Kontrolle gebracht, und nun kannst du an deine sinnliche Befriedigung, deine sexuellen Wünsche und die Fortpflanzung gehen. Du kannst dich nicht fortpflanzen, wenn du noch damit beschäftigt bist, dein eigenes Leben zu verteidigen; sobald dein Leben aber etwas geschützt ist, kannst du dich mit der nächsten Sache beschäftigen, nämlich die Gattung zu vermehren. So hat das zweite Chakra im wesentlichen mit sexuellen Aktionen und Reaktionen zu tun — auf der Fortpflanzungsstufe. Fruchtbarkeit. Sex.

Das dritte Chakra ist wie die Wall Street, Washington und London. Es ist hauptsächlich mit Macht, Herrschaft, Kontrolle durch das Ego verbunden. Das meiste der Welt, das uns bekannt ist, steht zu diesen besonderen Zentren in Verbindung. Hier ist sämtliche Energie lokalisiert. Die Menschen rechtfertigen ihr Leben in Form von Reproduktion oder sexueller Befriedigung, sinnlicher Befriedigung oder Macht und Herrschaft. Es ist interessant, daß so gut wie jede uns in der westlichen Welt bekannte Handlung im Dienste von jeder dieser Energien ausgeführt werden kann. So kann ein Mann einen riesigen Industriekonzern aufbauen, und wir können sagen: ,,Aha, phallisch,'' womit das zweite Chakra gemeint ist. Oder ein Mann kann vic Frauen verführen, um Macht über sie auszuüben und sie zu beherrschen, und wir sagen dann: ,,Aha, hat mit Macht und Herrschaft zu tun'', womit das dritte Chakra gemeint ist. Sex wird im Dienste des dritten Chakras ausgeübt.

Vielleicht sind viele damit nicht einverstanden, aber so verstehe ich es jetzt, nachdem ich diese besondere Entwicklung durchgemacht habe: für mich stellt es sich heraus, daß Freud ein absolut unerreichter Wortführer und Meister der Beschäftigung mit dem zweiten Chakra ist, also all jener, die in erster Linie auf das zweite Chakra fixiert sind. Weil dies für das zweite Chakra zutrifft, konnte er auch ganz ernsthaft behaupten, daß Religion sublimierter Sex sei. Nun mögen seine verallgemeinerten Libido-Theorien und seine Vorstellung, daß der ganze Körper erogen sei, zwar richtig sein. Aber in vielen Dingen schießt er doch über das Ziel hinaus; sein System hängt hauptsächlich mit dem zweiten Chakra zusammen. Bei Adler ist es vor allem das dritte, bei Jung das vierte Chakra. Ich sollte hervorheben, daß es noch das fünfte, sechste und siebte Chakra gibt. Diese sind mit anderen Arten von Seelenräumen und Möglichkeiten verbunden, das Universum zu ordnen und zu verstehen, was so abläuft. In dem Ausmaß, wie du ,,unausgegorene Samenkörner'' des zweiten Chakras und einen Freudianer als Analytiker hast, wird er dir dabei helfen können, diese Samenkörner zu kochen. Er kann nicht viel dafür tun, wo du etwa besonders im dritten Chakra festhängst. Er kann auch nicht viel über das vierte Chakra sagen, worauf auch Jung bei Freud hinwies.

Du kannst nun eine jede dieser Theorien aufgreifen und sie in viele Richtungen ausbauen. Zwischen der dritten und vierten Stufe gibt es jedoch einen Sprung. Viele Theorien haben nichts mit Mystik zu tun, andere sind mystisch. Es gibt Theorien, die sich mit transzendenten Zuständen beschäftigen, und es gibt solche, die das nicht tun. Wenn Jung sich mit seinen Archetypen, dem kollektiven Unbewußten und so weiter befaßt, hat er mit dem vierten Chakra zu tun, was das gleiche wie Buddhas Mitleiden ist. Er befindet sich noch auf der Astralebene und hat Angst davor, weiterzugehen. Das liegt klar auf der Hand. Er geht gerade so weit und hält dann an; er hat Angst davor, daß, wenn er den nächsten Schritt macht, er das nicht mehr tun kann, was er als C. G. Jung tut. Das ist eine sehr heikle Sache, dein Spiel aufzugeben, das du in einer gewissen Weise beherrschst, um weiterzukommen. Aber ich fürchte, daß jeder dazu getrieben wird, immer weiter zu gehen, bis er, ganz tief im Inneren, sagen kann: „Jetzt ist es genug." Dies kann er nur sagen, wenn es tatsächlich so ist. So läßt sich der Druck der Evolution auf das Bewußtsein des Menschen nicht vermeiden. Er kann nichts daran ändern, es bleibt ihm in dieser Sache keine große Wahl. Er wird gerade so wach, wie er aufwachen soll.

Bewußtseinsebenen

Folgendes erwartet einen, wenn man diese Arbeit auf sich nimmt: Ziel dieser Anstrengungen ist ein nicht-dualistischer Zustand. Der Ort, nach dem du dich ausrichtest, ist eine Ebene, wo es nur noch eins gibt. Nicht eins gegenüber irgend etwas anderem — einfach eins. Alles ist. Es ist eins. Ein nicht-dualistischer Zustand. Um an jenen Ort zu gelangen, verwendest du Methoden, die dualisitisch sind. Stimmt's? Du wendest Dualismus an, um darüber zu sprechen. Du verwendest Dualismus, um über Dualismus hinauszugehen. In Ordnung. Ein Buddhist würde in Bezug auf alle diese Ebenen, mit Ausnahme der Ebene der Einheit, sagen: „Häng' dich nicht an alle diese Dinge, denn dadurch setzt du lediglich den Dualismus fort." Ein Mahayana-Buddhist oder auch irgendein anderer Buddhist würde sagen: „Du kannst den Dualismus als eine Krücke benutzen, um über den Dualismus hinauszugehen, wenn du klug damit umgehst. Du kannst Guru Rimpoche oder Padmasambhava, ein Wesen von einem anderen Realitätsplan, als Hilfsmittel gebrauchen, um damit zu arbeiten; aber du weißt, daß auch er ein Teil der Illusion ist und daß auch er schließlich gehen muß." Wenn Du daher innerhalb dieses Rahmens verstehen kannst, daß alles, was ich über diese Ebenen sage, eigentlich illusorisch ist und du und ich dies beide wissen, dann wird es auch möglich, über diese Ebenen zu sprechen.

Es gibt eine Reihe von Systemen, die eine Reihe von verschiedenen Ebenen entwerfen. Du kannst drei, sieben, neun und noch viel mehr erhalten, wenn du in immer feinstofflichere Abstufungen gelangen möchtest. Ich kann mich diesen Ebenen nur durch zwei Formen der Erfahrung annähern. Ich kann es einmal mit Hilfe der Vielzahl psychedelischer Erfahrungen machen, wobei ich zahlreiche Dinge erlebte, die ich in horizontalen Abschnitten meines Kopfes aufbewahrte und mir dabei etwa sagte: „Gut, das ist diese Halluzination, und das ist jene, das ist diese, das jene", — so etwa wie Lagerbestände, die darauf warten, wieder eingesetzt zu werden, wenn ich einmal einen Modellfall dafür habe, wo sie hineinpassen. Dann ereignet sich ein solcher Modellfall, alles wird an seinen Platz gerückt, und ich sage: „Aha, dieses System schließt alle die Erfahrungen ein, die ich haben muß, um auf dem laufenden zu bleiben", verstehst du? Ich habe beispielsweise einmal 900 Mikrogramm LSD eingenommen und stand dabei mitten in der Nacht in Mexiko am Meer. Ich versuche, so stark ich es eben kann, an die unzivilisierte Welt, an das Universum heranzukommen. Ich versuche, mich durch die Ängste meines ersten Chakras hindurchzuarbeiten. So stehe ich also da, die Brandung tost um mich herum, sie zieht mich fast mit sich; ich kann spüren, wie sich der Sand unter meinen Füßen entfernt und wie mich kleine Tiere beißen, was mich wünschen läßt, in die Brandung hineinzutauchen; außerdem sind die Sterne und das phosphoreszierende Wasser zu einem juwelenbesetzten Teppich geworden, der mich wie mit einer Kugel von 360 Grad umgibt, und ich kann nicht mehr unterscheiden, was oben und unten ist. Ich habe den Verdacht, daß, wenn ich in jene Woge hineingehe, es keinen Weg mehr zurück gibt, aus ihr nach oben zu kommen — denn oben und unten scheinen mir in diesem Augenblick das gleiche zu sein.

In dieser Lage befinde ich mich also, als sich alles in einzelne Vektoren verändert. Alles, was sich sehe, sind Kraftfelder, alles, was ich fühle, sind Energiekräfte; es ist so, als wäre ich ein Punkt, und diese Kräfte wirken auf mich ein, ziehen mich in eine Richtung. Es ist nun alles zu einem physikalischen Problem geworden, weiter ist nichts vom Universum übriggeblieben. An diesem Punkt erkenne ich — und das ist äußerst interessant —, daß ich, wenn ich in das Meer hineingehe, sterben werde; gleichzeitig erreiche ich aber eine neue Harmonie mit dem Universum, an jedem beliebigen Ort befinde ich mich in vollkommenem Einklang mit dem Universum. So bin ich jetzt durch eine Erfahrung gegangen, die für mich gleichzeitig Leben und Tod bedeutet. Das kann ich erkennen, und dann sage ich: „Nun gut, wenn Leben und Tod für mich eins sind, warum bleibe ich dann am Leben?" Darauf erkenne ich, daß es zu all diesen Vektoren — wenn ich sie zusammennehme, wie um zu sehen, wo die Kraft liegt — noch einen zusätzlichen gibt: das ist die Verbindung zu meinen Mitmenschen. Es ist so, als würde mich meine Inkarnation als ein Mitglied dieser Gattung binden, so daß ich diese nicht zurückstoßen kann, indem ich mich selbst töte. Der Akt des Sterbens ist eine Selbstmordhandlung, was wiederum ein Akt des Egos ist. Ich erkenne, daß ich weiterleben muß, weil ich einfach weiterleben muß, weil sich die Kräfte in dieser Art und Weise verhalten. O. K. Ich kann nun jene Ebene finden, die in vielen Büchern als diejenige Stufe beschrieben wird, wo es nur noch Energiemuster gibt. Dann kann ich sagen: „Gut, jetzt habe ich es mit der Kausalebene zu tun, wo es einfach um Kräfte und Gegenkräfte geht." Jene Ebene ist wie die Welt von Yin und Yang. Es gibt Zeiten, in denen ich in Dinge hineingerate, wo ich auf andere Wesen treffe, die etwas traumhaft oder Dämonen sind oder wie auch immer du das nennen magst. Ich sage dann: „Gut, jetzt befinde ich mich auf bestimmten Ebenen, so wie ich es aus den Büchern kenne."

Das einfachste System sagt im allgemeinen, daß es einen physischen Plan gibt und daß jeder von uns drei Körper hat. Es gibt einen physischen, einen feinstofflichen und einen kausalen Körper, wenn du diese Bezeichnungen verwenden willst. Der physische Körper ist mit deinem Körper und mit dem verbunden, wofür du dich hälst. Der feinstoffliche Körper ist verbunden mit deiner Persönlichkeit, deinen Gefühlen, deinen Chakras, deinem denkenden Bewußtsein. Dein kausaler Körper entspricht der Welt der Ideen, woraus dies alles entsteht. Es ist wie eine Pyramide, an deren Spitze sich die Ideen befinden; das entspricht Platos reiner Ideenwelt. Dahinter befindet sich eine Ebene, wo alles homogen ist. Das *Tibetanische Totenbuch* handelt von *Bardos,* womit diese Ebenen von der anderen Richtung her bezeichnet werden. Die sieben Chakras können sämtlich mit verschiedenen Astral- und Kausalebenen in Verbindung gebracht werden, letzteres ist kausal.

Im allgemeinen ignoriere ich das meiste hiervon. Ich lerne nicht alle diese Systeme auswendig, weil ich nicht so sonderlich daran interessiert bin. Denn was auch immer es sein mag, was ich in einer bestimmten „Form" sehe — ich muß doch darüber hinausgehen, warum soll ich mich damit belasten, vorher alles aufzuzeichnen? Habe ich einmal verstanden, daß es darum geht, die Reise innerhalb eines Lebens abzuschließen, konzentriere ich mich darauf. Ich muß diese Reise zum Abschluß bringen. So sage ich zu jedem, dem ich begegne, zu allen Kräften, die ich erlange, zu allen Wesen, die vorbeikommen, einfach: „Ist ja prima, aber übertreib's nicht, denn ich bin auf meinem Weg." Ich bin wie das Kaninchen in *Alice im Wunderland*. Ich kann einfach nicht anhalten, es tut mir leid. Ich kann nicht dabei anhalten, in den Himmel hinein zu flippen oder der Gott des Windes zu sein oder wie auch immer dieser Trip heißen mag. Mit jenen Ebenen haben wir alle zu tun. Ich weiß jedoch von einigen, daß dies für sie ziemlich weit draußen ist. Hört sich ziemlich verrückt an. Ich habe mich auch nicht besonders dabei angestrengt, jene Überleitung zu bringen, es in psychodynamische Begriffe umzusetzen und so weiter, weil ich fühle, daß hier ein sehr unterschiedliches Publikum ist; einige von uns können es auf diese, andere auf jene Art verstehen. Daher lasse ich an meinem Bewußtsein teilhaben, so gut ich es eben kann.

Krishna

Jehova hat ein sehr begrenztes Repertoire an gefühlsmäßigen Reaktionen, so wie es eben einmal mit Göttern ist. Er kann gerecht sein und aufgebracht, er kann strafen und mildtätig sein. Damit hat sich's auch schon. Er ist so etwas wie ein ziemlich alter Großvater. An diesem Punkt befindet sich Jehova gewöhnlich. Hier und dort bekommst du in einem der Psalmen das schwache Gefühl, daß er auch etwas Überwältigendes sein könnte, was aber nicht sehr stark herauskommt — in der Bibel wird nur darauf angespielt. Gewöhnlich verhält er sich doch ziemlich straight. Nun, in Indien ist das gleiche Wesen, was auch immer es sein mag, Allgemeinbesitz von allen Religionen der Welt. Sie sehen die vielen Gesichter Gottes, und sie sehen ihn in einer Vielzahl verschiedener Rollen.

Die ungewöhnlichste ist für uns Menschen aus dem Westen wahrscheinlich diejenige Krishnas. Es gibt da eine große religiöse Erzählung, wie Krishna sich in Vollmondnächten am Fluß mit den Gopis, den Hirtenmädchen, vergnügt und dort auf seiner Flöte spielt. Er ist ungefähr siebzehn Jahre alt, er ist schön und ziemlich angetörnt. Er spielt auf seiner Flöte, und dies klingt so herrlich, daß die Mädchen ihre Milchkübel fallenlassen und ihre Babies, ihre Männer verlassen und ihre Töpfe auf dem Feuer und auf diesen Burschen fliegen, denn wenn er auf seiner Flöte spielt, dann ist es das eben. Genau das erweckt er dann in ihnen. Sie eilen zu ihm — es sind ungefähr 16 000 —, er manifestiert sich selbst in 16 000 verschiedenen Gestalten, und er liebt eine jede so, wie sie es sich immer am meisten gewünscht hat. Sie alle lieben Gott, stimmt's nicht? Nach ihrem verrückten Spaß gehen sie dann alle in den Fluß baden, und es ist eine ziemlich wilde Sache dort. Es ist so wie beim Passahfest, Yom Kippur, Rosh Hashanah oder am Karfreitag: ein anderes dieser Feste, denn im *Bhakti*-Yoga — Yoga bedeutet Vereinigung, Bhakti das Hilfsmittel für die Vereinigung, wofür das Herz-Chakra oder die Hingabe verwendet wird — gibt es elf verschiedene Formen, in denen du dich einem anderen Wesen hingeben kannst. Du kannst dich an deinen Vater hingeben, oder wie Maria an Jesus, die Mutter an das Kind, oder wie ein Freund, Johannes und Jesus, oder in diesem Fall wie Liebhaber und Geliebte, was ganz bestimmt eine sehr hohe Form menschlicher Beziehung ist. Die Tatsache, daß du diese Beziehung zwischen Liebhaber und Geliebter dafür einsetzen kannst, um in jene Einheit mit Gott zu gelangen, macht sie zu einer spirituellen Praxis.

Es gibt tatsächlich eine Sekte in Indien, die Krishna verehrt. Es sind Gopis. Das sind nun keine Transvestiten, obwohl sie sich wie Gopis kleiden, sondern Männer. Sie ziehen sich wie Hirtenmädchen an und haben zu Krishna die Beziehung des Liebenden zum Geliebten. Alle diese verschiedenen Beziehungen sind möglich. So wie Krishna, ist Ram eine andere Inkarnation Vishnus. Innerhalb des hinduistischen Systems teilt sich das eine Brahma in folgende Dreiheit auf: Brahma, Vishnu, Shiva, also der Schöpfer, der Erhalter und der Zerstörer oder Verwandler, um es vereinfacht auszudrücken. Vishnu, der Erhalter, hat zahlreiche Inkarnationen; eine davon ist Krishna, Ram ist eine andere, Buddha ist eine weitere und so fort. Ram ist ein vollkommenes Beispiel für *Karma*-Yoga. Er ist der vollkommene Vater, der vollkommene Ehemann, der vollkommene Liebhaber, der vollkommene Freund, der vollkommene Diener, er ist ein wunderbarer Bursche. Er ist ein großer König. Das *Ramayana,* eines der heiligen Bücher Indiens, erzählt seine Geschichte. Wie jedes große heilige Buch, ist es immer auf mehreren Ebenen geschrieben, und du liest auf der Ebene, die du zu hören bereit bist. So kannst du die Bibel, das Neue Testament, als ein Lehrbuch für höheres Bewußtsein auffassen, wenn du darauf vorbereitet bist; du kannst sie aber auch als die rührselige Geschichte von Jesus lesen. Es gibt die Geschichte von Jesus, und dann gibt es auch das Christus-Bewußtsein. Du kannst bei der Bibel feststellen, daß Christus immer im Hintergrund steht und sagt: „Nun gut, so ist es prophezeit worden. Morgen ist der große Tag. Sei ruhig Frau, ich bin noch nicht an der Reihe." Es ist so, als würde er das Drehbuch schreiben. Er weiß, wo's langgeht. Dann gibt es den Jesus, der das Kreuz trägt, die Menschen heilt, der seinen Trip durchzieht und sagt: „Warum schlaft ihr?" und ähnliche Dinge. „Ich bat euch wachzubleiben, warum schlaft ihr dann?" Siehst du, das ist die Geschichte von Jesus, und dann gibt es noch das Christus-Bewußtsein. So verhält es sich auch mit dem *Ramayana* und den meisten anderen dieser Bücher, es gibt immer diese beiden Ebenen.

Die Geschichte Rams

Zum Beispiel geht Ram einmal durch den Urwald, und er begegnet diesen nackten Asketen. Sie sagen zu ihm: „Hey, Ram, du bist ein Gott, und wir werden wirklich von diesen Dämonen belästigt; wir können nicht mehr meditieren. Würde es dir etwas ausmachen, uns ein Mantra zu geben, das wir sprechen können, damit wir sie losbekommen, denn sie machen eine Menge Lärm? Es ist so wie mit Katzen, die sich hinter dem Gartenzaun paaren. Sie beeinträchtigen wirklich meine Meditation. Könntest du mir ein Mantra geben, damit sich der blaue Eichelhäher davonmacht, das aber nicht alle anderen Vögel mit vertreibt?" Ram sagt: „Da muß ich meinen Guru fragen", denn er ist noch ein junger Mann. So wandert er viele Meilen, um seinen Guru zu treffen, und er nimmt seine Frau und seinen Bruder mit sich. Er sieht seinen Guru, dieser sitzt in einem Haus, wirft einen Blick auf ihn und sieht, wie Gott auf ihn zukommt. Daher läuft der Guru nach draußen und fällt vor Ram auf sein Gesicht. Auch Ram schaut und sieht seinen Guru, so läuft er los und fällt vor seinem Guru aufs Gesicht. Sie liegen beide am Boden und ehren sich gegenseitig. Ram sagt zu seinem Guru: „Ich bin gekommen, um ein Mantra zu erhalten, um jenen Asketen zu helfen." Der Guru sagt: „Mensch, was soll denn das heißen? Du bist doch Gott. Wenn du Gott bist, bist du selbst das Mantra und die Dämonen und überhaupt alles. Wenn du das alles bist, wofür brauchst du mich dann?" Dann aber, mitten im Satz . . . „Oh, ich habe es ja vergessen. Wir stecken in einer Inkarnation, und diesesmal bist du ein hübscher junger Mann, und ich bin dein Guru. Natürlich werde ich dir das Mantra geben, und ich werde . . ." Er gibt ihm das Mantra, er kehrt damit nach Hause zurück und erledigt seine Aufgaben.

Dieses sind nun die beiden Ebenen, in denen diese highen Bücher geschrieben sind. An einer anderen Stelle wird Rams Frau von einem bösen Menschen, Ravina, geraubt; es ist eigentlich ein guter Mensch, der eine schlimme Inkarnation aufarbeitet, wenn du den eigentlichen Handlungskern wissen möchtest. Ram ist natürlich außer sich, weil seine Frau geraubt wurde. Sie verzehrt sich natürlich vor Kummer und will sich nicht mit dem schlimmen Burschen einlassen, sondern eher sterben. Ram muß sie finden. Er geht zum König der Affen und bittet um Hilfe. Der König der Affen bestimmt seinen Stellvertreter, Hanuman, um Ram zu Diensten zu stehen. Hanuman wird zum vollendeten Diener; er ist ein Vertreter des reinen, unverfälschten Dienens. Er hilft nicht, um Rams Job zu übernehmen oder damit Ram ihn am Kopf tätschelt: er dient einfach, um zu dienen. Ram sagt zu ihm: „Hey, Hanuman, wer bist du, Mensch oder Affe?", und Hanuman gibt zur Antwort: „Wenn ich nicht weiß, wer ich bin, diene ich dir. Wenn ich weiß, wer ich bin, sind du und ich eins." Das ist Hanuman. Es stellt sich heraus, daß der Tempel, wohin ich in Indien gebracht wurde, ein Hanuman-Tempel ist. Dort verehren sie Hanuman. Sie leben in der Beziehung des Anhängers zu Gott, des Dieners zum Herrn.

Mein Name lautet Ram Dass. Dass bedeutet „Diener", Ram ist der Name jener Inkarnation. Der Name bedeutet also „Diener Gottes". Mein Auftritt gilt damit dem Dienen, also tue ich meinen Dienst. Wie ich schon sagte: wenn ich weiß, wer ich bin, sind du und ich eins; wenn ich nicht weiß, wer ich bin, diene ich dir. Darum frage ich häufig: „Wie kann ich dir einen Dienst erweisen?", denn es ist nicht wie in dem Film „The Servant", wo versucht wird, Macht zu ergreifen. Es ist der Punkt, wo du deine Rolle in dem Schauspiel spielst, ein Diener zu sein, und dies ist einfach eine sehr klare Beziehung.

Die Kernfrage sozialer Verantwortlichkeit

Es scheint mir so etwas wie Verantwortlichkeit gegenüber dem Wohlergehen meines Mitmenschen zu geben, wenn du, wie ich schon früher erwähnte, die Art und Weise betrachtest, wie das häufig vor sich geht: Menschen können eng in einem Kampf umschlungen sein, und dann kann irgendeine andere Vorstellung auftauchen, die sie beide von ihrer unhaltbaren Position befreit, der sie verhaftet sind, nicht wahr? Mit anderen Worten, es kommt jemand, der mit völlig neuen Augen auf diese Sache schaut — so wie du etwa hereinkommen kannst, wo zwei Kinder miteinander kämpfen, und du ihre Gedanken irgendwie ablenken kannst. Der ganze Kampf verändert sich damit, und das, worum sie kämpfen, scheint nicht der eigentliche Grund zu sein. Es scheint mir, daß die Spannungen innerhalb der heutigen Gesellschaft viel tiefer liegen als jede besondere äußerliche Situation. Diese sind zwar Manifestationen davon, aber an sich ist es nicht der Krieg in Vietnam oder die Armut. Einstein meinte etwas sehr Interessantes, als er sagte: „Die Welt, die wir als Ergebnis jener Ebene des Denkens geschaffen haben, das wir erreichten, erzeugt Probleme, die wir nicht auf der gleichen Ebene wie derjenigen lösen können, wo wir sie erschaffen haben." Das heißt, die einzige Möglichkeit, sie zu lösen, besteht darin, eine neue Ebene zu schaffen, um über sie nachzudenken. Wir müssen, mit anderen Worten, die alten Zusammenhänge zerbrechen.

Wenn eine Konfrontation entsteht, so läßt diese gewöhnlich Kränkung, Ärger und schließlich eine Polarisierung anwachsen. Wie auch immer der kurzfristige Gewinn aussehen mag, auf lange Sicht entsteht ein Verlust in Form von verstärkter Paranoia. So kannst du, besonders in Kalifornien, die wachsende Polarisierung in äußerst dramatischer Form verfolgen. In den „Energiezentren" auf dem Land scheint sich diese Polarisierung und Paranoia noch schneller niederzuschlagen. Wenn ich mich mit irgendeiner Seite oder Einstellung identifiziere, dann bringt mich mein Anhaften an diese Seite dazu, die entgegengesetzte Seite als ein Objekt, als „sie" zu sehen. Das Problem, auf das letzten Endes alles hinausläuft, besteht darin, ein anderes Wesen als „sie" zu sehen. Ob das nun Nationalismus oder Rassenkämpfe oder Generationskonflikte oder Wissenschaftstheorien sind. In dem Ausmaß, in dem du jemanden innerhalb des Universums als „sie" betrachtest, schaffst du zunehmend Paranoia; denn du klebst an deiner Welt des „sie", die „sie" in diese Welt des „sie" hineinversetzt, wodurch das „Sie-Sein", das Subjekt-Objekt oder die psychische Distanz zwischen den Menschen verstärkt wird. Wie ich bereits sagte, erkenne ich als einziges Gesetz oder Regel aller menschlichen Beziehungen — sei es nun Mutter und Kind, Therapeut und Patient, Vortragender und Publikum, Militär und Pazifist, Nord- und Südvietnamese oder was auch immer —, lautet die einzige Spielregel, dein Bewußtsein an einen Ort zu versetzen, wo du nicht mehr auf eine polarisierte Haltung fixiert bist — selbst wenn du aufgrund der Art der Spielverträge, mit denen du es zu tun hast, dazu gezwungen sein magst, eine polarisierte Rolle durchzuspielen.

Beispielsweise traf ich kürzlich auf diesen Polizeichef, der in den Colleges herumläuft, um College-Studenten als Polizisten nach New York zu bekommen. Ich gratulierte ihm wegen seines Versuchs, eine neue Art von psychologischer Atmosphäre im Polizeidienst zu schaffen und so weiter. Ich sagte ihm aber auch: „Das Vorhaben wird genauso erfolgreich verlaufen, wie Sie selbst ‚bewußt' sind. Solange Sie aber in der Polarität verhaftet sind, machen Sie nichts anderes, als noch mehr Leute für diese Polarität anzuwerben. Hängen Sie nicht an der Polarität, so können Sie dazu fähig sein, die Menschen mit Hilfe der Vorstellung frei zu machen, was neue Polizisten darüber denken, was sie Tag für Tag tun, wenn sie Polizist spielen."

Als ich in Indien im Tempel war und dort saß, floß dort ein Fluß vorbei, die Vögel zwitscherten, alles war sanft und ruhig; ich meditierte und spürte jenes großartige Gefühl des Wohlbehagens und der Ruhe, und ich dachte: „Was tue ich hier?

Warum bin ich nicht an der vordersten Front? Warum kämpfe ich nicht? Warum gehe ich nicht zurück, um das zu tun, was ich glaube, woran ich glaube: nämlich gegen Ungerechtigkeit zu protestieren und so weiter? Stehle ich mich davon? Ist das hier eine Nachhut-Ruhestation? In welcher Art von Szene bin ich hier? Ist das eine Flucht?" Dann begann ich einzusehen, daß dieses Alleinsein, in diesem Raum und in diesem Augenblick, mich mit einem inneren Kampf konfrontierte, der viel heftiger als jeder äußere Kampf war, den ich jemals ausgestanden hatte. Bevor ich nicht einen Weg durch diesen inneren Kampf gefunden hatte, konnte ich nur in solch einer Art und Weise in seine äußeren Manifestationen hineingezogen werden, daß ich sie weiter fortsetzte. Stimmt's? Ich begann zu erkennen, daß es im Sinne von sozial verantwortlichem, wirksamem Verhalten unumgänglich war, an mir selbst in ausreichendem Maße zu arbeiten, damit ich jedes menschliche Wesen sehen und jenen Ort entdecken konnte, der hinter ihrem Auftritt liegt — mag es nun Nixon, ein Hippie, Mao, Hitler, Schweitzer oder Mahatma Gandhi sein oder auf welchem Trip dieser Mensch auch immer ist: es geht darum, in der Lage zu sein, dahinter zu schauen. Ehe ich nicht genügend gesammelt war, ehe ich mich nicht selbst an jenem Ort in meinem Inneren befand, konnte ich auch jenen Ort in anderen Wesen nicht wirklich kennen. Ich erkannte, daß, letztendlich, meine Verantwortung darin lag, an mir selbst zu arbeiten.

Um dies auf den Westen zu übertragen, scheint es mir, daß es aufgrund vieler Einflüsse, die stattgefunden haben, eine ungeheure Veränderung innerhalb des kulturellen Zusammenhangs gibt, in dem wir leben und der sich in den vergangenen zehn Jahren heftig verändert hat. Ich glaube, daß dies ausreichend von Marshall McLuhan und anderen aufgezeigt wurde, so daß ich diese Faktoren nicht im einzelnen wiederholen muß. Dies führt zu Veränderungen in unseren Vorstellungen von Zeit und Raum, mit denen wir täglich leben. Aufgrund dieser Veränderungen machen wir die Erfahrung einer großen Energiezufuhr. Es ist so, als würden wir uns auf mehr und mehr Energie im Universum einstimmen, so daß du den geometrischen Fortschritt spürst, womit sich die Dinge ereignen. Schau dir nur die Kultur an. Es ist so, als würde alles schneller und schneller, stärker und stärker in alle Richtungen gehen, und alles zur gleichen Zeit. Ich habe festgestellt, wenn ein Mensch diese höhere Energie spürt, die sich innerhalb des Systems der Hindus als das vierte Chakra entpuppt, daß dieser Ort von Zeit und Raum unabhängig ist. Wenn du beginnst, diese Energie zu erfahren, neigst du dazu, etwas damit „machen" zu wollen. Es ist wie: „Ich muß irgend etwas tun!" Die Dinge, die du dann machst, sind Gewohnheiten, die noch von dem letzten Trip übriggeblieben sind, auf dem du drauf warst. Du bist, anders ausgedrückt, da drauf: „Ich muß etwas tun. Ich werde diese Welt besser machen, um in ihr leben zu können. Ich werde die Gesellschaft verändern" — so etwa ist das Gefühl. Der junge Mensch spürt: „Ich habe diese ganze Energie. Ich sehe mehr. Ich kann es schaffen." Wenn er damit beginnt, etwas zu tun, landet er bei einer Reihe von Reaktionen, die alle noch mit dem dritten Chakra in Verbindung stehen, das in der Welt von „wir" und „sie" liegt. So bringt er lediglich mehr Energie in die alte Spielfolge hinein, die die Kultur bereits durchgespielt hat, wo der Sohn den Pappi umstürzt und dann selbst Pappi wird, und Pappi genauso schlimm wie vorher wird, weil er nun selbst Pappi ist, verstehst du? So kann ich einen Tramper in Big Sur mitnehmen, der seine Haare schneiden mußte, weil er in der Armee ist, und der sagt: „Hey, Mann, das ist hart. Kein Mädchen will mit mir ausgehen, weil ich kurze Haare habe." Da entdecke ich, daß es bereits ein neues Establishment der Langhaarigen gibt. Sie sagen: „Du kannst unserem Club nicht beitreten, weil du kein Empfehlungsschreiben hast. Du hast keinen Ausweis vom American Express. Es tut mir leid, aber du kannst hier nicht bleiben."

Es schleicht sich, mit anderen Worten, ein neues System ein, wenn jene Energie unbewußt angewandt wird. Sie setzen ganz einfach die Illusion, die Dunkelheit fort. Damit wurde mir klar, was jemand „tun" kann, wenn er ein Gefühl von sozialer Verantwortlichkeit entwickelt, die jener Vektor ist, der mich wieder aus dem Meer herauszog und die dasjenige ist, was ich hier tue. Zunächst arbeitet derjenige ständig an sich weiter, um einen immer höheren Schwingungsgrad zu erreichen. Ein friedliebender Mensch ist das allererste Kriterium dafür, wenn du ein friedliches Universum haben willst. Du beginnst mit eben dem Universum, das du bekommen hast, und das ist dein eigenes Wesen; wenn du zornig bist, kannst du über den Frieden nicht zornig sein, weil du damit nur mehr Zorn, anstatt mehr Frieden, in die Welt bringst. Was auch immer du tust, mußt du friedfertig tun. Du mußt es, mit anderen Worten, aus deinem Herzensfrieden heraus tun, wenn es irgend etwas mit Frieden zu tun haben soll. Das muß nicht sein, aber wenn es *wirklich* etwas mit Frieden zu tun hat, mußt du zur Kenntnis nehmen, daß du das *bist,* was auch immer es „ist", und genau dort mußt du beginnen. Du kannst nicht sagen: „Ich bin nun einmal aufgebracht über den Frieden, aber sobald ich Frieden habe, werde ich auch friedlich sein", denn auf diese Weise geht es nicht. Aufgrund der Gesetzmäßigkeit von Actio und Reactio, wonach das Universum arbeitet, funktioniert es gerade umgekehrt. Du siehst also, daß die einzige mögliche Wahl darin besteht, an dir selbst zu arbeiten.

Zunahme der Bewußtseinshöhe

Hat nun die Arbeit an dir selbst etwas damit zu tun, ob du protestierst, marschierst, aus der Gesellschaft ausscherst oder irgendwo voll mitmachst? Nein, das hat damit überhaupt nichts zu tun, denn in jedem Augenblick bist du Bewußtsein, das von einer natürlichen Verpackung umgeben ist. Diese natürliche Verpackung umfaßt deine Erbanlagen, deine Umgebung, alle deine persönlichen Kennzeichen, alle Möglichkeiten, die in diesem Augenblick für dich existieren, alle deine Einstellungen, alle deine Neigungen — das ganze Drum und Dran. Diese Verpackung arbeitet nach den Gesetzen des Karmas oder der Gesetzmäßigkeit des Universums. Diese Verpackung enthüllt sich; es ist durchaus erlaubt, sie selbst auszuarbeiten. Wenn dein Bewußtsein zunimmt, läßt jede Handlung, die du ausführst, den Bewußtseinsanteil innerhalb des Universums anwachsen, weil die Handlung selbst das Bewußtsein vermittelt. Ich könnte dir die größten Wahrheiten der Weltgeschichte erzählen, aber wenn ich sie innerlich nicht verstehe, kannst du sie vergessen; ich mache dann nichts anderes, als sie von da zu nehmen und sie dort hin zu geben, gebe dir aber nicht den Schlüssel, der dir ihre Anwendung ermöglicht. Dieser Schlüssel ist der „Glaube" darin, den ich nur durch mein eigenes Beispiel in allem, was ich tue, vermitteln kann.

So wird es, durch all das, was hier gesagt wurde, ganz offensichtlich, daß, wenn du an dir selbst, an deinem Bewußtsein arbeitest, du mit demjenigen Tanz fortfährst, in dem du dich befindest oder daß sich dieser Tanz von selbst entwickelt. Wenn du bewußt lebst, beginnst du zu erkennen, wie deine Handlungen, gemessen an den Bedingungen, immer optimaler werden. Das bedeutet: wenn du ein Gesetz im Lande verändern willst, beginnst du die Art und Weise zu verstehen, wie das ganze System funktioniert, wenn du dich etwas im Hintergrund hältst; dann erkennst du, wie du dich am besten verhältst, du gehst hin und handelst, und du handelst dabei ohne jegliche gefühlsmäßige Bindung an diese Handlung, wohl aber mit dem Bewußtsein, welchen Stellenwert diese Handlung innerhalb des gesamten Systems hat. Verstehst du, was ich sagen will? Es ist, mit anderen Worten, die Fähigkeit, manchmal auf die Belohnung zu verzichten, wenn du so willst, die Fähigkeit, zurückzustehen, die bestmögliche Reaktion zu zeigen. Manchmal ist es das, was sich augenblicklich anbietet: die Eltern können das Kind schlagen oder nicht; sie können gefühlsmäßig darin verwickelt sein, das Kind zu schlagen oder auch nicht; sie können vollständig einsehen, wieviele Verästelungen damit verbunden sind, das Kind zu schlagen oder auch nicht. All dieses sind verschiedene Ebenen, auf denen sie arbeiten können.

So läßt sich schließlich eine allgemeine Regel auf alle Handlungsweisen anwenden, wobei es keine Rolle spielt, ob du mir erzählst, daß die Welt morgen oder in fünf oder in zehn Jahren untergeht, daß die bösen oder die guten Buben gewinnen, daß alles mir überlassen bleibt oder daß wir zusammenkommen und etwas tun müssen. All das führt mich zu immer der gleichen Antwort: ich will an mir selbst arbeiten, denn die Arbeit an meinem Selbst ist das Highste, was ich überhaupt tun kann, wenn ich einmal begriffen habe, daß der Mensch, wenn er sein Bewußtsein auf eine höhere Ebene bringt, schöpferische Lösungen für die Probleme erkennt, denen er gegenübersteht. Alles wirkt daher wieder auf die gleiche Stelle zurück. Die Arbeit an meinem Selbst entspricht dem ganz genau. Es ist soziales Verhalten in diesem Augenblick. Dieses soziale Verhalten kennt jedoch überhaupt keinerlei Bindung. Es kann mich nicht betreffen, ob du das weißt oder nicht. Ich kann nur das tun, was ich tue; in dem Augenblick, wo ich betroffen bin, bin ich auch schon gefangen. In dem Augenblick, in dem ich gefangen bin, kann ich auch dich nur wieder fangen.

Die gleiche Geschichte kann ich auch einem Farbigen erzählen. Ob er sie hören will oder nicht, ist etwas anderes. Ich würde sagen, daß an der Westküste mindestens 500 Prozent mehr Farbige an meinen Vorträgen teilnehmen als an der Ostküste. Es ist so, als wären viel mehr von ihnen dazu bereit, diese Art von Information zu hören, weil sie angefangen haben, die Sinnlosigkeit ihrer Strategie zu erkennen. Mit dem Handel, mit dem Spiel, das sie spielen, sind sie dabei, das zu verlieren, was sie einmal wollten. Es ist nun eine Frage des Bewußtseins, wie rasch du ein Schema der Vergangenheit aufgeben kannst, so daß du im Hier & Jetzt lebst. Mit anderen Worten: es werden neue Karten ausgegeben. Der Neger befindet sich, psychologisch gesehen, an einem anderen Ort als noch vor einem Jahr. Er ist Hunderte von Jahren unterdrückt worden, und er hat sehr viel dafür getan, um die jetzige Lage zu erreichen. Wie lange soll er noch davon in Anspruch genommen sein, wie schwer es doch war, dorthin zu kommen? Wie lange soll sein Bewußtsein noch dadurch gefesselt werden? Das stimmt doch, oder? Anders ausgedrückt, ich bin Auto gefahren und war zu schnell und habe einen Strafzettel bekommen — wie lange zehrt dieser Strafzettel an meinen Eingeweiden, und ich sitze herum, sage mir alles zum wiederholten Male auf und denke: ,,Wenn ich das gesagt oder jenes nicht gemacht hätte, hätte ich es vielleicht noch hinbekommen." Oder wie sehr kann ich, genau danach, wirklich hier leben, um mich schauen und sagen: ,,Sieh' dir die Sonne an. Ist sie nicht herrlich?" Wie lange lasse ich die Dinge nicht los? Auch bei dem Farbigen geht es darum, wie lange er an diesem Punkt festhält. In dem Augenblick, in dem er in das Hier & Jetzt gelangt, wird er sich dafür öffnen, daß es da buchstäblich Hunderttausende anderer Menschen um ihn herum gibt, die ihn als ein anderes menschliches Wesen im Hier & Jetzt wahrnehmen, die seine schwarze Hautfarbe eher als etwas Zweitrangiges denn als vordergründige Überlegung betrachten. Wird er den Rest seines Lebens damit verbringen, sich selbst weiter für die Strafe zu bestrafen, die er erlebt hat, indem er seine Paranoia beibehält, oder gibt er diese auf? Das Problem liegt darin, wie schnell er seine eigene Lage auf eine höhere Ebene bringen kann.

Das ist die Frage, die sich für uns alle gleich stellt. Alles, was ich dafür tun kann, um seine Lage auf eine höhere Ebene zu ziehen, besteht darin, mich nicht hineinzuverfangen. Er kann sagen: ,,Siehst du, Mann, du bist ein Weißer, und ich werde dir den alten Mist schon austreiben." Dann kann ich sagen: ,,Ja, ich versteh' schon, hier sind wir. Ich versteh' den ganzen Trip, warum du glaubst, das machen zu müssen und warum du so fühlst; aber wir sind doch hier. Ich sehe es, du siehst es, jetzt sind wir hier. Was also soll das?" Das ist eine schlimme Geschichte, weil es so viele Leute gibt, die sich soviele Kleinigkeiten aus ihrem speziellen Trip herauspicken und die so schlecht wieder zu Kräften kommen, daß sie auf die Abzeichen nicht verzichten wollen, die sie bekommen. Das gilt für die psychoanalytischen Schulen und für die Farbigen, für die schönen Frauen und die reichen Männer in unserer Gesellschaft, und auch für die hübschen Männer. Sie alle erhalten einen phantastischen Lohn in unserer veräußerlichten Kultur, der auf lange Sicht aber für keinen von ihnen ausreicht; stattdessen sagen sie: ,,Ich nehme es zwar jetzt, obwohl . . ." Buddha zeigte dies sehr deutlich auf, desgleichen Christus, als er sagte: ,,Ihr sollt euch nicht Schätze sammeln auf Erden, wo sie die Motten und der Rost fressen und wo die Diebe nachgraben und stehlen." Buddha lehrte, daß die Ursache des Leidens der Wunsch oder die Begierde ist, was bedeutet, in der Zeit gefangen zu sein, an Dingen zu haften, die vergänglich sind. Schönheit, Geld, Macht, äußere Freiheit, Jugend — dies alles vergeht.

Aufgrund dieser Bestimmung wird daher jedesmal, wenn du dich nach etwas davon sehnst, Leiden entstehen. Auch als ich mit den Top-Modellen, den schönsten Frauen dieser Welt, im Lande herumfuhr, konnte ich in ihnen die Angst spüren, was wohl morgen passieren würde, wenn sie jetzt nur das zweitschönste Mädchen der Welt wären. Das paßt genau in das System hinein, auch in das System der Zeit. Darum handelt es sich beim menschlichen Leiden — um ein Anhaften an der Zeit. Was sich nun innerhalb unserer Kultur abspielt, ist, daß wir einen in starkem Ausmaß technologisch bestimmten Ruck an einen Ort hin erleben, der in unserem Bewußtsein unabhängig von Zeit ist. Wir bewegen uns auf eine andere Bewußtseinsebene zu. Das einzige Problem liegt darin, wie schnell wir im Verhältnis zu dem wachsen, was wir jetzt sind. Ich entdecke, daß wir so schnell wachsen, wie wir „bewußt" sind. Das bedeutet, solange Kommunikation das bleibt, was sie im Augenblick ist, daß ein jeder hört, was jemand anders sagt — phantastischer Zuwachs an Informationsaustausch —, dann läuft es letzten Endes darauf hinaus, daß die wirklich bewußten Wesen dabei helfen, das Spiel zu verändern. Wir brauchen nur einen Pasteur oder jemand Entsprechendes, um das Wesen des ganzen Tanzes zu verändern; denn er rührt an einen Ort, wo die Antwort liegt, er wird sie zurückbringen, und dann wird jeder sie kennen.

Es stimmt, daß es im Westen im Augenblick ein tolles Auflösen der Bindung an Denkmodelle gibt, die den Menschen in einer bestimmten Gliederung des Universums einschlossen. Dinge wie Nationalismus, Religion, rassistische und sozial-ökonomische Gruppen sind plötzlich zum Anachronismus geworden. Wir leben innerhalb eines Systems, wo ich, um einen Paß zu bekommen, den Vereinigten Staaten unverbrüchliche Treue geloben muß. Manchmal spielt sich für mich so etwas wie ein Film aus den Dreißiger Jahren ab, denn ich habe das Photo gesehen, das sie aus der Raumkapsel geschossen haben. Ich blicke auf die Erde und sehe, daß sie eine große, runde Kugel ist, wo wir alle draufsitzen; jeder noch so Blöde weiß, daß wir alle hierhin gehören, daß dies die Zelle ist, die wir zugeteilt bekommen haben. So ähnlich drückt es McLuhan aus: „Dasjenige, was sich nun in Vietnam abspielt, spielt sich in unserem eigenen Hinterhof ab, denn die Erde ist ein Dorf." Wir aber sagen immer noch: „Überquere nicht diese schmutzige Linie am Mittelstreifen." Soweit ich davon betroffen bin, ist es für mich wie High Noon in einem alten Western. „Das ist mein Weizen, und ich kann mich nicht darum kümmern, ob du Hunger hast."

Ohne Zweifel gibt es phantastische Neubestimmungen aller dieser Spiele von Energie, Materie und Form sowie der Veränderungen innerhalb der Institutionen; aber das entwickelt sich nur so schnell, wie sich unser Bewußtsein entwickelt. Die Vereinten Nationen können zu einem etwas unsinnigen Spaß werden, so wie es auch oftmals ist, wo jedermann drinsitzt und sein eigenes Spiel verteidigt; innerhalb einer Sekunde kann sich aber alles verändern, und es kann plötzlich eine Gruppe von Menschen geben, die in einen Einsatz einbezogen wird, wo sie zusammenhalten und der sie verbindet. Das geschieht, wenn jeder von jenem Ort in ihnen berührt werden kann, der hinter den verschiedenen Wegen liegt, die sie voneinander trennen — und das beruht auf dem *Zeitgeist* oder dem Seelenraum des Menschen in jedem Augenblick. Kriege beeinflussen diesen Seelenraum. Als Hitler all jene Juden töten ließ, diente doch der ganze Horror — so schrecklich auch jene Tat in der Formenwelt im Menschen weiterlebt — dazu, daß er die Menschheit in der Erfahrung des Entsetzens darüber vereinigte. Das brachte sie, in gewisser Weise, auf eine höhere Bewußtseinsebene. Du darfst jedoch das Auslöschen eines Menschenlebens nicht dagegen ausspielen. Ich weise lediglich darauf hin, daß die historische Vergangenheit die Geschichte „ist". Geschichte ist die Entwicklung des menschlichen Bewußtseins. Es ist nicht deine, sondern „seine" Geschichte. Du lebst deine eigene Geschichte, und deine Geschichte wird sich ebenso schnell entwickeln, wie du bewußt wirst.

Du kannst dich umschauen und erkennen, daß das Universum auf der Ebene bleibt, wo es ist, und sich im Augenblick wohl nicht in Rauch auflösen wird. Wenn du in einen Bus einsteigst und dort ein Busfahrer ist, der sehr high und schön ist, wird sich jeder, wenn er wieder aussteigt, besser fühlen als zu dem Zeitpunkt, ehe er einstieg. Er fährt ganz einfach den Bus, er ist zufällig Buddha, der einen Bus fährt. Er läuft nicht herum und sagt: „Ich trete in der Stadthalle auf. Ich bin Buddha," er „ist" einfach Buddha. Er tut genau das, was Buddha tut. Du beginnst dann zu erkennen, daß die Erde voll von solchen hochentwickelten Wesen ist, die nämlich ständig diese andere Kraft verbreiten; damit schaffen sie jene andere Bewußtseinsform.

Es gibt eine ganze Sammlung von Comicheften, die *Dr. Strange-Comics* heißen. Eines der besten ist „Dr. Strange begegnet dem Mystischen Geist". Der Mystische Geist hat ein Gedankennetz geschaffen, wo er niemanden hindurchläßt. Dr. Strange muß jedoch hindurch, um den Mystischen Geist zu retten, der sich in seinem eigenen Netz verfangen hat. So sendet Dr. Strange Bilder von sich aus, und du siehst, wie diese Bilder in den Mystischen Geist eingehen. Der Mystische Geist errichtet riesige Netze und stößt sie alle zurück; du siehst, wie sich dabei ihr Geist manifestiert (der Comic ist dreidimensional). Das ist nur Comic-Kram, aber du beginnst zu erkennen, was es heißt, psychische Räume zu erschaffen.

Austausch von Methoden

Drogen sind eine Religion. Ich vermute auch, daß Menschen schon seit Tausenden von Jahren damit zu tun haben, aber sie haben nicht darüber gesprochen. Heute ist es ziemlich kar, daß sie das sind, was die geheimen Einweihungsriten genannt wird, wie die Eleusinischen Mysterien und so weiter: geheime Einweihungsriten in vielen Religionen, die mit großer Wahrscheinlichkeit als Bestandteil des damit verbundenen Rituals verschiedene psychedelische oder psychotrope Kräuter verwandten. Es ist durchaus möglich, wenn du mich fragst, daß psychedelische Substanzen eine andere Form von Yoga sind. Es ist aber eine Tatsache, daß wir im Augenblick im Westen noch nicht genügend über dieses besondere Yoga wissen, sei es chemikalisch oder in Form aller möglichen Nebenwirkungen und Begleiterscheinungen oder auch im Hinblick auf die allerbeste Methode, um es anzuwenden. Jene von uns, die Bewußtseinsarbeit leisten, orientieren sich an sovielen anderen Methoden, wie es überhaupt gibt, um zu erforschen, was wir mit der Vorstellung von ihnen lernen können, daß es so etwas wie diesen Austausch gibt.

Beispielsweise die Karfreitags-Studie, die Walter Pahnke machte, die wir in der Kapelle der Harvard und Boston University machten ... Wir versetzten zwanzig Studenten der Theologie, an einem Karfreitag in der Kapelle, in ein doppelt-blindes Placebo-Experiment. Von den zehn, die das Psilocybin einnahmen, erlebten neun eine religiöse, mystische Erfahrung. Sie erlebten es zwar mit Psilocybin, aber in einer Kirche, in einer gewohnten religiösen Umgebung. Wir können daher etwas darüber lernen, wie notwendig Rituale für die Religion sind, damit sie auch wirklich eine Religion ist, die den Menschen in den Geist hineinbringt, und was sie eigentlich an erster Stelle überhaupt sein soll. Es ist durchaus möglich, daß sie das sein kann. Dazu müssen wir jederzeit ein sehr, sehr offenes Bewußtsein gegenüber allem haben. Alles, was ich sehe, ist, daß wir Informationen austauschen.

Fühle ich mich so, als hätte ich jenen Bewußtseinszustand erreicht, den ich vorher mit LSD hatte? Wenn ich sehr strengen Sadhana übe, also spirituelle Arbeit an mir selbst; ein Teil des Sadhana, der wiederum Teil des *Ashtanga-Yoga* ist, dem ich folge, umfaßt *Pranayama*, was Atemkontrolle bedeute — Kontrolle des Prana durch Atemtechniken. Unter diesen Bedingungen bin ich schon in Zustände hineingekommen, die mit fast allen Zuständen vergleichbar sind, die ich mit LSD erlebt habe; nicht alle, aber fast alle dieser Zustände. Ich erkenne, daß dies, in gewisser Weise, eine sehr ähnliche Methode ist: darin, daß sie bestimmte Denkgewohnheiten und Orte, wo ich nicht bin, bezwingt und aufhebt, um mich an jenen Platz zu bringen; dann aber kehre ich wieder davon zurück. Die Kontinuität dieses Ortes geht mir wieder verloren. Aber das Ganze wirkt sehr ähnlich wie psychedelische Substanzen, du kannst von Pranayama genauso wie von der LSD-Erfahrung abhängig werden. Es sind alles Erfahrungen. Schließlich mußt du auch aufgeben, daß diese Erfahrung es bringt, und dann bist du jenseits der Psychedelik, des *Hatha-Yoga* oder Pranayama.

Diese Situation hier ist sehr interessant für mich, weil hier nicht nur Mitglieder der Menninger-Familie zusammengekommen sind, sondern auch Mitglieder der — ich weiß nicht genau, wie ich es nennen soll — Hippie-Gemeinschaft, junge Leute, Langhaarige, die „Probleme", mit denen unsere Gesellschaft konfrontiert ist, Drop-Outs, junge Sucher, diejenigen Menschen, die kein unbedingtes Interesse an dem Spiel haben, diejenigen, die die Veränderung sich ereignen lassen, diejenigen, die in der Schußlinie stehen und es eher tun, als darüber nachzudenken. Es gibt eine ganze Menge verschiedener Ebenen, auf denen wir umreißen können, wer wir hier sind heute abend. Es ist sehr einfach, eine Gruppe sehr angetörnter Hippies zu nehmen und so weit herauszugehen, bis wir alle jenseits von Worten einfach zusammen sind. Es ist ziemlich einfach, sich bei einer Psychiater-Konferenz niederzulassen.

Kürzlich sprach ich in der Einstein Medical School vor der Großen Psychiaterrunde. Es gab dort einen langen Konferenztisch, ich kam herein mit meiner Gebetskette und dem ganzen anderen Zeug, und alle Psychiater saßen um den Tisch herum. Dies war gewöhnlich die Konferenz über einen bestimmten Fall. Als ich in ihre Augen und in ihre Herzen sah, wußte ich, daß ich der Fall war. Darüber gab es gar keinen Zweifel. Das kleine Programm sagte zwar, daß ich der Gastredner sei, aber das war offensichtlich ein Druckfehler. Ich setzte mich mit überkreuzten Beinen an das Ende des Konferenztisches, weil dies das Bequemste für mich ist. Auch beschäftigte ich mich mit meinen Gebetsperlen. Und ich sah genauso wie jener arme Dr. Alpert aus, der früher in Harvard war, der dann alle diese Drogen einnahm und zu dem wurde, was wir . . . wir behandeln in dieser Woche einen sehr interessanten Fall, wissen Sie . . . nun gut, er ist eben schizophren, müssen Sie wissen. All dieses hatte ich bereits gehört, ich hatte viele Jahre lang an solchen Besprechungen teilgenommen.

So stellte ich mich selbst als Fall dar. Ich sprach über das Anfangsstadium der Halluzination und die zerlegenden Erfahrungen, ich berichtete über meine ganze Reise in psychodynamischen Begriffen, genauso, als wäre ich der Arzt, der den Fall vorführt. Es dauerte einige Minuten, bis es jedem aufging, daß sich der Patient selbst darstellte, denn es ist doch eine ungewöhnliche Situation für den Patienten, die Freud'schen Triebkräfte vorzuführen, oder? Nun verwandte ich während des ganzen Verlaufs Begriffe wie „Religion", „Gott" und „Geist" in dem Sinne, daß ich von den Reaktionen des Patienten sprach. Als ich das *Mandala* erwähnte, sprach ich von einer zu neuen Erkenntnissen führenden Methode der Bewußtseinssammlung, denn ich hatte herausgefunden, daß die Wahrheit in jeglichem Bild ausgedrückt werden konnte, das wir verwenden, um miteinander zu kommunizieren. Ist die Botschaft rein genug, sollte es möglich sein, sie jedermann mitzuteilen, so daß jeder sie auf die Weise hören kann, wie er sie hören muß. Für uns alle war es heute abend ein interessantes Experiment, dazu in der Lage zu sein, all jene lustigen kleinen Risse zu überbrücken, wo wir alle drinstecken, wenn wir sagen, ich bin ich und sie sind sie, diese sind hier und jene dort; genau das war auch in meinem Kopf. Wir sollten auch dazu fähig sein, eine Möglichkeit zu finden, jede Frage zu beantworten, so daß die optimale Voraussetzung dafür besteht, daß alle von uns das hören können, was für sie notwendig ist. Ich stelle fest, daß dies eine außerordentliche Arbeit an mir selbst verlangt, wofür ich jedoch noch nicht genug getan habe, aber genau diese Arbeit versuche ich zu tun; wenn ich rein genug bin, in dem Sinne, wie ich es verstehe, werde ich niemand mehr sein, und dasjenige, was aus meinem Mund herauskommen wird, wird eine Funktion des gesamten Bewußtseins sein, das sich jetzt in diesem Raum gesammelt hat. Was herauskommen wird, wird das Bestmögliche sein, was alle diese Bewußtseinsformen hier gebrauchen können. Das habe ich als das Experiment herausgefunden, mit dem wir heute abend gespielt haben.

Umwandlung des Gruppenbewußtseins

Hast du einmal erkannt, wie diese Vorgänge ablaufen, siehst du, daß dasjenige, was wir gerade gemacht haben, eine ebenso strenge und disziplinierte Intensivmethode ist, um unser Bewußtsein zu verändern, wie jede andere Technik — wenn wir offen an sie herangehen. Die Wiederholung einfacher Sätze und der Gebrauch eines Steuergeräts, wie dieses hier, ist ein ganz ausgezeichnetes Ausdrucksmittel. In einer Anzahl von Seminaren, Wochenendseminaren, die ich in Growth-Zentren, wie beispielsweise Esalen, geleitet habe, habe ich jenen psychischen Raum geschaffen, eine gewisse Umgebung. Wir lebten alle fünf Tage lang zusammen, kochten gemeinsam und verhielten uns schweigend, wobei wir mit Kreide auf Tafeln schrieben. Ein Teil unserer Arbeit umfaßte das Mantra-Chanten während der ganzen Nacht, wo wir mit Trommeln, Zimbeln, Tambouras und Flöten immer wieder „Rama" oder „Hari Krishna" oder welche Wortfolge auch immer wiederholten, mit der wir gerade beschäftigt waren. Es einfach immer wieder machen. In Bezug auf das Gruppenbewußtsein durchliefen wir eine Veränderung nach der anderen. Du gehst durch die Aufregung, die Begeisterung, die Langeweile, die Ermüdung, du gehst immer weiter und kommst zu einem Punkt dahinter. Schließlich gerätst du auf eine Ebene, wo die Sache von selbst weiterläuft. Es ist wie bei einem Kugellager, jeder tut etwas dafür, um es am Laufen zu halten. An diesen Ort müssen wir alle kommen, dort wachen wir über den Gesang, anstatt unseren kleinen Ego-Spielen nachzugehen. Das wird zu einem sehr, sehr highen Werkzeug zur Veränderung des Gruppenbewußtseins.

Das Problem mit dem Versuchsleiter

Wie lange kann man selbst ein Experiment bleiben? Ich glaube, daß jener Prozeß es mit sich bringt, jegliche festumrissene Meinung aufzugeben, die du haben magst. Es existiert ein Akt der Hingabe. Es stellt sich aber heraus, wenn du etwas aufgibst, daß du es nicht verlierst, wie du vorher vielleicht angenommen haben magst; dafür mußt du es aber zuerst aufgeben. Ich zerlege mich wirklich in meine Einzelheiten. Ich betrachte mich als ein Geschöpf aus der Welt der westlichen Wissenschaft, denn mein Bewußtsein ist nun einmal so beschaffen. Ich kann innerhalb der Subjekt-Objekt-Welt des Versuchsleiters nur von jemandem erforscht werden, der unabhängig von mir ist, weil es ja mit mir geschieht. Gleichzeitig wurde ich als experimenteller Sozialwissenschaftler ausgebildet, und so führe ich jetzt eigentlich eine Verhaltensstudie meines eigenen Verhaltenswandels — meiner eigenen Veränderung — durch. Blickt da noch jemand durch?

Titchers Introspektion (Selbstbeobachtung) hat uns in dem Maße in Schrecken versetzt, daß wir uns verbissen an die Verhaltensforschung machten; wir ließen die Möglichkeit nicht zu, daß ein Mensch der Beobachter seines eigenen Verhaltens sein könnte, ohne der subjektiven Täuschung wie der Versuchsleiter zu verfallen. Es gibt Möglichkeiten, dich darin auszubilden, sobald du einmal damit aufhörst, Angst davor zu haben; auf diese Weise kannst du über ein ganzes Wissensgerüst verfügen. Es ist nicht maßgeblich dabei, daß du öffentlich in deine Einzelteile zerlegt wirst, aber es ermöglicht doch gewisse Unterscheidungsmerkmale, und ein Wissensgerüst als solches befindet sich formal nicht innerhalb des wissenschaftlichen Systems. Es gibt Teile dabei, wo das Modell, Versuchsleiter zu sein, dir im Wege steht. Darüber gibt es keinen Zweifel, es wird dadurch verfälscht. Du mußt es aufgeben, Versuchsleiter zu sein, um die Erfahrung der Überwindung des Versuchsleiter-Seins machen zu können. Da liegt eines der Probleme: du kannst nämlich nur dann wissen, nachdem du es gewesen bist ... um es aber zu sein, mußt du es aufgeben zu wissen. Das ist ein ganz vertracktes Paradox.

Die Grenzen des Wissens

Wie söhnst du Glauben und Verstand miteinander aus? Ich habe jetzt das Gefühl, als hätten wir einen Zeitabschnitt hinter uns gebracht, wo der Mensch innerhalb unserer entwicklungsgeschichtlichen Reise diese großen Stirnlappen und damit seine Fähigkeit zu logischem Denken und Selbst-Bewußtsein entwickelt. Innerhalb des Systems der Hindus würde dies *Siddhi* oder geistige Macht genannt werden. Diese Macht kann auf vielfältige Weise eingesetzt werden. Sie kann im Dienste dessen stehen, was ich das dritte Chakra nenne, das heißt, in Form der Kontrolle des Menschen über seine Umgebung; auf eben diese Weise haben wir es gehalten und vom rationalen Verstand leiten lassen. Es ist der Mensch, der sich nach den Unterscheidungen der Anthropologin Florence Kluckhohn *über* die Natur erhebt. Sie spricht über Gesellschaften, wo sich der Mensch über der Natur, in der Natur und unterhalb der Natur befindet. Bindung an die Siddhi des verstandesmäßigen Denkens versetzt den Menschen in diejenige Gruppe, die sich über die Natur stellt. Diese besondere Sicht der Welt mit Hilfe des verstandesmäßigen Denkens hat offensichtlich enorme

Vorteile, die wir so weit wie möglich ausgeschlachtet haben. Hierbei tritt aber auch klar in Erscheinung, daß es bei diesem besonderen Denkschema gewisse Begrenzungen gibt. Es befindet sich nämlich innerhalb von „Zeit". Es nimmt ein Objekt an und kann über die Subjekt-Objekt-Welt nicht hinausgehen; das ist dem verstandesmäßigen Denken unmöglich. Es kann sich selbst nicht kennen, denn es ist auch nur untergeordnet. Es ist größtenteils linear und daher enorm begrenzt darin, sich mit einer großen Zahl von Veränderlichen gleichzeitig zu beschäftigen. Selbst der hochgezüchtete Computer kann sich dem nicht angleichen.

Es zeigt sich nun, daß es Möglichkeiten gibt, das Universum zu begreifen, die wir zum großen Teil in den Bereich der Mystik, Dichtung oder romantische Dichtkunst oder in das Verliebtsein verbannt haben. In der Wissenschaft nennen wir das bisweilen „intuitive Gültigkeit"; weiter sind wir nicht herangekommen. Es gibt Wege, Dinge zu begreifen, die uns durch unser analytisches, verstandesmäßiges Denken verschlossen bleiben. Da wir uns selbst anvertraut wurden, sind wir erwachsen geworden. Falls Religion ein bestimmter Glaube ist, so ist das Glaube innerhalb des verstandesmäßigen Denkens. Daher werden wir als Professoren oder Rationalisten zu den Priestern innerhalb dieses besonderen Glaubenssystems, das trotz allem eine Glaubenssache ist. Es ist Glauben durch die Tatsache, daß dasjenige, was du durch deine Sinne, durch dein Denkvermögen und die Logik dieses Denkvermögens erfährst, etwas mit irgend etwas anderem zu tun hat. Das ist bereits Glauben. Daran kannst du nichts ändern, weil du dich niemals außerhalb dieser Wissensaussage stellen kannst, die von jenem Glauben abhängig ist.

Hast du einmal erkannt, daß der Mensch in einem Dilemma gefangen ist, weil sein Werkzeug endlich ist, er aber versucht, etwas über das Unendliche in Erfahrung zu bringen, und erfährst du, daß genau hinter Plancks Grundgesetz der Quantenmechanik etwas unglaublich Interessantes anfängt, daß du mit deinem verstandesmäßigen Denken aber niemals dorthin gelangen wirst, dann beginnst du auch zu verstehen, was William James über veränderte Bewußtseinszustände gesagt hat. Darin werden Informationen nicht in erster Linie durch den linearen, analytischen Vorgang aufgenommen, den wir als logischen, verstandesbetonten Prozeß bezeichnen. Eine Menge der Techniken zur Bewußtseinsveränderung bringt dich in Zustände hinein, wo du eine Verbindung zu dem erfährst, was du vorher das objektive Universum genannt hast; das geschieht in der Form, daß du es eher in einem *subjektiven* als in einem objektiven Sinn erlebst. Du erfährst, mit anderen Worten, eine enge Verbindung dazu, anstatt es durch deine Sinne zu begreifen. In der mystischen Überlieferung ist dies als das Öffnen des dritten Auges bekannt, das die Menschen mit der Zirbeldrüse und ähnlichem in Verbindung gebracht haben. Das mag vielleicht nur noch mehr Material sein, um deinen Computer damit zu füttern und dich zu verwirren. Was auch immer es sein mag: es liegt klar auf der Hand, daß es Möglichkeiten der Erfahrung gibt, die weder durch die Sinne noch durch dein verstandesmäßiges Denken erkennen.

Ob dieser Weg des Wissens für den Menschen sinnvoll ist oder nicht, ist etwas, das wir nur wissen können, wenn wir jenen Bereich selbst erforschen und in ihn eintreten. Um auf die nächsthöhere Bewußtseinsebene zu gelangen, ist es jedoch erforderlich, über das verstandesmäßige Denken hinauszugehen. Das bedeutet, über denjenigen hinauszugehen, der weiß. Wenn das bisher dein Hilfsmittel dafür gewesen ist, um dein Universum zu überblicken, wird das eine ziemlich schreckliche Sache sein. Es wird sich natürlich zeigen, daß du dabei *mit* deinem verstandesmäßigen Denken irgendwo landen wirst — aber in der Rolle eines Dieners anstelle eines Herrn. Wir entfernen uns von jener Stelle, wie ich gestern abend sagte, des *cogito, ergo sum*, und wir bewegen uns nun auf eine Stelle zu, wo wir erkennen, daß wir nicht mit unserem denkenden Bewußtsein identisch sind, sondern daß es einfach ein weiterer Diener ist, nicht der Herr.

Bewußtseinsevolution

Ich spüre, daß ich jemand bin, der die meisten Segnungen der westlichen Gesellschaft im Überfluß abbekommen hat, so daß ich nicht um meine Sicherheit besorgt sein mußte; ich erhielt jede Menge an Liebe von den Menschen um mich herum; die beste Ausbildung, mit einem Doktortitel in jener Forschungsrichtung; die bestmögliche Technologie konnte mir in Form von Verkehr, Kommunikation, psychedelischen Drogen und Lebensablauf etwas anbieten. Ich habe das Gefühl, daß all dieses Teil meiner Vorbereitung war, damit ich jetzt etwas anderes weiß, etwas anderes mache. Ich sehe es nicht mehr hauptsächlich als „Osten gegen Westen", sondern als logischen Fortschritt meiner eigenen Bewußtseinentwicklung. Ich erkenne, daß die Art und Weise, wie mir das passiert, ziemlich westlich ist. Ich gebrauche östliche Methoden, bin jedoch kein Hindu. Ich bin ein Mensch des Westens, ein Judenjunge aus Boston, der Hinduismus studiert hat. Ich finde das gleiche auch bei den griechisch-orthodoxen Christen und in der Bewegung der Chassidim im Judentum. Ich finde es in allen mystischen Traditionen: bei den Sufis, bei den Ägyptern, ganz bestimmt bei der Hl. Teresa, dem Hl. Johannes und so weiter. Ich erkenne, daß es in gewisser Weise eine untrennbare Mischung aus allen diesen Dingen ist, die es mir ermöglicht, das zu sein, was ich genau in diesem Augenblick tue.

Es scheint mir jetzt, daß es einmal einen Punkt gab, wo die „Bindung" an meine westliche Ausbildung mir im Wege stand. Ich mußte diese nicht aufgeben, wohl aber die „Bindung" an sie. Darin liegt der entscheidende Unterschied. Ich habe meine westliche Schulung nicht verloren. Wie ich gestern abend erwähnte, sagte Jung in einem Nachruf auf Richard Wilhelm: „Er ist ein gnostischer Vermittler darin, daß er dazu bereit war, eine westliche Veranlagung aufzugeben, um ein anderes System auf der Seinsebene erfahren zu können, um es dann in den Westen zurückzubringen." Ich bringe es nun als westlicher Wissenschaftler zurück. Alle diese Dinge helfen mir dabei, sie in etwas zu übertragen, das für uns im Westen in diesem Augenblick und bei der Arbeit, die wir zu tun haben, bedeutungsvoll ist. Ich sehe jedoch, daß meine „Abhängigkeit" von meinem verstandesmäßigen Denken an einem Punkte ein Hindernis war, obwohl die „Entwicklung", die ich mit meiner Rationalität durchmache, ganz klar ein positiver Faktor ist. Die Macht des verstandesmäßigen Denkens . . . jene besondere Siddhi, wie es die Hindus nennen (wenn du es auf es selbst zurückverweist, heißt es *Jnana*-Yoga oder Yoga des Rationalen Geistes, der sich selbst schlägt), das auch Teil des Zen-Koans etc. ist, erfordert eine ausgeprägte Disziplin. Dieses Denken war für mich, auf eine gewisse Weise, nur mit

Hilfe der Disziplin anwendbar, die ich entwickelt hatte. Ich sehe sie daher viel eher als eine Mischung als auf irgendeine Art und Weise als Widerspruch an.

Die Wahrheit liegt überall. Wo immer du auch bist, sie ist genau da, wenn du sie sehen kannst. Du kannst sie durch jedes Hilfsmittel sehen, mit dem du gerade arbeitest; du kannst dich von bestimmten Verflechtungen befreien, die dich daran hindern, sie zu sehen. Der Wissenschaftler hört nicht auf, Wissenschaftler zu sein, noch geht es irgend jemand anderem so. Du findest heraus, wie du mit den Dingen dir gegenüber umgehen mußt; das wird es dir ermöglichen, die Wahrheit genau dort zu finden, wo du gerade bist. Ich möchte sagen, wir finden niemals etwas Neues heraus — wir erinnern uns einfach.

Meher Baba und Bhakti-Yoga

Meher Baba, ein indischer Heiliger, war eine sehr reine Verkörperung des Bhakti-Yoga, des Yoga der Hingabe und Liebe. Das Herz ist das Fahrzeug für die Transzendenz; es ist jene Beziehung zwischen Liebhaber und Geliebter, wovon ich schon gesprochen habe. Vor ungefähr einem Jahr verließ er seinen Körper und starb. In eben dem Maße, wie du seine Abhandlungen und Bücher wie *A God Speaks* oder *Listen Humanity!* mit der Offenheit des vierten Chakras, mit Liebe in deinem Herzen liest, ist er ein sehr, sehr hoher Lehrer. Darüber besteht kein Zweifel. Ich habe sehr starke, spirituelle Erfahrungen mit Meher Baba gemacht, und ich spüre, daß er einer meiner Gurus ist, eines der Wesen, die meine Entwicklung lenken. In unserem Briefwechsel, den wir führten, als er noch in seinem Körper war, wies er darauf hin, daß er glaube, es gebe ein Problem mit LSD – daß du nämlich eher von der LSD-Erfahrung abhängig wirst als an der tatsächlichen Wahrheit zu arbeiten. Im Laufe der Jahre, als ich mit meiner eigenen Arbeit weiterkam, habe ich verstanden, was er damit meinte. Ich fühle, daß er ein sehr liebesfähiges Wesen ist, das für Menschen da ist, die ihm gegenüber ihre Herzen öffnen können.

Edgar Cayce und zwei Bewußtseinsebenen

Edgar Cayce, so scheint es mir, war ein Wesen, das über etwas verfügen konnte, das William James die Diskontinuität von zwei Bewußtseinszuständen nennt. Er konnte sich von einer Bewußtseinsebene zur anderen bewegen. Er hatte jedoch von der einen aus kein Erinnerungsvermögen an die andere. Er hatte es nicht „alles zusammen", wie wir im Westen sagen würden. So konnte er sich in einen Schlafzustand hineinbegeben, wo er sich auf einer anderen Bewußtseinsebene befand und wo er das Universum auf andere Weise als von dem anderen Zustand aus sehen konnte; es war für ihn zugänglicher, als wenn er sich in seinem Wachbewußtsein befand. Ich denke, das hat alles seine Gültigkeit. Er berichtete darüber, was er auf jener Astralebene sah — die eine ziemlich niedere Astralebene war, soweit ich es beurteilen kann; für gewisse Einflüsse war er offen. Vielleicht sind diese Angaben nicht vollkommen rein, aber sie sind sehr gut. Es bringt sicherlich mehr, als wir vorher wußten; es ist eine weitere Möglichkeit, die Wirklichkeit zu definieren. James bezieht einen sehr guten Standpunkt. Jegliches voreilige Verschließen unserer Beschreibungen der Realität, das es versäumt, all jene anderen Bewußtseinszustände in Betracht zu ziehen, ist ein Irrtum von Seiten des Menschen; denn dann müßte er schon ziemlich großspurig und anmaßend sein, um annehmen zu können, er habe bereits den Weg herausgefunden. So nimmst du einen Menschen wie Edgar Cayce, und häufig ist es wegen der Art der Organisation, die ihn umgibt, schwierig, die Weisheit der Botschaft, das Eigentliche herauszuhören. Es besteht jedoch kein Zweifel, daß es eine ganze Menge von diesem Eigentlichen darin gibt.

Es ist so, als wenn du an einen bestimmten Punkt gelangst, von wo aus du die Bibel als einen sehr highen Text lesen kannst, als ein Handbuch, um bewußt an dir zu arbeiten. So, wenn Christus davon spricht: „Derjenige, der aus dem Fleische geboren ist, ist Fleisch; der aber, der aus dem Geiste geboren ist . . ." und „daß du wiedergeboren sein wirst, du mußt sterben und wirst wiedergeboren", oder Dinge wie: „Ich und mein Vater sind eins." Du kannst fast alles herausgreifen und wirst unverzüglich feststellen, wie es mit demjenigen Prozeß in Verbindung steht, den wir gerade durchlaufen. Ich meine, wenn du einmal für neue Möglichkeiten offen bist . . . Ich sehe, daß das Problem, wovor wir alle Angst haben — besonders die Wissenschaftler — darin besteht, die Büchse der Pandora zu öffnen. Wir haben Angst davor, daß wir, wenn wir etwas allzu leichtfertig hereinlassen, uns selbst den Boden unter den Füßen wegziehen. So fragen wir lieber: „Ist Edgar Cayce gut? Ist Meher Baba gut? Soll ich wirklich auf ihn hören?" Jene Denkvorstellung ist aber etwas, das aufgegeben werden muß. Du mußt genügend Glauben haben, um alles hereinzulassen — und die Vorstellung, daß dasjenige, was wahr ist, an die Oberfläche steigen wird. Im Wesen der Wissenschaft liegt es, sich zurückzulehnen, zuzuhören und dann zu sagen: „Soll ich das nun glauben oder nicht?" Die andere Möglichkeit liegt darin, sich der Sache gegenüber zu öffnen, sie zu umarmen und sie zu werden; ist sie nicht geeignet, wird sie sich selbst wieder ausspucken. Dies erfordert jedoch einen gewissen Glauben, der sehr, sehr ängstlich sein wird, wenn du glaubst, daß du an einem abgesicherten Platz sitzen mußt. Ein Mensch, der sagt: „Soll ich mich nun wirklich damit beschäftigen oder besser nicht? Soll ich das als einen weiteren Aspekt der Realität einbeziehen?", schneidet sich durch diesen Mechanismus selbst davon ab, es wirklich zu erfahren. Auf diese Weise muß die Sache ihm verschlossen bleiben, das ist das Problem; er kann sie mit dieser objektiven Einstellung nicht wirklich kennenlernen. Er muß sie ganz in sich aufnehmen und das Unbekannte lieben lernen; er muß mit diesem Unbekannten eine Liebesbeziehung eingehen, wie gewagt das auch mit dieser Geliebten sein mag, weil sie einige komische Schwächen hat. Du mußt sie mit deinem ganzen Glauben lieben, und wenn deine Absicht rein ist, wird die Sache O. K. sein: die Wahrheit wird sich zeigen. Schließlich mußt du den Platz verlassen, an dem du dich befindest. Darüber sprechen wir heute abend: über jene Fähigkeit, deinen Standort aufs Spiel zu setzen. „Du mußt alles wagen, um alles zu bekommen" — so sagen es dir die alten Sprüche aus der mystischen Literatur. Du mußt alles aufgeben, um alles zu bekommen. Das ist schon ziemlich weit draußen! Du mußt alles aufgeben, um alles zu bekommen.

Angst und höhere Bewußtseinszustände

Soll ich etwas darüber sagen, was der Mensch zu sehen fürchtet, wenn er alles aufs Spiel setzt? Im allgemeinen glaube ich, daß die erste Ebene von Ängsten mit jenem Teil von uns zu tun hat, der in der Natur liegt, worüber auch Freud spricht — die unbewußten Impulse. Ich glaube, daß es eine Angst gibt, wenn wir die verstandesmäßige Kontrolle fallen lassen. daß wir in Form von antisozialen Impulsen dem Tier ähnlich werden. Ich glaube, dies ist die Grundangst — es gibt Dinge in uns, die häßlich, unhaltbar, unsozial und was auch immer sind. Das ist Teil dieser Angst, Teil des Tieres in uns. Das passiert, weil wir nicht weit genug zurückgehen, soweit ich es beurteilen kann. Denn wenn du einen Schritt dahinter trittst, wirst du auch etwas anderes im Menschen dahinter sehen. Das ist auch wieder so ein Schaustück. Im Bereich des ersten Chakras bedeutet die Angst den Verlust der abgeschlossenen Ganzheit, den Verlust der eigenen Individualität, den Verlust der eigenen Identität, das psychologische Sterben, der Verlust desjenigen, der erfährt und weiß. Das ist ein Teil von jener Angst. Ein anderer ist, daß du dich auf den Weg machst, aber nur ein Stück davon zurücklegst und irgendwo hängenbleibst, was schlimmer ist. Diese Angst wird gerne die „ewige Verdammnis" genannt, und für Menschen, die die ewige Verdammnis erleben, *ist* sie es auch tatsächlich. Auch die ewige Verdammnis ist nichts als ein weiterer Trip. Sie eine Zeitlang durch die ewige Verdammnis hindurchzuschicken bedeutet mehr als das, was die ewige Verdammnis wirklich ist. Angst ist vielleicht so etwas wie ein Vorwand oder eine vordergründige Gefühlsreaktion für die mangelnde Bereitschaft des Menschen, es mit den höheren Energieebenen, höherer Aufnahme und Abgabe zu tun zu bekommen, die mit diesen anderen Bewußtseinszuständen verbunden sind. Die Angst ist ein Schutzmechanismus in der Form, daß er eine Art von frei-fließender Unruhe oder unbestimmter Angst darüber erlebt. Das hält ihn davon ab, zu nahe damit in Berührung zu kommen. Er ist nicht dazu bereit oder in der Lage, damit vertraut zu werden; denn er kann nicht das Notwendige tun, um in jenen Bewußtseinszuständen leben zu können, ohne daß er sich selbst gegenüber zerstörerisch verhält. Er ist noch nicht rein genug.

Ich glaube, daß Angst das Ergebnis von Unreinheit ist, wobei Unreinheit Gedanken bedeutet, die dich in „profaner" Art und Weise festlegen, Gedanken, die dich als isoliertes Wesen kennzeichnen. Solange wie du jenen Gedankenformen verhaftet bist, wirst du auch Angst haben, denn diese schließt die Unterscheidung als isoliertes Wesen, jenes abgesonderte begriffliche Gebilde, mit ein.

Ich werde mich mit Fragen sehr behutsam beschäftigen und eine ganze Weile darüber sprechen; haltet daher eure Hände nicht weiter hoch, denn wir haben schließlich alle Fragen. Wir sind alle hier zusammen. Es sind alles Fragen, die mit unserem Selbst zu tun haben. Von dem, was wir nicht fragen, kennen wir die Antwort schon irgendwie, und das ist gut so. Wir führen hier ohnehin nur einen kleinen Tanz auf, den wir nicht allzu wichtig nehmen sollten.

Aufgrund meiner Erfahrungen, Leute durch LSD-Sitzungen zu führen, kenne ich auch noch jene Form der Angst, die viele erleben, wenn sich diese chemische Umwandlung in ihrem Körper ereignet und die sie zu einem Zusammenbruch aller bestehenden Vorstellungen führt, die sie über die Funktionsweise des Universums hatten. Wenn das geschieht, machen viele Leute eine intensive Angsterfahrung; sie möchten lieber an der Struktur festhalten, die sie vorher schon hatten. Dann konnten sie wohl sagen: „Ich habe Angst, daß ich verrückt werde," was heißt, ich bewege mich in einen anderen Raum hinein, worüber ich auf dieser Ebene keine Kontrolle habe. Zumeist sagte ich dann: „Ist doch prima, werden wir zusammen verrückt. Fangen wir damit an." Es ist, mit anderen Worten, mein Gefühl, daß das Einzige, wovor du Angst haben mußt, die Angst ist — und das ist so gemeint, daß du in dem Grade, wie du genügend Glauben oder Vertrauen hast, es geschehen zu lassen, immer durch die nächste und übernächste und die überübernächste hindurchgehen wirst.

In der tibetischen Literatur heißt es: „Umfange deine zehntausend schreckenserregenden und deine zehntausend herrlichen Gottheiten." Du mußt einfach alles annehmen und weitermachen. „Ja, das noch", und „das auch noch", und immer weitermachen. Alle deine Ängste müssen aufgenommen, hereingelassen, geachtet werden, du mußt mit ihnen weiter arbeiten.

Es gibt, von jetzt aus betrachtet, einen qualitativen Unterschied zu meinem Leben vor zehn Jahren, und zwar darin, daß ich eine Todesangst nicht als wirkliche Angst erlebe, wenn ich in Situationen gerate, wo Tod, Gewalt oder etwas Vergleichbares eine Möglichkeit zu sein scheint. Ich habe keine der üblichen oder früheren Reaktionen der Unruhe oder Angst, und trotzdem tue ich das Angemessene, um den Tempel oder Körper zu schützen, mit dem ich arbeite. Ich muß es jedoch nicht aus Angst heraus tun, denn die Todesangst scheint bei diesem Spiel irgendwo auf dem Weg ausgekniffen zu sein. Dadurch wird die Art meiner täglichen Lebenserfahrung sicherlich verändert, denn jeder Tag kann nun das sein, was immer er ist, und alles ist in bester Ordnung. Ich sammle nicht etwas, um später etwas anderem zu entgehen.

Liebe als Seinszustand

Würde ein Mensch des Westens zu einem voll erleuchteten Wesen werden — was würde dann mit seinen menschlichen Beziehungen, besonders mit der Liebe, geschehen? Laßt mich für einen Augenblick einmal mit dem Wort „Liebe" beginnen. Ich glaube, daß unsere Vorstellung des Begriffs „Liebe" in einer Umwandlung steckt. Ich glaube, daß es weniger als ein Tätigkeitswort und mehr als ein Seinszustand angesehen wird. Du gehst mehr in der Richtung auf das zu, was man Christus-Liebe nennen könnte, das ist jener Seinszustand, wo du Liebe „bist". Du bist wie ein Licht, das ausstrahlt, du bist ein liebendes Wesen. Wie ich bereits gestern abend sagte, sind Bewußtsein und Energie identisch, und gleichzeitig ist auch der Begriff Liebe damit identisch. Das heißt, daß Liebe und Bewußtsein ein und dieselbe Sache sind. Wenn du in einen höheren Bewußtseinszustand kommst, kommst du auch mehr dahin zu lieben. Damit meine ich nun keine zwischenmenschliche Liebe; es bedeutet einfach — Liebe zu sein. Wenn du und ich uns nun lieben oder ineinander verlieben, und ich sage: „Sie törnt mich wirklich an. Ich liebe sie", dann sage ich von diesem Modell aus gesehen, das sich hier für mich ereignet: „Du bist ein außergewöhnlicher Schlüsselanreiz, der einen inneren Reaktionsmechanismus hervorruft. Du löst einen inneren Reaktionsmechanismus aus." In allgemeinerer Form würde ich sagen: „Du törnst mich an." Du törnst mich auf jenen Ort in meinem Inneren an, der Liebe ist. So kann ich erfahren, was es bedeutet, „verliebt zu sein". Ich sage, daß ich in dich verliebt bin. Ich befinde mich in einer Liebesbeziehung zu jenem Ort in mir, der Liebe ist, so ließe es sich innerhalb unseres westlichen Bezugsrahmens ausdrücken. Um damit weiter zu arbeiten, würde ich sagen, daß, wenn wir uns lieben und so tief ineinander eindringen, wie es unsere Körper zulassen und häufig auch unsere Gedanken und Gefühle, wir immer noch eine Getrenntheit spürten. Es ist interessant, daß du, solange du dich in der Illusion befindest, daß dasjenige, was du liebst, „dort draußen" ist, immer wieder diese Erfahrung des Getrenntseins machen wirst.

Wir sind erst dann wirklich in Liebe „zusammen", wenn du zu verstehen beginnst, daß wir uns erst dann tatsächlich lieben, wenn ich an den Ort in mir gelange, der Liebe ist und du an den Ort in dir, der Liebe ist. Dann beginnen wir zu verstehen, daß Liebe eigentlich bedeutet, einen gemeinsamen Zustand miteinander zu teilen. Jener Zustand existiert in dir und in mir. Bei einem erleuchteten Wesen sieht das so aus, daß es die Art seines Liebesobjektes schließlich von einem besonderen zu allen hin verändert. Du könntest sagen, daß sich ein erleuchtetes Wesen in dem Sinne vollkommen in Liebe mit dem Universum befindet, wie alles innerhalb des Universums es an jenen Ort in ihm selbst antörnen kann, wo es Liebe und Bewußtsein ist. Ich würde meinen, daß eine zwischenmenschliche Beziehung, die noch irgend etwas von Besitzdenken oder Ego-Spielen in sich trägt, ohne Zweifel Veränderungen erfährt, wenn sich das Bewußtsein verändert. Gleichzeitig würde ich sagen, daß ein Mensch, wenn er bewußter wird, versteht, daß er gewisse karmische Verpflichtungen hat, etwa mit seinen Eltern, mit Mann oder Frau, mit Kindern; er kann sich ihrer nicht entledigen, ohne einen karmischen Preis dafür zu bezahlen, ohne einige unverdaute Samenkörner hinter sich zurückzulassen, vor denen er davon rennt.

Das Erleuchtungs-Spiel beginnt genau dort, wo du im Augenblick bist; wenn du daher einen bestehenden sozial-emotional-sexuellen Vertrag mit einem anderen menschlichen Wesen unterhältst, beginnt es dort. Zu sagen: „Gut, jetzt muß ich aber an mir selbst arbeiten. Dich kann ich nicht länger verkraften," läßt eine Wunde zurück, wofür du dich irgendwann einmal wirst rechtfertigen müssen. Darüber besteht kein Zweifel. Du mußt von dort aus schaffen, wo du jetzt bist. Du kannst nicht einfach von irgend etwas, von irgendeinem Teil deines Lebens, davonlaufen. Auf jeder neuen Ebene mußt du alles in Harmonie miteinander bringen.

Ich bin in Indien und muß plötzlich zur Kenntnis nehmen, daß ich zurückkehren muß. Meine Mutter ist gestorben, ich muß zurückkommen und mit meinem Vater auf eine andere Art und Weise zusammen sein, als ich es jemals vorher war. Um an diesem besonderen Drama teilzuhaben, denke ich doch nicht etwa daran, die letzte Nacht mit meinem Vater zu teilen, oder? Als ich von Indien nach Boston zurückkehrte und am Flughafen ankam, trug ich einen Bart und war barfuß, ich brachte meine Tamboura aus Indien mit mir und muß ganz allgemein ziemlich seltsam ausgesehen haben. Mein Vater kam in seinem Auto, um mich abzuholen — ein, wie bereits gesagt, konservativer Republikaner aus Boston und ein sehr angesehenes Mitglied unserer Gesellschaft. Er warf nur einen Blick auf mich, und seine Reaktion war: „Steig' schnell ein, bevor irgend jemand dich sieht," was ich auch machte, und wir fuhren Richtung nach Hause. Womit er mich auf dem Weg nach Hause reichlich eindeckte, war die Tatsache, daß er die Erfahrung einer Depression, einer tiefen Depression machte, da er sich dem Tode näherte. Er war zu dieser Zeit zweiundsiebzig Jahre alt. Er erzählte mir alles darüber, wie sinnlos sein Leben sei; obwohl er die Brandeis University gegründet und viele Gelder für die Einstein Medical School aufgerissen hatte, obwohl er Präsident der New Haven Railroad war und in seinem Leben eine ganze Menge großer und glänzender Sachen gemacht hatte, erlebte er nun das Gefühl, als menschliches Wesen ein vollkommener Versager zu sein. Das war übriggeblieben. Er erzählte mir von seinem Willen und dessen Vorbehalten, und alles, was ich fühlte, war . . . Ich saß im Auto und rezitierte mein *Om Mani Padme Hum, Om Mani Padme Hum*. Es war so, als würde sein Denken eine riesige, dicke, schwarze Schmutzwolke in dem Auto produzieren; ich meine damit diesen düsteren, stark depressiven Standpunkt des „es ist sowieso alles vorbei" und „heute abend schauen wir uns die alten Photos an" — du weißt schon, was ich damit meine. Ich folgte einfach meinem Mantra, und wir fuhren weiter nach Hause.

Wir kamen zuhause an, und er fragte: „Was würdest du jetzt gerne machen?" Ich sagte: „Ist mir egal, Dad, alles, was du gerne möchtest." Er meinte: „Ich möchte gerne, daß du dich ausruhst. Du hast eine lange Reise hinter dir und . . ." Dann sagte er: „Ich werde etwas Himbeermarmelade machen", denn das gehört zu seinen Hobbys. Ich fragte: „Gut, kann ich dir dabei helfen?" „Nein, bemüh' dich nicht." „Ich mache es aber gerne." „Einverstanden." So fangen wir damit an, Himbeermarmelade zu machen. Wir machen die Gläser steril und zerdrücken die Himbeeren; er erzählt mir von seinem schauerlichen Leben, wie traurig alles sei, jeder habe ihn vergessen und, Junge, er bekommt eine gewisse Routine dabei. Es ist eine ziemlich dicke Geschichte. Ich fühle schreckliches Mitleid mit ihm, denn ich liebe ihn von Herzen, erkenne aber gleichzeitig den Zustand, in dem sich sein Bewußtsein befindet. Ich sehe genau, wo er hängt. So mache ich nur immer weiter mit meinem Mantra, zerdrücke Himbeeren und sage zu ihm solche Dinge wie: „Sollen die Blasen bis obenhin sprudeln? Sind die Gläser in Ordnung? Wo bringen wir das hinein?" und so weiter. Da ich ihm überhaupt keine Unterstützung für seine seltsame, dunkle Wolke gebe, die er entstehen läßt und ganz bei sich behält — denn ich bin zwar ein Teil von uns, aber helfe ihm nicht dabei, sie besonders aufrechtzuerhalten —, fängt auch er nach einer Weile mit solchen Dingen an wie: „Laß die Blasen am besten ganz hochsteigen . . ."; ziemlich bald schon verlagert sich seine Unterhaltung, bis sie sich im Hier & Jetzt befindet. Das heißt, er spricht davon, wie Himbeermarmelade zu machen sei — das ist eine uns allen vertraute Methode, einen Menschen in das Hier & Jetzt zu bringen; seine Gesichtszüge entspannen sich. Seine ganze Vorstellung von sich selbst als jemand, der alt ist und bald sterben wird, der sein Leben schon gelebt hat, all dieses Zeug über seine Fehlschläge, sein Unglück und den Ruin mit der Eisenbahn, all dieses Zeug fällt der Vergangenheit anheim: hier sind wir und machen Himbeermarmelade. Wir sind nichts weiter als zwei

Typen, die Himbeermarmelade machen, stimmt's? Nun sind wir fertig damit, und siehe da, er ist glücklich, er lacht.

So lautet seine nächste Frage auch: „Was werden wir jetzt zusammen machen?" Klar? Er ist auf einer ziemlich hohen Ebene mit mir zusammen, weil ich im Hier & Jetzt lebe. Ich mache nichts weiter, als Himbeermarmelade zuzubereiten; er steigt auch darauf ein und fühlt sich gut. Jeder möchte sich gut fühlen. Er steigt auch darauf ein und fühlt sich gut dabei. Gehe ich eine oder zwei Stunden weg, gerät er schnurstracks wieder auf jene andere Ebene, denn darin liegt sein augenblickliches Karma, noch immer an diesem Zustand zu haften. Aber wir verbringen die meiste Zeit zusammen, und je mehr wir das tun desto mehr lebt er im Hier & Jetzt.

Um die ganze Geschichte abzukürzen, will ich erzählen, daß ich ihm acht Monate später bei seiner Hochzeit die Braut übergab. Alles klar? Er heiratete eine Frau von Anfang fünfzig, eine schöne, angetörnte, wundervolle Frau, die eine seiner Sekretärinnen in der Junior Achievement-Organisation gewesen war, deren Vorsitzender er war. Dies war ein weiteres Junior Achievement für ihn. Als wir zur Kirche gingen, sagte er zu mir: „Weißt du, das ist alles dein Werk". Was ich die ganze Zeit über versucht hatte, war, ihn von Fragen über die Zukunft oder die Vergangenheit abzuhalten, wie etwa: „Ist das kein Unrecht im Andenken an Mutter? Wird es sich später einmal als eine schreckliche Sache herausstellen?", und ich sagte ihm nur: „Welch' ein Gefühl hast du heute? Hast du dich gestern beim Abendessen wohlgefühlt? Was machen wir heute?", und er antwortete: „Oh, es ist einfach wunderbar. Sie ist ein herrlicher Mensch, aber ich mache mir einfach Sorgen um ..." Sobald sein Denken damit aufhörte, diese ganzen Wenns und Abers zu erschaffen und er im Hier & Jetzt lebte, läuft alles wunderbar. Er schrieb Liebesgedichte, und sie fuhren nach Schottland und Irland in die Flitterwochen. Sie ist ein sehr highes Wesen insofern, daß sie ziemlich viel von ihrer Zeit im Hier & Jetzt lebt. Sie ist ein sehr bewußtes Wesen. Er hat wirklich einen guten Griff getan, er ist in guten Händen. Wenn ich anrufe und frage: „Was macht ihr gerade?", lacht er auf eine bestimmte Weise und sagt: „Oh, wir ... Wir schreiben gerade einige Songs für das Klavier. Wir schreiben einige Drehbücher und nehmen einige Tonfilme auf. Es sind ein paar Leute hier." Er hat jetzt seinen Spaß. Er ist nicht mehr 74 Jahre alt. So wie es auf mich wirkt, war er vorher 96, und jetzt ist er 23. Er kann zwar nicht mehr so gut laufen und muß mit allem kurztreten — aber da sind sie. Eine Depression gibt es nicht mehr, weil er damit begonnen hat, im Hier & Jetzt zu leben. Das ist Teil davon, wie das Bewußtsein in gewisser Weise das Wesen einer Liebesbeziehung „angesteckt" hat.

Meine Beziehung zu meinem Vater war eine Liebesbeziehung. Er ist karmisch gesehen mein Vater, das heißt, er ist mein Vater in dieser Inkarnation. Sonst glaube ich nicht, daß wir viel miteinander zu tun hätten, denn er lebt auf einer psychologisch völlig anderen Ebene, als ich es tue. Er hat sein riesiges Gut in New Hampshire und ist Mitglied des President's Club. Der setzt sich aus Leuten wie den Präsidenten von United States Steel and Bell Telephone zusammen, die herumsitzen und sagen: „Ich bin ein Präsident, du bist ein Präsident ..." Das Ganze ist eben ein Statussymbol, es im Spiel zu etwas gebracht zu haben. Es ist ein interner Club, wo sie Spiele miteinander spielen. Es ist einfach köstlich. Sie kommen ihn auch besuchen, und dann sagt er regelmäßig solche Sachen wie: „Ich habe diesen Sohn. Er ist zwar etwas merkwürdig, aber ich fände es wirklich gut, wenn Sie ihm zuhören würden." Er sagt dann „Rich" oder nennt mich tatsächlich „Rum Dum". „Rum Dum, würdest du wohl herunterkommen und uns einen Besuch abstatten?" Dann komme ich, setze mich ans Feuer und erzähle Gespenstergeschichten. Das heißt soviel, als daß ich über das Unheimliche spreche, übersinnliche Dinge und merkwürdige Abenteuer im Himalaya — aus den entferntesten Winkeln des Himalaya. Solange es nicht bedrohlich wird, hat auch jeder seinen Spaß dabei: „Wie faszinierend, einfach wunderbar." Mein Vater, der dieser Geschichte wohl schon hundertmal zugehört hat, sitzt immer in dem gleichen Lehnstuhl; ungefähr so gegen zehn schiebt er sich aus seinem Sessel hoch und meint: „Verdammt interessant. Ich verstehe zwar kein Wort davon, aber wenn er das macht, ist das schon in Ordnung für mich. Ich glaube, ich gehe jetzt in die Falle." Er zieht immer die gleiche Prozedur ab. Ich weiß, daß er einfach nicht bereit oder interessiert oder überhaupt angesprochen ist, in diese Begriffswelt hineinzuhören oder die Fähigkeit zu haben, mit diesem Kram etwas anzufangen; trotzdem ist diese Abwicklung sehr wichtiger Bestandteil seines Tagesablaufs. Ich spüre, daß dies eine ziemlich subtile Art und Weise ist, in der das Karma arbeitet; wir haben es hier mit einem Fall zu tun, wie Bewußtsein sich verändert, denn mein Vater und ich sind uns jetzt näher als jemals zuvor in unserem Leben. Wir lieben uns jetzt gegenseitig wirklich und offen. Ich sehe das Vater-und-Sohn-Spiel einfach als eine weitere Beziehung innerhalb des sozialen Rollenspiels an. Im Augenblick verbindet uns keine biologische Funktion miteinander, sondern wir haben eine karmische Beziehung. Ich achte ihn als meinen Vater. Als Ergebnis davon sind wir uns sehr nah und nicht mehr in alle diese Rührstücke verstrickt, wo wir vorher immer drin hingen.

Das I Ging

Ich glaube, daß das *I Ging* eine sehr, sehr hochentwickelte Erklärung darüber abgibt, wie sich alles verhält. Es kann, sehr vorsichtig und sehr bewußt, dazu verwendet werden, um dich für andere Sichtweisen darüber aufzuwecken, wo du dich im Hier & Jetzt befindest. Ich neige weniger dazu, es als ein Orakelbuch denn als Darlegung des Hier & Jetzt zu benutzen: wo du gerade in dem Augenblick mit deinem Bewußtsein stehst, wenn du die Frage stellst, womit du das I Ging zu Rate ziehst. Als solches gesehen, ist es sehr nützlich dafür, das Schauspiel, worin du gefangen bist, auf eine höhere Bühne zu bringen, wenn du zuerst einmal die Frage stellst.

Essen & Nahrungsmittel

Wenn du an deinem Bewußtsein arbeitest, so wird — ebenso wie deine Art des Atmens, die Intensität deines Atems Teil der Umgebung wird, worin du deine Arbeit ausübst — die gesamte Konstitution deines Körpers Teil der Umgebung, worin du arbeitest. Innerhalb des hinduistischen Systems war dies bekannt als der Tempel, in dem du dich aufhältst, während du in dieser Lebensrunde an dir selbst arbeitest. Die Art der Beschaffenheit dieses Tempels, die Natur seiner Schwingung, hat etwas mit der inneren Ausgeglichenheit und Leichtigkeit zu tun, womit du dein

Bewußtsein in andere Zustände bringen kannst. Dein Körper kann dich herunterbringen. Ist dein Körper nervös und aufgerüttelt, so bringt er dich herunter; daher ist die ganze Geschichte, eine ruhige Sitzhaltung oder *Asana* mit Hilfe von Hatha-Yoga zu entwickeln, Teil jenes Vorgangs, deinen Körper abkühlen zu lassen, damit er eine Zeitlang am gleichen Platz bleiben wird. Das ist nur einer der Gründe dafür. Darum beeinflußt das, was du ißt, deine Verhaltensweisen und Gefühle.

In Indien werden die Nahrungsmittel in drei Gruppen unterteilt, die *tamasisch, rajasisch* und *sattvisch* genannt werden; da das hinduistische System stark im Bewußtsein verankert ist, können wir mit einer gewissen Achtsamkeit darauf hören. Von diesen drei Kräften im Universum entspricht die tamasische der Trägheit, sie neigt zum Stein, zum Untätigen; die rajasische ist wie das Feuer, sie zielt auf Aktion und Bewegung; die sattvische Kraft schließlich richtet sich auf das Bewußtsein. Es gibt bestimmte Nahrungsmittel, die sattvisch sind, andere sind rajasisch, wieder andere tamasisch. Wenn du Bewußtseinsarbeit leistest, wird vorgeschlagen, daß du hauptsächlich sattvische Nahrung zu dir nimmst. Bei sattvischer Ernährung — sie wird in verschiedenen Büchern unterschiedlich beschreiben, und es werden verschiedene Lebensmittel aufgeführt — scheint man sich hauptsächlich auf Obst, Honig, Nüsse und Milchprodukte zu beschränken. Wenn du immer tiefer in diese Arbeit eindringst, sensibilisierst du deinen Körper durch verschiedene Asanas, du machst gewisse Nerven durch Meditation, durch Pranayama durchlässig, und deine Ernährung verändert sich immer mehr. Du gerätst in immer leichtere Ernährungsformen, bis du schließlich das Getreide und die Körner aufgibst und dich mehr auf Früchte, Nüsse, Milch und ähnliche Dinge ausrichtest. Ziemlich bald schon wirst du fast nur noch Früchte essen. Du kannst dich nun auf keine dieser Ernährungsformen im Schnellprogramm einlassen, wenn du innerlich nicht drauf bist; denn bevor du einen bestimmten Grad der Reinheit erreicht hast, braucht dein Körper noch andere Dinge. Darum sind auch alle Durchschnittswerte der World Health Organization über den Bedarf an Eiweiß und so weiter richtig für einen Menschen des Westens, der wie ein Mensch des Westens denkt. Wenn du das Wesen deines Bewußtseins im Sinne der Gedankenformen verwandelst und wenn du deine Umgebung veränderst, dann ändert sich auch die Art der Nahrungsmittel, die du brauchst. Ist das klar? Ich esse weder Fleisch, Fisch, Geflügel noch Eier. Ich esse sie aus dem Grunde nicht, weil ich mich in einer Verfassung befinde, wo ich Menschen in Indien begegne, die durchblicken und sagen: „Schau, wir essen das nicht", und darum esse ich diese gleichen Sachen auch nicht — bin ich eben ein Nachäffer, weil ich das erreichen will, was sie damit erreicht haben. Aus diesem Grunde esse ich diese Sachen nicht. Ich kann dir keine angetörnte, tiefsinnige oder logische Erklärung dafür geben.

Ich gebe dir auch das Töten nicht als Grund hierfür an, stimmt es doch, daß sogar die Handlung des Tötens, kann sie ohne Anhaften ausgeführt werden, kein Karma bewirkt. Du kannst Fleisch essen, wenn du es kannst, ohne dem anzuhaften. Wenn du ein Wesen bist, das sich selbst verwirklicht hat, kannst du alles essen und in Energie verwandeln. Wenn du ein Wesen bist, das sich selbst noch nicht verwirklicht hat, wird alles, was du ißt, das beeinflussen, was du bist. Eine logische Erklärung aus dem Tempel, wo ich lebte, was das Fleisch angeht, ist beispielsweise diese, daß das Tierreich eine unvollkommene Art des Selbstbewußtseins hat und im Augenblick des Todes gewisse Ängste, elementare Ängste, erlebt. Diese Angst setzt gewisse Substanzen des Adrenalins in das Fleisch des Tieres frei; wenn du es ißt, beeinträchtigen diese Substanzen deine Verfassung, wobei es keine Rolle spielt, wie sie durch Kochen etc. verändert werden. Wenn es auch stimmt, daß es Untersuchungen gibt, die zeigen, daß Pflanzen elektrische Reaktionen, Empfindungen und ähnliches aufweisen, wenn sie abgeschnitten werden, so wissen wir jedoch nicht, ob dies das gleiche ist wie Schmerz, Angst oder Leiden. Wir wissen nur, daß es sich um elektrische Reaktionen handelt. Es mag die Angstreaktion sein, die hervorgerufen wird und Adrenalin freisetzt, wodurch jene anregende Eigenschaft entsteht, womit Fleisch im Westen verbunden wird. Wenn du in ein meditativeres Leben hineinkommst, wirst du damit beginnen, meditativere Nahrung zu essen. Ich pflegte früher makrobiotisch zu essen und tue es jetzt nicht mehr. Ich habe einige Vorbehalte gegenüber der Makrobiotik und George Oshawas Theorien. Ich habe das Gefühl, daß in ihr ebensoviel Wahrheit wie in allem steckt. Sogar die Newtonsche Physik enthielt Wahres, auch wenn sie gegenüber Einstein an Bedeutung verlor. Alles ist Teil des Ganzen, und das Ganze liegt ohnehin jenseits der menschlichen Erkenntnis. Die Veden befürworten eine Diät aus leicht verdaulichem Getreide, Milch, Obst und ähnlichem. Ich glaube, daß du dich immer einfacher und einfacher ernähren kannst.

Es zeigt sich, daß das, was wir über die menschlichen Möglichkeiten wissen, unglaublich oberflächlich ist. Eine Frau wie Therese Neumann, die christliche Mystikerin, hat zwölf Jahre davon gelebt, jeden Morgen eine Hostie zu essen — und die sind ziemlich dünn, kann ich dir sagen. Sie ist eine ordentliche, gesunde Frau, ein „saftig medchen", das Fleisch auf den Knochen hat. Die Wissenschaftler sind ihr bis ins Badezimmer hinein gefolgt, um zu sehen, ob sie ihnen etwas vormacht, weil sie selbst nicht dazu in der Lage sind. Wenn sie sie fragen: „Wovon leben Sie?" gibt sie zur Antwort: „Ich lebe von Licht." Wir können keine Photosynthese machen, weil wir nicht wissen, wie das geht und weil wir eifrigst damit beschäftigt sind, jemand zu sein, der auf eine bestimmte Weise arbeitet. Das sagt aber noch rein gar nichts über die Möglichkeiten des Menschen. Findest du einmal einen Menschen, den du zur Türe hereinlassen kannst ohne zu denken, es wird eine Lüge oder eine Enttäuschung geben oder „ich fühle mich bedrängt", weil „ich es nicht tun kann", wirst du erfahren, daß es außergewöhnliche andere Möglichkeiten dafür gibt, was ein Mensch als Lebensenergie im Unterschied dazu braucht, was wir für seinen täglichen Mindestbedarf halten. Das ganze Bild ändert sich dann. Es gibt Wesen, die von immer weniger und weniger leben. Und wenn du dich diesem Reinigungsvorgang unterziehst, wirst auch du von immer weniger und weniger leben.

Ausgangspunkte der Wahrnehmung und Psychose

Ich spüre alle Worte nachklingen, die hiervon bereits in diesem Raum gesagt worden sind. Ich bin sicher, daß ich hier etwas finden könnte, um mitzuschwingen. Wir leben auf einer Realitätsebene, die wir miteinander teilen, so scheint es, auf der wir alle darin übereinstimmen, daß gewisse Dinge so sind, wie sie nun eben einmal sind. Stimmt jemand nicht damit überein, und tut dies voller Überzeugung, so kennzeichnen wir das unter bestimmten Bedingungen als Psychose. Das würde ich nun neu interpretieren und sagen, daß folgendes abläuft: der betreffende Mensch — und damit ist noch nichts weiter gesagt, es ist einfach ein Gerüst gegeben, um eine abweichende Möglichkeit ins Auge zu fassen — hat sich von einem möglichen Ausgangspunkt der Wahrnehmung zu einem anderen bewegt. Es könnte ein Mensch, etwa durch eine chemische Veränderung, in ein Trauma irgendeiner Art geraten; dieses könnte, durch Einnahme von Medikamenten oder psychisch herbeigeführt, seinem Wesen nach psychogen oder durch ein Trauma innerhalb des Systems hervorgerufen sein. Er gerät nun von einer Wahrnehmungsebene zu einer anderen und bindet sich an diese genauso wie wir an diejenige, in der wir uns befinden. Ist das klar? Er klinkt sich eben dort ein, und von unserem Blickwinkel aus ist er psychotisch. Von seinem Blickwinkel aus sind wir es. Das rührt daher, daß wir die Realität nicht so sehen, wie er es tut. Er sieht eine andere Realität. Im Hinduismus würde das einfach als eine Astralebene bezeichnet werden. Er befindet sich auf einer anderen Astralebene.

Heute morgen habe ich mit einem der Psychiater hier gesprochen; ich erzählte ihm von meinem Bruder, der in einer Nervenklinik gewesen ist, der als psychotisch angesehen wurde, der sich selbst für den Messias hält und mit dem ich ziemlich viel Zeit zugebracht habe. Denn zu ihm habe ich eine ebenso karmische Verbindung wie zu meinem Vater, und was es auch immer mit diesem Bewußtsein auf sich hat, es muß auch etwas mit meinem Bruder zu tun haben. Meine Beziehung zu ihm bestand darin, ebenso sehr im ,,Hier & Jetzt" zu sein, wie es mir überhaupt möglich war und wie ich es bei meinem Vater versucht hatte. Es geht darum zu erkennen, daß er an einer bestimmten Realität haftet, genau wie mein Vater und genau wie ich es selbst tue; jeglicher Fetzen Wirklichkeit, wo du drinhängst, ist ebenso schlecht wie jeder andere. Was ich versuche, ist, daß ich mit ihm in die Realität hineingehe, wo er hängt. Ich schaue mich dort um, habe meinen Spaß mit ihm daran, blicke von jenem Ort aus mit ihm auf die Welt und zeige ihm dann, daß du, von meinem Standpunkt aus betrachtet, dazu in der Lage sein mußt, überall ein- und auszugehen — weil nämlich jeder Ort, wo du einmal festklebst, der falsche ist. Wenn ein Typ irgendwo dringhängt, der zufälligerweise Psychiater ist, wird er versuchen, jemand anderen zu heilen, der irgendwo anders drinhängt, und in gewisser Weise ersetzt er nur eine Anklammerung durch die nächste. Die Reise des Bewußtseins bedeutet, sich an jenen Ort zu begeben, wo du erkennst, daß es sich bei allem nur um wirklich bedingte Realitäten handelt und daß dies einfach nur Ausgangpsunkte für die Wahrnehmung sind, um alles zu betrachten. Wenn jemand aus dem Geiste heraus auf das Universum blickt, auch nur wieder eine andere ,,Szene", so wird er erkennen, daß das gesamte Universum einen in sich vollkommen schlüssigen Sinn ergibt; aber alles sieht etwas anders aus, weil du es von einem völlig unterschiedlichen Ausgangspunkt der Wahrnehmung her betrachtest.

Es gibt einige Wesen, die wir als psychotisch bezeichnen und die in Indien ,,Gott-Berauschte" genannt würden. Es sind Menschen, die im Augenblick in erster Linie vom fünften Chakra in Besitz genommen sind. Es sind Wesen, die äußerlich Mitgefühl erlebt haben; dann hat sich ihre gesamte Energie inneren Zuständen zugewandt, die sie jetzt durchleben. Wir sehen sie als katatonisch an; das ist jedenfalls normalerweise die Schublade, in der wir sie zu sehen pflegen. Weil wir keine Reaktion aus ihnen herauslocken können, projizieren wir einen bestimmten psychologischen Zustand in sie hinein. In Indien nun projizieren sie eine andere Art der Deutung da hinein; sie umgeben den Menschen mit einer anderen Umgebung, was aufgrund ihrer Vorstellungen über das Geschehen das Wesen seiner Erfahrung verändert, verstehst du? Ein von Gott Berauschter wird daher mit großer Achtung und Ehrerbietung behandelt. Ramakrishna, ein sehr berühmter indischer Mystiker, war sehr oft von Gott berauscht. Ich würde annehmen, daß es sich bei den meisten von Katatonie Betroffenen nicht um Gott-Berauschte handelt, aber daß es einige gibt, wo wir etwas durcheinanderwerfen und die wir in die gleiche Kategorie hineinstopfen, weil wir im Augenblick diese Unterscheidungen noch nicht machen können.

Eine andere karmische Beziehung

Wie ich die ganze Sache weiter verstehe, gibt es auf keiner Bewußtseinsebene irgendein Wesen, zu dem kein Kontakt aufgenommen werden kann, wenn wir selbst nicht auf irgendeine bestimmte Bewußtseinsebene fixiert sind. Das heißt, daß ich glaube, daß wir alle jederzeit zugänglich sind. Es gibt eine Stelle in uns, die jederzeit zugänglich ist; unsere Unfähigkeit. mit einem anderen menschlichen Wesen in Kontakt zu treten, rührt daher, daß wir da nicht mehr loskommen, worauf wir gerade abgefahren sind. Es gäbe viel zu sagen über die Flexibilität des Bewußtseins als bewirkende Kraft für Verhaltensänderung, — dazu fähig zu sein, zu einem anderen menschlichen Wesen dort in Kontakt zu kommen, wo es sich befindet, jedoch ohne selbst dort steckenzubleiben, wo es gerade steckt. Das bedeutet Arbeit am eigenen Selbst. Mein Bruder brachte unglaubliche Mengen an Material aus sich heraus, er las Griechisch, wozu er vorher niemals fähig gewesen war. Er machte eine Menge ganz erstaunlicher Dinge, die seine Ärzte als pathologisch ansahen — seine Agitation, die Tatsache, daß er stehlen, lügen und betrügen und doch sagen konnte, er wäre Christus. Er setzte sich mehrere Male von der Klinik ab, ein wirklich erfinderischer Bursche.

Als ich seine Aufzeichnungen las, zeigte sich, daß er auf einige der größten Wahrheiten in der Welt eingestiegen war, die jemals von einigen der höchstentwickelten Wesen verkündet worden sind. Er erfuhr diese ganz direkt, war aber in dem Gefühl befangen, daß dies nur ihm ganz allein passiere. Er hatte, mit anderen Worten, sein Ego in diesen anderen Bewußtseinszustand mitgenommen und erlebte ihn als einmalig für sich. Dadurch geriet er auch in die üble Lage zu sagen: „Das ist alles mir gegeben, dir aber nicht." Als wir uns dazu entschlossen, Zeit und Raum miteinander zu teilen, bemerkte er, daß ich all das verstand, was er auf dieser Ebene sagte; wir konnten auf dieser Ebene gemeinsam sprechen, obwohl der Psychiater, der mit im Zimmer dabei war, in ziemliche Schwierigkeiten durch diesen Besucher kam, der offensichtlich noch verrückter als der Patient selbst war. „Ich weiß nicht," sagte mein Bruder häufig zu mir, „ich bin ein Rechtsanwalt, ein ehrbarer Bürger, ich trage Schlips und Kragen, ich gehe in die Kirche, ich bin ein guter Mensch und lese in der Bibel. Mich haben sie in eine Klapsmühle gesteckt; du aber, du gehst barfuß, du hast einen Bart, du hast einen merkwürdigen Namen, du trägst wirklich . . . du, du bist draußen, du bist frei, wie erklärst du dir das?" „Gut, ich will dir zeigen, warum," sagte ich. „Denkst du, daß du Christus bist? Christus in reiner Bewußtseinsform?" „Ja." „Gut, ich glaube, das bin ich auch." Er schaut mich an und sagt: „Nein, das verstehst du nicht." Ich antworte: „Genau aus diesem Grunde sperren sie dich nämlich ein." Genau in dem Augenblick, wo du jemand anderem erzählst, er sei nicht Christus, sperren sie dich ein. In dem Augenblick, wo du sagst: „Ich bin er, und du bist es nicht", haben sie dich erwischt. Das ist doch ganz klar. So wird das Spiel gespielt. Was mich angeht, so sind wir alle Gott. Wir sind alle hier. Ich renne nun nicht herum und zwinge dich dazu zu sagen: „Du bist Gott, nicht wahr?" Denn du machst dich nur an jemand anderen heran, wenn du noch in einem Ego-Spiel verhaftet bist, wenn du in der Vorstellung gefangen bist, etwas „tun" zu müssen. Ich erklärte ihm: „Wenn du nicht bei irgend jemand anders etwas ausrichten müßtest, würde dich auch niemand einsperren." Das lustige Spiel . . . der Grund dafür, daß sie ihn einfingen, fast ein kosmischer Witz, war, daß mein Vater, ein konservativer Republikaner, in die Wohnung meines Bruders kam und ihn dort nackt vorfand, von fünf oder sechs ältlichen Damen umgeben, die ihn anhimmelten. Er saß dort und verbrannte sein Geld und seine Kreditkarten. In einer jüdischen Familie des Mittelstandes kannst du zwar alles machen, aber nicht das Geld verbrennen, das kann ich dir flüstern . . . so konnte jeder erkennen, daß er offensichtlich verrückt sein mußte.

Wenn du nun zufällig ein tiefreligiöser Forscher bist, würdest du genau erkennen, was sich nämlich auf einer völlig anderen Ebene abspielt, und die Komik dessen ist schon ziemlich weit draußen . . . und das Mitgefühl, die Schmerzlichkeit und Schärfe, die gesamte Situation. Ich habe nun kein Mitleid, kein Bedauern mit meinem Bruder, ich beobachte einfach, wie sich sein Karma enthüllt. Ich habe großes Mit-Gefühl. Ganz bestimmt möchte ich nicht, daß er leidet. Ich bemerke, daß ich sein Leiden mildern kann, indem ich mich in dieses Leiden nicht mit hineinverstricke, indem ich mit ihm jederzeit auf der höchsten Bewußtseinsebene vereint bin, auf der wir uns begegnen können. Ich kann ihm daher helfen, wenn ich an mir, an meinem Selbst arbeite. Den ganzen Sommer über ging ich einmal wöchentlich in das Veterans Hospital und saß dort viele Stunden so aufmerksam mit ihm zusammen, wie es mir möglich war. Wir teilten den Raum miteinander, und die ganze Zeit über kam er ganz außerordentlich genau ins Hier & Jetzt hinein; es gab niemand um ihn herum, der sagte: „Du bist verrückt", denn ich glaube ja nicht, daß er verrückt ist. Ich glaube nichts weiter, als daß er auf einer anderen Ebene lebt. Jene Ebene ist, genauso wie diese hier, eine Bewußtseinsform. Wir saßen dann herum, betrachteten uns den Psychiater und sagten: „Glaubst du, er weiß, daß er Gott ist?" Der Psychiater sagte dann in der Regel: „Machen sie sich Gedanken darüber, ob ich glaube, daß ich Gott bin?" Wir brachten es dort fertig, daß sich die ganze Situation prächtig hin- und herbewegte. Das wiederum stärkte die Position meines Bruders; er ist nun aus der Klinik draußen, er studiert — und das ist ziemlich seltsam. Er studiert Yoga und Meditation. Das ist möglicherweise nicht ganz rein. Vielleicht wartet er nur auf den Tag, wo er wieder den Christus spielen kann. Vielleicht will er es auch nur etwas abkühlen lassen, damit er nicht wieder eingesperrt wird. Ich kenne die Ebene nicht, auf der er sein Spiel spielt.

Mit-Gefühl ohne Mit-Leid

Ich habe zehn Jahre lang mit der Vorstellung gearbeitet, daß es niemanden gebe, mit dem ich nicht in Kontakt kommen könnte, wenn ich selbst genügend rein wäre. Nach diesem Modell ging ich vor. Ich habe mit vielen, vielen Notsituationen zu tun gehabt, als ich Therapeut und LSD-Führer war und Menschen sich in schrecklicher Verfassung an mich wandten. Im allgemeinen verhalte ich mich so, daß ich mich ohne Aufschub an einen Ort begebe, wo ich Mit-Gefühl für ihre Situation verspüre, aber kein Mit-Leid; ich lasse mich nicht in eine symbiotische Rolle innerhalb des Tanzes einfangen, den sie mir vorführen. Ich konzentriere mich auf meinen eigenen Mittelpunkt; wenn mich daher jemand anruft und sagt: ,,Es ist alles so schrecklich, ich werde Selbstmord begehen," entgegne ich: ,,Nun gut, dann hat es auch keinen Sinn, daß ich mich um dich kümmere. Wenn du glaubst, das machen zu müssen, tu' was immer du für notwendig hältst. Aber ich möchte dich einfach wissen lassen, daß ich hier bin, wenn du dich noch eine Weile aussprechen willst, ehe du dich umbringst. Wenn du es ohnehin vorhast, weißt du ja, was du zu machen hast; wenn du dich aber aussprechen willst, wir sind hier." Ich bin auch immer genau im Hier. Ein Mädchen ruft mich mitten in der Nacht an und sagt: ,,Ich habe LSD eingeworfen und bin am Ausflippen," und sie weint hysterisch. Sie ruft von Kalifornien nach New York an. Ich frage: ,,Gut, wer hat mich denn angerufen?" ,,Ich selbst." ,,Gut, wer hat die Nummer gewählt?" ,,Ich selbst." Dann sage ich: ,,Würdest du diejenige, die die Nummer gewählt hat, wieder auflegen, denn mit jemand, der sieben Zahlen und eine Vorwahl mitten in der Nacht wählte, um mich zu finden, kann ich sprechen. Du bist schon eine tolle Verrückte."

Ich bin völlig überzeugt davon, daß es in einem anderen Wesen jenen Ort immer gibt, wenn ich mir nur einen Weg dahin bahnen kann; dies ist meine eigene Fähigkeit, mich nicht jedesmal in das Rührstück hineinziehen zu lassen. Das wird häufig auch zu einem Ego-Kampf, wobei ich nichts weiter tue, als mich auf meinen Mittelpunkt zu konzentrieren, denn ein Mensch tut das, was er kann. Niemals komme ich so in eine Verwicklung. Ich tue einfach das, was ich tue. Kann der andere Mensch den Kontakt herstellen, prima. Kann er es nicht, so gibt es häufig Zeiten, wo nach sorgfältiger Überwachung eines Menschen verlangt wird, weil er an sich arbeitet. Wie du siehst, bin ich ziemlich weit draußen und von einem gesellschaftlichen Blickwinkel aus wohl etwas zu vorsichtig; denn ich bin mir nicht sicher, ob ich dir erzählen kann, daß zwei Jahre Nervenklinik für die menschliche Entwicklung auch nicht viel nützlicher sind als vier Jahre College-Erziehung, und vielleicht ließen sich sechs Monate Gefängnis am ehesten mit einer Weiterführung des Studiums nach Abschluß des Examens vergleichen.

Ich glaube, ich kann diese totalen Versorgungs-Institutionen als nichts weiter als solche ansehen; sie absolvieren ein gewisses Training und versorgen dich mit einer bestimmten psychologischen Umgebung. Gleichzeitig sehe ich aber auch, daß es Punkte innerhalb der Verwandlung von Menschen gibt, wo sie ,,nicht alles zusammenhalten können". Das heißt, es widerfährt ihnen dort mehr, als sie einbauen könnten, so daß sie nicht in jedem Augenblick alle Ebenen zusammenhalten können. So bleiben sie an dieser oder jener Ebene hängen. Ein Schizophrener gelangt in eine hinein und flippt dann zur nächsten und flippt immer hin und her. Jemand, der vollkommen psychotisch ist, verharrt auf einer anderen Ebene. Jemand, der ein völlig verängstigter Neurotiker ist, hat Angst davor, diese Ebene wieder zu verlassen. Da gibt es eine ganze Menge tiefer und sehr unterschiedlicher Abstufungen, wie du weißt.

Es scheint mir, daß wir in unsere Gesellschaft die Vorstellung hineinbringen müssen, daß es sozial anerkannte Ruhezentren gibt, das sind Orte, wo die völlige Versorgung eines Menschen übernommen wird, wo er die für ihn notwendigen Veränderungen mit Rücksichtnahme auf die Tatsache durchlaufen kann, daß er Arbeit an sich selbst leistet. Ich würde behaupten, daß gut 40 Prozent meiner Freunde in Nervenkliniken gelandet sind, weil sie die Welt nicht so sahen, wie sie der psychiatrische Verein zu sehen pflegt. Auch ich würde behaupten, daß sie jetzt, wo sie wieder draußen sind, einige der angetörntesten Wesen innerhalb unserer Kultur sind; sie üben ihre Funktion als menschliche Wesen bestmöglich und äußerst wirkungsvoll aus. Ich glaube auch, daß sie ihre Arbeit häufig mit der Hilfe sehr gut durchblickender Psychiater weiterführen — und häufig auch trotz ihres Psychiaters. Ich denke, daß viele von Ihnen ganz einfach jenen totalen Schutz durch ihre Umgebung gebraucht hätten, während sie an sich arbeiteten. Der Psychiater brauchte die Sicherheit, daß er etwas leistete, weshalb er mit dem Patienten so häufig zusammentraf und seine Sache durchzog. Der Patient ließ ihm seinen Willen und setzte dann die Arbeit fort, die für ihn selbst lebensnotwendig war. Ich führe die Patienten nur und sage ihnen: „Paß auf und bleib' lieber cool, damit sie dich nicht mit Stoff vollpumpen oder dir Elektroschocks ins Gehirn jagen oder was sonst noch. Bleib' gerade so cool, damit das nicht passiert, und sieh' das ganze als Erholungsheim an. Es ist einfach ein dufter Ashram. Ich werde dich schützen. Es ist alles in Ordnung."

Ich besuche Gefängnisse und Schulen und entdecke, daß es Einrichtungen zum Babysitten sind, damit wir den Arbeitsmarkt nicht überschwemmen. Eine Menge von dem, was als westliche Erziehung ausgegeben wird, ist — wie jedermann weiß — wirklich fauler Zauber, der mit nichts irgend etwas zu tun hat. Es ist wie ein Einweihungsritus, damit du auf dem großen Mannschaftsfeld Ball mitspielen kannst, was noch lange nicht mit irgendeinem großen Lohn zu tun hat. Ich glaube, daß wir zu erkennen beginnen, daß Erziehung eine viel, viel tiefere Angelegenheit ist als die Art und Weise ist, wie wir sie durch unsere Ausbildungsstätten zur Bedeutungslosigkeit herabgezogen haben (ich selbst bin dort einmal Professor gewesen). Ich erkenne allmählich, daß wir nicht in erster Linie wie die Ratten lernen, handelt es sich dabei doch nicht um Erinnerungskurven, die auf dem Lernen als einem Objekt beruhen. Es gibt noch andere Wege, sich mit dem Universum in Verbindung zu setzen; du kannst beispielsweise mit Edwin R. Guthries Versuchslernen deine Erfahrungen machen, wenn du gerne Wissenschaftsspiele spielst. Ich glaube, mehr habe ich über die Psychose nicht zu sagen. Das ist schon alles ziemlich weit draußen.

Anziehung und Gefahr von Kräften

Die Zen-Meister halten sich von all diesen phantastischen Dingen fern, die Yogis machen können, wie ohne Essen auszukommen, Gegenstände zu materialisieren und ähnliches. Bei all dem handelt es sich um nichts anderes als Kräfte, um den Gebrauch von Kräften, die auf verschiedenen Ebenen existieren und auf die du dich zu bewegst. Alle diese verrückten Dinge kannst du mit Hilfe deines verstandesmäßigen Denkens ausführen. Kannst du erst einmal die Gedanken anderer Menschen lesen, dann sind dir noch viel tollere Sachen möglich. Kannst du erst einmal auf Astralreise gehen, dann gibt es für diese tollen Sachen gar keine Grenzen mehr. Was anderes hast du dann auch nicht mehr im Sinn damit. ,,Mit dieser neuen Kraft kann ich der Menschheit helfen." In der Tat wird dich das jedesmal an eine weitere Ebene des Tanzes binden, noch immer der Getrenntheit verhaftet zu sein. Du hast den Trip noch nicht ganz durchgezogen. Machst du das eine Weile so, dann wirst du erkennen, daß auch dies seine Grenzen hat. Es ist zwar schon toller als das letzte, aber immer noch begrenzt, und auch darüber mußt du hinausgehen. Daher sagen auch die Zen-Buddhisten: ,,Paß auf, halte nirgendwo auf dem Wege an. Auch das ist Illusion. Vergiß es. Denke nicht darüber nach. Gebrauche es nicht. Tu' es nicht. Mach' dir keine Sorgen darüber."

Andererseits tauchen diese Kräfte auch bei anderen Methoden auf, die dich mit Hilfe eines mehr schrittweisen und ineinanderübergehenden Prozesses entlang des Weges führen. Das Spiel heißt nun, diese Macht nicht anzuwenden — und darin liegt das Problem. Die meisten Geschichten, die du über highe Wesen hörst, die diese Kräfte einsetzen, sind wirklich Geschichten, wo die Kräfte sich manifestieren, obwohl das highe Wesen sie nicht unbedingt im Sinne des Ego, so wie wir es täten, anwendet. Sie werden einfach gebraucht, aber derjenige haftet nicht an ihnen. Es sind nichts weiter als Sackgassen auf dem Weg. Alle diese Geschichten sind ohne Zweifel interessant und können uns Menschen des Westens faszinieren, geben sie uns doch diese ganze neue Macht, die wir immer noch haben wollen, weil wir immer noch glauben, daß wir von all dem getrennt sind; daher glauben wir, daß wir Macht haben müßten. Wenn du erst einmal verstehst, daß der Ort, auf den du dich zubewegst, die Transzendenz der Erfahrung dieser Getrenntheit ist, so daß du die Kraft *bist* . . . Wenn Christus sagt: ,,Wenn ihr nur glauben würdet, so könntet ihr Berge versetzen," so macht er euch nichts vor. Das ist nicht nur ein schönes Wortspiel darüber, daß es hart sei, ein gutes, reines Leben zu führen. Damit hat das überhaupt nichts zu tun. Christus sagt dir nur, wie es ist: daß du, wenn du dich auf einer bestimmten Bewußtseinsebene befindest, buchstäblich einen Berg versetzen könntest. Die Art und Weise, wie das vor sich geht, ist jedoch ziemlich ungewöhnlich. Es kann nur dann geschehen, wenn du dasjenige in dir überwunden hast, was dich noch von dem Berg trennt; tatsächlich bist du der Berg, und dann kannst du ihn versetzen. Ich sage dir das im Klartext. Du kannst sagen, das sei verrückt, aber ich sage es dir genauso, wie es ist. Später wirst du es einmal verstehen, wenn du es jetzt noch nicht verstehst. Bis zu dem Grade, wie du der Berg bist, der sich bewegt, bist du auch das Wesen, das den Berg dort erst einmal hinrückt. Christus versäumte es zu sagen, daß du, wenn du Berge versetzen könntest, es wahrscheinlich gar nicht tun würdest, weil du sie erst überhaupt dort einmal hinsetzt. Das ist nur Beiwerk derjenigen Sache, wohin du dich eigentlich aufgemacht hast.

Daher sagen die Zen-Buddhisten: ,,Beachte all dieses nicht. Es ist für nichts weiter gut, als daß du dich irgendwo auf dem Wege festklammerst." Andere sagen:

„Ich brauche eine weniger harte Methode," — die dich aber wieder einfängt. Ich arbeite nun mit einer sanften Methode, die dich dennoch sehr sorgfältig anweist: gebrauche deine Kräfte nicht, laß sie vorüberziehen. Ich habe einige Erfahrungen gemacht, die mich aufrüttelten, um es einmal ganz milde auszudrücken. Ich bekam einen Brief von meinem Lehrer in Indien, worin er schrieb: „Nachdem du während einiger Monate den Sadhana, den du gerade machst, geübt hast, wirst du die Gedanken anderer Menschen lesen können." Ich dachte: „Oh, wow, das möchte ich ganz bestimmt nicht, denn das ist wirklich das Letzte, das ein so riesig aufgeblähtes Ego wie ich noch gebrauchen kann. Da werde ich dann für die nächsten fünfzig Inkarnationen klebenbleiben, indem ich einfach herumlaufe und Gutes tue, etwa so: 'Laßt mich Gutes tun.' " Ich reimte mir solche Phantasien zusammen wie: „Was werde ich wohl tun, wenn ich in die Köpfe anderer Menschen hineingehen kann? Ich gehe in .. (zu jener Zeit war es Lyndon Johnson), ich werde Lyndon Johnsons Bewußtsein und sende liebevolle Gedanken zu Mao; dann werde ich zu Maos Bewußtsein und sende liebevolle Gedanken zu Lyndon, und dann werde ich zu sämtlichen Mitgliedern der Vereinten Nationen . . . als Yogi kann ich wirklich unbegrenzt alles machen." Als ich dies alles durchdacht hatte, sagte ich: „Hmm, warum machen es die Typen eigentlich nicht, die es könnten?" Das ließ mich zögern, denn vielleicht wissen sie etwas, das ich nicht weiß, oder? Vielleicht gehe ich in meiner Begeisterung, Gutes zu tun . . . Ich begann zu erkennen, daß ich damit das Universum aus dem Gleichgewicht brachte, was sehr zerstörerisch wäre, wenn ich nicht den völligen Durchblick hätte. Bevor ich mit jenen Spielen beginnen kann, muß ich zuerst den völligen Durchblick haben. Klar? So hielt mich die Hoffnung aufrecht, daß ich den ganzen Macht-Trip vielleicht umgehen kann.

Vor etwa einem Jahr war ich in Esalen in Big Sur. Sie gaben mir ein Haus in den Bergen, wo du eine ganze Weile laufen mußtest, um zu mir zu kommen. Ich wurde der Heilige Mann von Gorda genannt, hockte dort oben und spielte den Heiligen Mann. Diese Rolle ist nicht besser oder schlechter wie ein Psychiater, ein Sozialarbeiter oder ein Erzieher. Es ist einfach eine weitere Rolle. Ich saß dort jeden Tag, war der Heilige Mann, und die Menschen kamen, um auch heilig zu werden oder was es auch immer sein mag, weshalb du zu einem Heiligen Mann gehst — vielleicht, um einfach zusammen zu sein und sich an den Schwingungen zu freuen.

Eines Tages saßen etwa vierzig Menschen herum, und ein Mann kam noch dazu. Er muß etwa fünfundfünfzig gewesen sein und war ein Geistlicher. Ich hatte ihn niemals vorher gesehen, aber er sah ganz sicher wie ein Geistlicher aus, wenn ich auch nicht wußte, ob er es wirklich war. Ich fing an, über Religion zu sprechen, einfach, weil mir das so in den Sinn kam. Dann fragte mich jemand: „Haben Sie irgendwelche psychischen Kräfte?" Ich gab die gleiche Antwort, wie ich sie gerade hier gegeben habe: „Nein, die habe ich zum Glück nicht, denn wenn ich sie hätte, würde ich sie mißbrauchen, weil ich ein großes Ego habe." Darauf schaute ich diesen Mann an — er war gerade angekommen, es war spät am Nachmittag: ich wollte ihn irgendwie sozial in die Gruppe einbeziehen und dachte daran, ihn als Beispiel zu verwenden. Ich sagte: „Könnten Sie sich vorstellen," und dabei wies ich auf diesen Mann, „daß ich Sie, mein Herr, anschauen und sagen würde: 'Sie stiegen den Berg hoch, um hierherzukommen, blickten auf den Boden und sahen dort etwas, das Sie für einen Edelstein hielten; sie hoben es auf und warfen es dann fort.' Könnten Sie sich vorstellen, daß ich über solche Dinge in Ihrem Leben sprechen könnte?" Er stand auf und wurde aschfahl. Er hielt sich an seinem Stuhl fest, alles schwieg, und er sagte: „Als ich den Berg hinauflief, sah ich etwas Derartiges, hob es auf und dachte, es wäre Jade. Es stellte sich heraus, daß es ein Stück von einer Ingwerbierflasche war, und ich warf es fort." Er setzte sich wieder hin, alles verharrte im Schweigen. Ich schaute auf das Bild meines Gurus und sagte: „O. K., mach' es ungeschehen." Denn ich erkannte, daß das wirklich das allerschlimmste ist . . . Mensch, wem soll das nützen? Im Jiddischen wird das ein *Loch in Kop* genannt, du brauchst das ebenso wie ein Loch im Kopf. Mehr brauchst du nicht dazu, fast auf der Stelle wirst du damit schon gekreuzigt.

Niemand erzählt mir jemals etwas dort drüben. Ich bin nichts als der Wasserträger in der ganzen Mannschaft. Ich weiß überhaupt nichts über das Leben meines Gurus. Ich weiß nicht, woher er kam, wie alt er ist, was er vorher machte. Ich kenne gerade eine Menge von Anekdoten über seine augenblicklichen Erfahrungen, die mir von Leuten berichtet werden — was er machte, er machte dieses und jenes. Es gab nur ein einziges Bild von ihm aus seiner Jugend, wo er wie ein Hippie vom Sunset Strip aussah, völlig stoned, mit langen Haaren und Bart; es sieht so aus, als säße er im Ben Franks in Los Angeles, er schaut einfach vor sich hin, als wäre er total bekifft. Irgend jemand traf ihn dort im Urwald und machte dieses Bild von ihm. Was es auch immer sein mochte, was er in jenem Augenblick erfuhr, es war schon ziemlich weit draußen. Mehr als das weiß ich auch nicht.

Das Bedürfnis nach einem Guru

Die Frage, ob du einen Guru brauchst: es gibt Stufen innerhalb deiner Entwicklung, wo du einen Guru brauchst. Du mußt jedoch zuerst verstanden haben, was ein Guru ist. Ein Guru ist kein Lehrer. Die Beziehung zwischen Guru und Chela bewegt sich nicht zwischen, sondern innerhalb der Personen. Das heißt, jener Teil meines Gurus, der ein kleiner, alter Mann in einer Decke dort in Indien ist, ist nichts weiter als ein kleiner, alter Mann in einer Decke dort in Indien. Er weiß alles, was in meinem Kopf vorgeht. Er ist alles, was in meinem Kopf vorgeht, und er ist genauso hier, wie er dort ist. Ist dem nicht so, dann ist er ein Blender, und ich sollte ihn keinesfalls als einen Guru ansehen. Darum muß die ganze Vorstellung, ich müßte irgendwo anders hingehen, um den Guru zu finden, ganz offensichtlich eine Täuschung sein. Ist das klar? Das ist das erste. Dann erkenne ich, daß jeder Mensch seinen Guru findet, sobald er dazu bereit ist. Sobald sich dein Herz genügend geöffnet hat, ist er zugänglich für dich; denn es gibt im engeren Sinn nur einen einzigen für dich, weil das nichts mehr mit Ego zu tun hat, verstehst du? So ist das „Ich suche nach einem Guru" ganz offensichtlich ein Trip wie jeder andere. Wir nennen es die *Suche nach dem Guru*, und das ist die Sache, die du machst, ehe du daran verzweifelst, den Guru wirklich zu finden; das wiederum ist notwendige Voraussetzung dafür, deinen Kopf soweit zu öffnen, daß du den Guru überhaupt finden kannst. Verzweiflung ist die notwendige Vorbedingung für den nächsten Bewußtseinsgrad. Sie ist unbedingt erforderlich.

Daher ist eine Menge dessen, was wir in unserer Gesellschaft als Unbehagen sehen und was wir tiefe Verzweiflung oder Depression nennen, tatsächlich diese Bewußtseinsumwandlung, die sich ereignet: diese unerläßliche Voraussetzung, ehe wir damit beginnen können, auf die nächste Ebene zu lauschen, und das ist eine sehr tiefe Verzweiflung und Depression über alles, was bei uns so läuft. Anstatt uns gegenseitig an dasjenige anpassen zu wollen, was existiert, wäre es viel besser, diese Verzweiflung schätzen zu lernen und es einem Menschen zu ermöglichen, solange darin zu verharren, bis er hindurchgegangen ist; wobei er hoffentlich in einer höherentwickelten Art und Weise hindurchgeht, wenn er Unterstützung dabei erfährt.

Was Lehrer betrifft, so ist ein Lehrer genau dort, wo auch immer du bist, wenn du für diesen Lehrer bereit bist. Das heißt, wenn du genügend mitgekriegt hast, um die Frage zu stellen: ,,Wie kann ich mit meiner Arbeit weiterkommen?", und du sagst: ,,Gut, was ich eigentlich versuchen sollte, wäre, mein Denken zur Ruhe zu bringen," und dann: ,,Wie aber kann ich mein Denken zur Ruhe bringen?" Schon wenn du diese Frage stellst, wirst du empfänglich dafür, eine ganze Menge Wesen um dich herum zu sehen, die schon eine ganze Weile damit beschäftigt gewesen sind, ihr Denken zur Ruhe zu bringen oder es anderen Menschen beizubringen; bis zu diesem Zeitpunkt bist du an ihnen vorbeigelaufen und hast ihre Existenz nicht einmal wahrgenommen, sondern hast sie dir vielmehr als wunderliche Gesellen, Verrückte oder Spinner vorgestellt. Es sind aber ganz dufte Typen. Genau diese Sache ist es plötzlich, die du in Erfahrung bringen willst. Manchmal findest du heraus, daß deine Lehrer häufig Menschen sind, die ganz in deiner Nähe waren. Sie werden, im Gegensatz zu *Sat Guru, Upa Gurus* genant. Der Sat Guru ist jemand, der dir aus dem Jenseits ein Zeichen gibt. Es ist jemand, der schon alles durchlebt hat. Der Upa Guru ist irgend jemand oder irgend etwas entlang des Weges, das dir ein kleines Stück auf dem Wege weiterhilft. So können auch deine Feinde häufig deine Upa Gurus sein, denn sie wecken dich für eine Stufe auf, wo du dich nicht befindest; du kannst dadurch frei davon werden, was dir hilft, damit weiterzukommen. So lernst du es, jeden, der dir begegnet, als deinen Lehrer zu achten, wenn du einmal erkennst, daß du nichts weiter tun kannst als bewußt zu sein; und dies zu deinem Wohle und zum Wohle aller deiner Mitmenschen und um dich näher zu jenem Ort zu bringen, wo du unbedingt mit all jenen anderen Hilfsmitteln hinzukommen versuchst, mit denen du zu arbeiten glaubst. Du arbeitest an deinem eigenen Bewußtsein, und das bedeutet, die Lehre zu erkennen, die überall im Universum verborgen liegt — dessen warst du dir nicht bewußt oder du hast es sogar verschlafen. Du erkennst langsam, daß alles innerhalb deines Universums zu deinem Lehrer wird.

Daher ist dein Lehrer überall. Dein Guru wartet auf dich, bis du für ihn bereit bist. Mit dieser Vorstellung kannst du weiterarbeiten. Deshalb mußt du dich nicht nach Indien aufmachen, denn alles ist immer genau dort, wo du bist. Es gibt Wesen, die so hoch kommen, wie es ein erleuchtetes Wesen jemals geschafft hat und die mitten in Topeka, Kansas, mitten in New York oder inmitten von irgendwo sitzen. Das hängt von deiner Bereitschaft ab, und diese wiederum hat mit deinem Karma zu tun oder deiner Bereitschaft, damit klarzukommen.

Gnostischer Vermittler

Warum ich zurückgehe? Auf der Ebene, auf der ich wirke, gehe ich beinahe zurück, weil ich zurückgehe. Ich würde nicht behaupten, daß ich eine tiefgründige Vorstellung habe, weshalb ich zurückgehe. Ich komme zurück, weil meine karmischen Bindungen an diese ganze Geschichte noch nicht durchgearbeitet sind. Ich erkenne auch, daß meine Rolle, mein Ding — in dem fließenden, leidenschaftslosen Sinn der Taoisten — darin besteht, daß ich ein Lehrer des Westens bin; alle die Erfahrungen, die ich als Vertreter der Mittelklasse, als Psychedeliker, als Sozialwissenschaftler, als Cellospieler, als Pilot und was sonst noch immer gemacht habe, sind Teil meiner Vorbereitung, daß ich nun das lehren kann, was ich zu lehren habe. Wie ich es sehe, ist der gnostische Vermittler ein Teil meiner Rolle, was bedeutet, Bilder von einem System in ein anderes zu übertragen. Das scheint mein Ding zu sein. Ich tue es insofern, ohne dem verhaftet zu sein, daß ich es tue, weil ich es tue, weil ich es tue, weil ich es tue. Das heißt, ich tue das und dies und jenes, es werden Bänder aufgenommen, die sich Tausende von Menschen anhören, weil sie jetzt überall im Lande verbreitet werden. Alles, was ich bisher als Lehrer zu sagen hatte, ist gesagt worden. Ich habe das getan, was ich tun mußte. Nun kann ich wieder in die nächste Runde nach innen gehen. Ich kann mich in eine Klause in New Hampshire oder in Topeka verziehen, ich kann mich einfach hinsetzen, meditieren und dabei weiterkommen; ich kann aber auch, als ein Lehrer, noch mehr Bilder auf meinem Wege aufsammeln, was Teil meines Lehrens ist.

Ich habe keine feste Vorstellung. Ich kann nur sehen, daß ich ein Lehrer bin, und als Lehrer sammelst du mehr. Die besondere Lage, in der ich mich gerade befinde, ist diejenige, daß ich zu den Füßen dieses kleinen, alten Mannes in einer Decke zurückkehre und daß ich in der Beziehung des Chela zum Guru bin. Es ist jetzt sein Trip, nicht mehr der meinige. Ich befinde mich in der Rolle des Dienens. Ich lebe das aus — was ich jetzt zutiefst verstehen kann —, was es bedeutet zu sagen: „Nicht mein, sondern Dein Wille." So mache ich nichts weiter, als diesem Trip zu folgen. Im Augenblick schreibe ich an keinem Manuskript. Wenn ich zurückkomme, wird er vielleicht sagen: „Du hast deine Arbeit abgeschlossen," und mich berühren; vielleicht verwandle ich mich dann in einen Schmetterling, wer weiß. Vielleicht komme ich auch zurück, er gibt mir einen Kick und sagt: „Ich weiß nicht, wer du bist. Gehe wieder nach Amerika zurück." Ich kann nicht schreiben, ich weiß nichts. Das ist eine ziemliche Schwierigkeit für unsere westliche Kultur, wo du gewöhnlich eine Vorstellung davon hast, was du tun wirst, wo du dieses zu jenem Zweck sammelst und in der Zeit lebst. Ich lebe nun einmal, so betrachtet, nicht in der Zeit.

Das vierte, fünfte, sechste und siebte Chakra

Wie ich schon früher erwähnte, gibt es sieben Chakras oder Brennpunkte. Der Übergang vom dritten zum vierten ist der erste in einen transzendenten Zustand hinein. Es ist der erste in den Zustand des Mit-Fühlens hinein, wo du die Verschiebungen der grundlegenden Beziehung erfährst: wo du erkennst, daß du und ich nicht nur menschliche Wesen hinter dem blauen oder dunklen Anzug und dem weißen Hemd sind, sondern auch hinter unseren Persönlichkeiten, dem Alter, dem

Körper. Es gibt einen Ort, wo wir — auch wenn wir uns immer noch gegenseitig als getrennt erfahren — ein Gefühl der Einheit miteinander erleben. Damit ist eine andere Bewußtseinsebene erreicht, wo jene Einheit nicht nur dem Intellekt bekannt, sondern *wirklich ist*. Das ist eine echte Ebene der Realität. Jenes Mit-Fühlen bezieht sich darauf, daß das, was dir geschieht, auch mir geschieht, denn an jenem Ort sind du und ich ein vereinigtes Wesen. Wir sind nur zwei unterschiedliche Manifestationen jenes einen Bewußtseins. Das gehört schon zum vierten Chakra.

Das fünfte Chakra ist dort, wo du dich wieder nach innen wendest. Anstatt die äußerlichen Manifestationen wahrzunehmen, beginnst du damit, tiefer nach innen oder, wie du es auch nennen könntest, tiefer nach oben zu gehen. Du beschäftigst dich mit den höheren Ebenen von Licht, Energie oder Form, die immer subtilere Zustände von Unterscheidungen und Ähnlichkeiten sind. Es ist so, als kämen wir an einen Ort, wo wir pure Energie oder zellulare Strukturen sind. Es sind verschiedene Ebenen der Wahrnehmungsordnung des Universums. So etwa könntest du in Worte fassen, was es mit diesen Ebenen auf sich hat.

Das sechste Chakra läßt sich am ehesten damit vergleichen, was Kausalebene genannt wird; das ist ein Ort, wo du mit genügend Bindungen an jegliche mögliche Perspektive gebrochen hast, so daß du dich genügend weit zurückhalten kannst, um das zu erlangen, was man vielleicht kosmische Perspektive nennen könnte: damit anzufangen, die grundlegendsten Gesetze des Universums überall wirksam zu sehen. Damit hatten die Ägypter sehr viel zu tun, und es ist das, worum es bei Platos reiner Ideenwelt hauptsächlich geht. Das ist das sechste Chakra. Es ist das, was wir Weisheit nennen, die Weisheit der Zeitalter, dieser Gesetzmäßigkeiten, dieser sehr einfachen Gesetze. Es könnte auch als göttliches Wesen in einer religiösen Formung der ersten Gedankenformen verstanden werden — des Gedankens, woraus sich alles übrige manifestiert. Auf dieser Ebene hältst du dich in dem Bereich der reinen Ideen auf. Das heißt, wenn du im sechsten Chakra bist, hast du in gewisser Weise den grobstofflichen Körper verlassen. Du identifizierst dich weder mit deinem Körper noch sogar mit deiner Persönlichkeit, wobei es sich immerhin schon um eine subtilere Ebene handelt. Du identifizierst dich nur noch mit den Ideen; alles übrige ist nichts weiter als Materialisation, die auf grobstofflichen Ebenen nach außen tritt.

Das siebte Chakra, das oberste, ist dasjenige Chakra, wo du vollkommen in das Ozeanische, in das Eine hineintauchst. Wenn du beispielsweise den zyklischen Ablauf betrachtest, wie die Feuchtigkeit des Ozeans hochsteigt, wie sich Wolken daraus bilden, daraus Regentropfen entstehen, die in den Ozean fallen und wie sich der Ozean aus Regentropfen bildet — so ist er doch Ozean und dies im Sinne der Einheit. Jeder Regentropfen behält nicht länger seine Individualität als einzelner Regentropfen. Du kannst erkennen, daß dies einfach ein Entwicklungsvorgang ist. Das siebte Chakra entspricht dem Ozean; dorthin kehrt alles zum einen zurück. Es befindet sich sogar noch hinter den Gesetzen und Ideen.

Wenn du nun die Leiter hochsteigst, existiert auf jeder neuen Ebene eine neue Möglichkeit, wie du innerhalb des Universums Energie empfangen oder umwandeln kannst. Du kannst mit unterschiedlichen Energieformen arbeiten, wenn du dich auf ein Chakra konzentrierst, als du es vorher konntest. Du ernährst dich anders, du kannst mit Licht arbeiten, mit Liebe und so weiter — viele verschiedene Möglichkeiten. Du siehst auch das Universum auf verschiedene Weise, und daher beginnen auch deine Handlungen oder Reaktionen — deine Denkgewohnheiten und damit deine Reaktionen — sich genauso auf jeder neuen Ebene zu verändern. Auf jeder Stufe neigst du dazu, daran haften zu bleiben. Auch darüber mußt du auf jeder Ebene hinausgehen. Für die meisten von uns, die diese Arbeit leisten, kommt es gewöhnlich vor, daß wir unsere Energie sehr wenig gleichmäßig über die verschiedenen Chakras oder Ebenen verteilen. Ein bestimmter Teil von mir ist offen für das fünfte Chakra; bis zu einem gewissen Grade kann ich damit anfangen, mich im sechsten Chakra zu öffnen. Es gibt eine Möglichkeit, wie ich mich sehr tief im vierten Chakra öffnen kann. Es ist noch immer ziemlich viel Energie verknüpft mit dem zweiten Chakra, dem sexuellen Chakra, und in Form von Macht mit dem dritten Chakra. Der Entwicklungsprozeß besteht nun darin, langsam *„Bindu* in *Ogis* umzuformen" oder Energie zu verwandeln oder sie in diese immer höheren Chakras hochzulenken; jedes höhere Chakra ist nämlich eine vollkommenere Ordnung des gesamten Universums, es auf eine immer kosmischere Art und Weise zu erfassen, zu verstehen und mit allem zu leben, was eine höhere Wirkungsebene bedeutet, wenn du so willst.

Die Arbeit liegt darin, Energie von einem niederen Zentrum aufzugreifen und sie zu einem höheren Zentrum zu lenken. Das wird die Aufgabe. Ich kann mich beispielsweise mit Hilfe verschiedener Techniken hauptsächlich auf das vierte Chakra konzentrieren; spielt sich nun in einem niederen Chakra etwas ab, kann ich es in jenes vierte Chakra umformen. Wenn ich mich also auf das vierte Chakra konzentriert habe, ein schönes Mädchen kommt vorbei, und ich verspüre Lust oder Erregung im Sinne von Subjekt-Objekt, was einer typischen Beziehung des zweiten Chakras entspräche, so kann ich im gleichen Augenblick erkennen, daß sie Gott ist und daß ich Gott bin, daß wir uns in den Verkörperungen des Männlichen und des Weiblichen bewegen. Das ist ein ewiges Drama, das durchlebt worden ist; innerhalb dieses Vorgangs kann ich einen Kontakt zu jenem Ort in ihr herstellen, der hinter ihrem Frau-Sein liegt, und bei mir hinter meinem Mann-Sein. Dann bringen wir entweder diesen Tanz oder auch nicht, was davon abhängt, welche Bedingungen vorliegen; wir sind jedenfalls nicht mehr der Lust als solcher verhaftet. Wenn die Bibel daher sagt: „Du sollst nicht begehren," meint sie tatsächlich: „Du sollst dich nicht in das zweite Chakra verstricken", und das ist eine Möglichkeit, um das gleiche auszudrücken.

Ich würde nun behaupten, daß mein eigener Zustand und derjenige der meisten von uns im Westen, die daran arbeiten, sehr ungleichmäßig ist und sich über die meisten Ebenen verteilt. Ich bin, ursprünglich durch psychedelische Stoffe und später durch Pranayama, in Bereiche des sechsten und siebten Chakras gelangt. Bei den psychedelischen Erfahrungen verweilte ich viele Stunden in etwas, was wir als *Nirvikalpa Samadhi* bezeichnen würden, eine sehr, sehr hohe Form des Samadhi, eine völlig formlose Leere. Es gibt nun viele Gründe dafür, von jenem Ort in niedere Chakras oder tiefere Formen der Ordnung des Universums zurückzukehren. Du kannst aufgrund „unausgegorener Samen" zurückkehren, das heißt, weil noch immer eine bestimmte Energie oder Libido in jenen niederen Zentren anliegt. Um jedoch die ganze Reise zum guten Schluß zu bringen, beginnst du zu verstehen, was die Rolle des Bodhisattva innerhalb des Buddhismus bedeutet: selbst wenn du auf die siebte Ebene gelangst, kannst du dich selbst dort noch verstricken. Wenn du dich auf jener Stufe befindest und die anderen damit für nichtig erklärst, bist du noch immer nicht angekommen. Du haftest an der Leere, wie das genannt wird. Der endgültige Ort, wo du hingelangen kannst, ist dort, wo du den Zyklus vollendest. Dann kehrst du zu jeder Ebene zurück und lebst auf jeder Ebene bewußt, weil eine jede eine andere Form der Wahrheit darstellt. Du lebst die Rolle eines Bodhisattva, was bedeutet, gleichzeitig in dieser Welt der Illusion und doch nicht darin zu leben, weil du dir auch des siebten Chakras voll bewußt bist. Du bist gleichzeitig quer durch alle Ebenen bewußt.

Bestmögliches Da-Sein

Die Aufgabe besteht letztlich nicht darin, die Energie immer weiter hochzulenken, sondern sie solange hochzulenken, bis du frei von jedem Chakra bist, das letzte eingeschlossen, so daß du dich jederzeit auf allen befindest. Auf jeder Ebene bist du so gut da, wie es dir eben möglich ist. Damit muß das alles zu tun haben. Ich kann nicht aus der Illusion herausgehen, solange du noch an ihr haftest, denn du bist ja Teil von mir. Wenn du daher verstrickt bist, so bin ich es auch. Wohin kann ich also gehen? Ich kann nicht fortgehen und meinen eigenen Trip auf deine Kosten durchziehen, denn wir sind es schließlich, die darin gefangen bleiben. Ich bin Teil von dir, das habe ich ja schon im vierten Chakra erkannt. Kein Mensch kann wirklich ganz allein auf seinen eigenen Trip gehen und das vergessen.

Es gibt nun einige Wesen, deren Arbeit auf diesen verschiedenen Ebenen ziemlich abgeschlossen ist; das hat etwas mit ihrem Karma zu tun. Sie sind daher an einen Punkt gelangt, wo im siebten Chakra alles zum Ende kommt. Es gibt beispielsweise einige Sadhus in Indien, die in das siebte Chakra hineingehen und nicht wieder zurückkommen — nicht weil sie dort anhaften, sondern weil ihre Arbeit in diesem Sinne getan ist. Sie haben alles von ihrem grobstofflichen Körper und ihrer subtileren Persönlichkeit entfernt; sie haben jegliche Energie davon abgezogen. Unter diesen Bedingungen lautet die Spielregel, daß ihr Körper nach einundzwanzig Tagen auseinanderfällt, weil es keinen motivierenden Grundsatz oder Gedanken mehr gibt, den er verkörpert und der ihn noch länger aufrechterhält. Solange du Halluzinationen haben möchtest, muß du jemanden haben, der die Halluzination denkt. Wenn niemand mehr da ist, der denkt, fällt die Halluzination weg, und an diesem Punkt auch der Körper. Das geschieht aber nur unter äußerst seltenen Bedingungen.

Wir können uns nun mit interessanten Vorstellungen aus der Geschichte beschäftigen, denn wir haben nicht nur einen Buddha, der den ganzen Weg durchläuft und auf der siebten Ebene endet, die der Buddha-Natur entspricht; er kehrt dann in die Welt zurück und spielt die Form der Rolle durch, die er als Bodhisattva hat, was bedeutet: er bleibt auf dieser Ebene und hat gleichzeitig mit allen Ebenen bereits abgeschlossen. Wir haben auch die Vorstellung von einem Christus, den ich mir bequem als ein Wesen vorstellen kann, das nicht die ganzen Stufen hochgeklettert ist, um es einmal so auszudrücken; er ist vielmehr eine direkte Verkörperung von Geist in Materie, um eine bestimmte Rolle durchzuspielen. Das ist nun für unsere Arbeit ein ganz anderer Handlungsfaden, denn es ist so, als ob ein Wesen vom sechsten oder siebten Chakra für eine gewisse Funktion innerhalb des gesamten menschlichen Dramas, aus der Illusion herauszukommen, eine grobstoffliche Körpermanifestation annimmt. Er spielt seine Rolle darin auf jene Weise, denn auf jeder dieser Existenzebenen gibt es Sinn und Verstand, Gesetz und Ordnung. Es gibt Wesen, die auf diesen Existenzebenen leben, denn nur auf den Ebenen unterhalb des vierten Chakras mußt du einen Körper aufrechterhalten. Es gibt Wesen, die dort existieren, die Persönlichkeiten und alle Arten individueller Unterscheidungsmerkmale haben, die jedoch nicht in körperlicher Form manifestiert sind. Sie sind nicht auf jener Schwingungsebene verkörpert, die du und ich mittels unserer Sinne und unseres Denkens aufgreifen können. Damit ist ihre Existenz jedoch noch nicht widerlegt. Es bedeutet einfach, daß unsere Werkzeuge sie im jetzigen Augenblick noch nicht erfahren können, weil wir nicht wissen, wie sie zu messen sind. Wir können ihnen manchmal begegnen; ich kann ihnen begegnen, wenn ich diese bestimmte Ebene verlasse, als wenn ich mein Fernsehgerät einstelle; ich stimme mich dann auf verschiedene Nerven oder, wie sie im Sanskrit genannt werden, *Nadis* ein, oder es ist so, als wären sie wie elektrisch verfeinerte Empfänger in meinem Körper. Es gibt zum Beispiel eine Form des Yoga, mit dem ich arbeite, der *Nada-Yoga* genannt wird; das ist der Yoga des Inneren Klangs. Ich stecke Stöpsel in die Ohren und lausche. Du kannst zum Beispiel, du solltest das Tosen des Ozeans, Grillen, das Geräusch einer Menschenmenge in einem Bahnhof oder Flöten hören . . . eine Vielzahl von Geräuschen. Es sind geordnete Töne.

Was du dabei machst, ist, daß du dich weitgehend auf einen bestimmten Satz von Nerven einschwingst, die innerhalb deines Körpers wirken. Du hörst in einer gewissen Weise, wie deine eigenen Nerven arbeiten. Dabei steht jeder dieser Nerven auch in Verbindung mit einem Chakra oder einer dieser Ebenen. Welchen Klang du auch immer in deinem Inneren hören magst – anstatt daß du nur einfach auf ihn lauschst, solltest du dich dazu bringen, mit jenem Klang zu verschmelzen. Wenn du dann eins mit ihm bist, so wirst du von jenem günstigen Ausgangspunkt aus den nächsten Klang hören. Stimmt's? Du veränderst deine Schritthaltung. Es ist so, als wenn du durch den Klang Treppen steigst. Du gebrauchst Klänge als deine Schrittpunkte. Du kannst nicht zwei Stufen auf einmal nehmen; du machst einen Schritt, und von dort aus hörst du den nächsten inneren Klang. Das ist eine sehr hohe Form des Yoga. Sie konzentriert sich mehr auf den Klang als auf visuelle Bereiche. Es ist die Zielgerichtetheit des Klanges. Jeder dieser Klänge steht nun mit einer anderen Astralebene in Verbindung; wenn du mit diesen Klängen arbeitest, erkennst du, daß sie mit Farben, Schwingungen, Halluzinationen oder verschiedenen Realitätsformen verbunden sind, die du allmählich wahrnimmst. Es gibt Klänge, die mit allem davon verbunden sind. So kannst du dir vorstellen, daß du mit diesen inneren Tönen als einer Möglichkeit arbeiten kannst, dich selbst in andere Bewußtseinszustände hineinzuführen.

Die meiste Zeit über, so denke ich mir jedenfalls, bin ich auf einer interessanten Ebene tätig; es scheint mir von da aus, wo ich stehe, irgendwie interessant zu sein. Es scheint fast die ganze Zeit über so zu sein, als säße ich an einem vollkommen ruhigen, konzentrierten Platz, wo nichts geschieht oder jemals geschehen könnte.

Und dennoch geschieht alles. Es hat insofern sehr viel von einer Reise zum vierten Chakra an sich, daß das, was ich fühle, daß die Gefühle, die ich spüre, Wogen des Mitgefühls und der Liebe für mein ganzes Da-Sein sind. Ich meine damit, daß ich in einen Bus steigen kann, und zu dem Zeitpunkt, wo ich wieder aussteige, fühle ich mich so, als hätte ich die mir vertrauteste Familie getroffen, die ich jemals in meinem Leben gekannt habe. Wir alle lieben uns gegenseitig. Diese Art der Erfahrung mache ich mit der Welt, die mich umgibt. Aufgrund des Grades an Offenheit, den sie nach sich zieht, kann sie schrecklich sein. Du mußt sorgsam darauf achten, daß du auf der Ebene des Getrenntseins nicht verletzt werden kannst, bevor du dich an jenem Ort leben lassen kannst. Ich sehe zu, wie die Lebensvorgänge weitergehen, aber ich identifiziere mich nicht mehr mit ihnen, wie ich es früher einmal machte. Was ich jetzt tue, ist zu versuchen, die Samen meines dritten Chakras auszukochen, indem ich einige dieser Spiele mitspiele, denn dieses Spiel schließt beispielsweise Macht in sich ein. Es bringt Ruhm mit sich. Es zieht eine Anzahl von Angelegenheiten des dritten Chakras nach sich, womit ich gewöhnlich in den alten Tagen beschäftigt war und womit ich es der Tradition gleichtat, aus der ich kam. Jedesmal, wenn ich jetzt so etwas bekomme, sehe ich, wie es eine Beeinträchtigung meiner Reise ist. So kann ich es jetzt wieder zurückgeben, oder? Ich kann feststellen, daß die beste Reaktion, die ich von einem Publikum jetzt bekommen kann, diejenige ist, wobei sie erkennen, daß das, wovon ich gesprochen habe, in ihnen selbst liegt; ich bin nur ein Werkzeug für sie gewesen, um zu hören, ich bringe nichts Weltbewegendes. In dem Augenblick, wo die Leute sagen: ,,Oh, du bist jemand, und ich bin nichts," weiß ich, daß ich zu unrein bin. Ich bringe es dann immer noch auf dem dritten Chakra. Ich bringe es dann immer noch auf eine Art und Weise, um für mich nach der Macht zu grabschen, oder? Ich muß jedoch dazu in der Lage sein, die Macht jederzeit aufzugeben. Sonst ist meine Botschaft nicht rein. Dies ist daher eine Reise zum Marktplatz für mich, um zu versuchen, die Samen meines dritten Chakras auszukochen, wenn du gerne eine technische Beschreibung davon haben möchtest, was ich zu tun glaube.

Energieumwandlung

Wenn ich mich an einem bestimmten Punkt befinde und mir etwas Negatives widerfährt, sage ich zumeist: ,,Das bringt mich 'runter", womit ich ausdrücke, daß ich in ein bestimmtes Schema hineingezogen werde. Bin ich jedoch dazu in der Lage, Energie umzuwandeln, so kann ich eben diese Energie aufgreifen, die mit dem Geschehen als solchem verbunden war, und sie meine Chakras hochsteigen lassen — dann macht sie mich high. Stimmt's? Und nicht nur das: ich kann sie sogar wieder zurückgeben, wodurch auch der andere betroffene Mensch davon befreit wird. Wenn du etwa auf mich zukommst und ,,R-r-r-r" machst, reagiere ich darauf entweder ebenfalls mit ,,R-r-r-r" oder ich kann dir dabei zuschauen und sage mir: ,,Okay, auch das gehört zum Leben, hier sind wir, so ist's . . ." Dann kann ich dich ansehen und auf eine gewisse Weise eins mit dir sein, wobei ich alle Energie, die du einbringst, in mich hineinnehme und sie an meinem Rückgrat hochlenke; dort sind wir dann wieder an einem neuen, höhergelegenen Ort vereint, der auch dich davon befreit, wo du vorher verstrickt gewesen bist. So habe ich beispielsweise drei

Wochen lang für über zweihundert Leute *Darshan* in einem Bildhaueratelier in New York gegeben, es kamen immer mehr Leute, sie kamen immer wieder, und jede Nacht wurden es mehr; diese Erfahrung war einer Kurve vergleichbar, einer geometrischen Kurve: wir kamen immer höher zusammen. Dieser Treffpunkt befand sich jedoch neben einer Feuerwache, und gewöhnlich konnten wir uns darauf verlassen, daß zumindest ein- oder zweimal während der Nacht die Feuerwehr mit Sirenengeheul ausfuhr. Wir waren dann gerade inmitten eines stillen, hingebungsvollen Mantra-Chantens, und plötzlich dieses „R-r-r-r"; da konntest du sehen, wie jeden der Teilnehmer jenes schmerzliche „Oh, jetzt haben sie uns wieder alles kaputtgemacht, die ganze Stimmung ist hin" durchlief. Dies schaute ich mir an, und mir kam der Gedanke, ob es nicht allzu merkwürdig sei, daß alle diese Wesen, die eigentlich so voll drauf sind, von einer einfachen Feuersirene heruntergebracht werden können. Ich versuche nun, diese Feuersirene einfach als freie Energie zu sehen, die die Stadt New York uns zur Verfügung stellt — wir müssen nur wissen, wie wir sie anwenden können. Und, als wäre ich stoned, gerate ich aus der Alarmsirene in die höhergelegenen Chakras. Sehen wir doch nicht immer das Leben als Hemmschuh all dem gegenüber an, worauf wir uns selbst programmiert haben, sehen wir doch einfach alles als Teil des Hier & Jetzt. Es ist nun einmal so, daß es da eine Feuersirene gibt. Sie schafft uns nur dann Probleme, wenn wir noch immer in dem vergangenen Augenblick leben, bei etwas anderem, als eine Feuersirene zu hören. Jetzt aber ist sie einfach da. Gelingt es uns wirklich, im Hier & Jetzt zu leben, sollten wir feststellen: „Gut, da ist jetzt eine Feuersirene", und damit haben wir einen neuen Zustand erreicht. Dadurch ist jene Energie umgewandelt, sie kann — mit anderen Worten — jetzt positiv genutzt werden.

Du kannst eigentlich fast jede Erfahrung, die du auf einer niederen Ebene machst, aufgreifen und sie, wenn du sie auf eine gewisse Art und Weise wahrnimmst, auf eine höhere Ebene bringen und mehr Energie daraus gewinnen. So werden beim Tantra die Sinne dafür eingesetzt, um über sie hinauszugehen. Im sexuellen Tantra hat ein Geschlechtspartner die Funktion, selbst Medium dafür zu sein, um über seine Begrenzungen hinausgehen zu können. So kann ich mich einem begehrenswerten „Sexualobjekt" gegenübersetzen — wer auch immer das sein mag, um es ziemlich unpersönlich zu lassen — und mich genau auf die Stelle zwischen den Augen jenes Menschen konzentrieren; dabei trete ich in einen Ort ein, wo ich erkennen kann, was in dieser Person begehrenswert ist, und sie kann es umgekehrt auch bei mir sehen. Wir können beide erkennen, daß wir uns gegenseitig begehren — aber anstatt uns sofort in das Rührstück hineinzustürzen, wohin Verlangen in der Regel führt, bleiben wir dort, wo wir sind. Wir sehen uns weiter an und stellen fest, wo wir stehen: wir sind Wesen, die jene Begierde-Trips erkennen. Damit verändert sich bereits einiges, und dann erfahren wir, daß wir auch noch etwas anderes sind. Wenn ich jemandem länger als ungefähr zehn Sekunden in die Augen blicke, beginnt sich sein Gesicht zu verändern, und ich kann dann allmählich alle Wesen in jedem einzelnen Wesen erkennen. Ich sehe alle Gesichter gleichzeitig, denn irgendwie sind alle Wesen in uns, ein Teil von allem ist in uns. Ich bin sicher, daß Jung dies meinte, als er vom kollektiven Unbewußten sprach.

Wenn du daher die Energie aufgreifen kannst, die durch das Lustgefühl für einen

Partner entsteht und sie hältst, anstatt das ganze bekannte Spiel zu durchlaufen, so wirst du diese Energie ganz einfach auf eine höhere Stufe bringen. Du kannst jene Energie tatsächlich dafür einsetzen, um geistig immer höher und höher zu kommen. Ist das klar, wie das funktioniert? Ziemlich bald schon gebrauchst du jene Energie, die durch die Beziehung zwischen den beiden Gegenpolen entsteht – im Hinduismus wird diese tolle Kraft *Shakti* genannt – , und ihre Anwendung wird dich in höhere Bewußtseinszustände bringen. Aus diesem Grunde werden die Ehen in Indien durch den Astrologen festgesetzt, wodurch sie in ganz besonderem Ausmaß zur Bewußtwerdung führen sollen. Dies sind natürlich keine Modelle, die für uns im Westen von besonderem Belang sind. Wir heiraten aus ganz anderen Gründen, weil wir nicht im Geist leben; wir leben in der materialistischen Welt und reagieren auch entsprechend auf unsere Leidenschaften. Tun wir das nicht, so bekommen wir das Gefühl, als würden wir betrogen. Tatsächlich läßt sich unser ganzes Verhalten so erklären, daß wir Abkommen mit dem zweiten und dritten Chakra schließen. Haben wir jedoch einmal den Bereich des vierten Chakras erreicht, so beginnen wir damit, jene Verträge wieder neu abzuschließen, wo dies möglich ist, und jene mit Anstand zu durchleben, die auf den anderen Ebenen durchlebt werden müssen. Die meisten aber verändern wir, wandeln wir um. Kommt ein Vater oder eine Mutter auf eine höhere Ebene, so wirkt sich das auch auf die Beziehung zu ihrem Kind aus. Ein Mann wird seine Frau mit sich hoch ziehen. Dies ist ein Teil jenes Lebenstanzes.

Sich im Mittelpunkt sammeln

Kann dich jemand anders 'runterbringen, der ziemlich down ist? Oder wirst du high, auch wenn jemand anders down ist? Siehst du, in dem Grade, in dem du einen Mittelpunkt hast, der unabhängig vom Bewußtsein anderer ist, kannst du jede beliebige Energie aufgreifen, die irgend jemand oder irgend etwas einbringt, sie zu jenem Mittelpunkt lenken und dich davon high machen lassen. Ich würde jedoch hervorheben, daß ich davon überzeugt bin, daß viele Patienten ihre Psychiater in folgender Weise heilen: sie leisten die Arbeit, die sie in eine Form des Bewußtseins hineinbringt, das den Psychiater aus einer Situation befreit, wo er sich dran festhielt und glaubte, „Gutes zu tun". Das ist ein ebenso herrlicher wie auch schrecklicher Ort, was davon abhängt, wie sehr du darin verstrickt bist. Daher ist eine Beziehung ebenso hoch wie das höchste Bewußtsein, auch wenn das nur ein kurzer Austausch sein mag. Es stimmt, daß du, wenn du zu mir kommst und irgendeine Beziehung zu mir herstellen willst, dies auf jede beliebige Art und Weise machen kannst, wenn ich in meinem Mittelpunkt konzentriert bleiben kann; um was auch immer es sich dabei handeln mag, für einen Tanz werden wir alle beide gebracht. Bist du zornig, muß ich umgekehrt auch zornig sein oder etwas ähnliches. Ich muß dir etwas zurückgeben, damit wir den Tanz aufrechterhalten können. Es ist nämlich ziemlich schwierig, ihn in einer Umgebung aufrechtzuerhalten, wo er überhaupt keine Unterstützung findet, verstehst du? Alles, was ich daher tun kann, ist, mich so sehr auf meine Mitte zu konzentrieren, daß alles das, was du von mir zurückbekommst, ein Spiegel dessen ist, wer du bist. Du wirst genau erkennen, wo du gerade stehst. Gleichzeitig ist mein Spiegel aber in keiner Weise herabsetzend. Solange wie ich einen Wertmaßstab anlege, daß das, wo ich bin, besser ist als das, wo du bist, komme ich in der verstecktesten Art und Weise zu dir und sage: „Schau nur, wie bewußt ich bin, und schau nur, wie sehr ich mich konzentriert habe." Dagegen kannst du nicht ankommen. Das ist jedoch nicht rein. Du kannst nur dort sein, wo du eben bist; jeder Mensch bekommt das, was er braucht. Ich kann überhaupt nichts für dich tun, ich kann nur das sein, was ich bin. Durch deine Wechselbeziehung zu mir magst du dich vielleicht verändern oder auch nicht. Ich lehre, weil ich lehre, weil ich lehre. Ich therapiere, weil ich therapiere, weil ich therapiere. Ich therapiere nicht, um Seelen zu retten. Ich lehre auch nicht, weil ich irgendwie an deinem Wohlbefinden interessiert wäre, obwohl dir während dieses Ablaufs etwas Gutes widerfahren kann. Das alles wird nur neue Probleme für mich schaffen. Aber auf der Stufe des Ego hoffe ich das natürlich.

Unterscheidungen zwischen Englisch/Deutsch und Sanskrit

Ich möchte mich einen Augenblick lang mit jener Unterscheidung zwischen Englisch (Deutsch) und Sanskrit beschäftigen. Als das Sanskrit als eine Buchstabensprache von vierundfünfzig Zeichen entwickelt wurde — oder sind es fünfzig, ich glaube, es sind fünfzig —, wurde es von solchen Wesen entwickelt, die jedes dieser Zeichen mit verschiedenen Beziehungen des Bewußtseins in Verbindung setzten. Muster von Zeichen wurden zusammengesetzt, um dich, wenn du dich damit beschäftigst, auf jene entsprechende Bewußtseinsebene zu bringen. Das Englische bzw. das Deutsche enthält zwar auch alle Klänge, aber in der Form, in der die Wortfolgen zusammenwirken, wurde jene Bewußtseinsebene nicht miteinbezogen. Es gibt ein Mantra, das ein tibetischer Lama geschaffen hat, um den Westen zu verstehen. Es ist sehr aufschlußreich, in Sanskrit und bringt eigentlich zum Ausdruck: *Bitte, bitte, es tut mir leid, danke.* Du sagst immer wieder *Bitte, bitte, es tut mir leid, danke, Bitte, bitte, es tut mir leid, danke.* Weil es all diese übertriebenen Bedeutungen enthält, all diese Über-Betonungen der sozialen Rollenspiele, womit wir einen immensen Zeitaufwand betreiben, wenn wir sagen „Bitte", „Es tut mir leid" und „Dankeschön", führt es dich als Mantra durch viele, viele Trips hindurch. Die höchste Stufe, dich in einen Schwingungsraum hineinzubringen, leistet es jedoch nicht, denn für jene Ebene ist es nicht bestimmt worden.

Zielgerichtetheit des Denkens

Hätte ich nur im Augenblick meine „Freiheiten" im Bereich der Erziehung ... Das letzte Erziehungsexperiment, bevor ich aus Harvard rausgeworfen wurde, war, daß ich Karate in das Lexington-Schulsystem einführte. Ich machte das nicht als Karate, sondern als eine Technik östlicher Übung. Es war in dem Sinne etwas unehrlich, daß ich meine Karate-Meister mit hineinzog und sie den ganzen Mittelschulabsolventen vorführte; daraufhin meldete sich jeder freiwillig, weil sie es alle lernen wollten, Bretter durchzuhauen. Um diese Zielsetzung ging es mir überhaupt nicht. Das war ihr Motiv, sich darauf einzulassen; ich aber wußte, daß sie, um es so gut wie möglich zu bringen, Zielgerichtetheit, die völlige Ausrichtung auf einen Punkt ausbilden müßten, verstehst du? Sie kämpften, anders ausgedrückt, um die Wette mit ihrem eigenen Kampf im Inneren. Sie mußten ihr Denken auf ein Ziel hin ausrichten, um dazu fähig zu sein; während dieses Vorgangs würden sie diese außerordentliche Disziplin des Denkens entwickeln, die, so fühlte ich, in alle anderen Bereiche ihres Lebens übertragen würde. Daher versuchte ich — anstatt durch Wettkämpfe noch größere Ego-Trips zu züchten — das körperliche Erziehungsprogramm dafür zu verwenden, um eine geistige Disziplin zu entwickeln, die sich nach meinem Gefühl übertragen ließe. Zielgerichtetheit des Denkens zu lehren scheint mir ein sehr, sehr wichtiges Werkzeug oder Hilfsmittel dafür zu sein, um das verstandesmäßige Denken zu benutzen und um an sich selbst zu arbeiten. Daher glaube ich, daß ich wahrscheinlich am besten mit ganz frühem Unterricht in der Form von Meditation und so weiter anfangen würde.

Von meinem Lehrer in Indien erfuhr ich etwas sehr Tiefgehendes. Ich war Professor des Erziehungswesens und hatte Lehrmethoden studiert. Ich glaube nicht, daß ich jemals einen Fall so klar erkannt habe wie den, als er mir vor Augen führte, daß ich während der ganzen Zeit seines Lehrens niemals unter dem Eindruck stand, er würde mich etwas lehren; denn er lehrte mich nur Dinge aus meinem eigenen Inneren. Er machte das sehr weise und lenkte damit die Vorstellung ab, mir irgend etwas beizubringen. Er wurde so offen, daß er mitbekam, wo ich war. Indem er dann von meinem eigenen Gerüst aus vorging, ließ er sich alles entfalten. Alles, was aus ihm herauskam, war mein Gerüst, das sich auf die Weisheit hin ausrichtete, die er „war". Das heißt, wenn ich ein Kind unterrichten würde, würde ich so schnell wie möglich jegliche Vorstellung ablegen, daß ich dieses Kind unterrichte. Das geschieht, wenn ich einfach mit dem Kind zusammen bin und sage: „O. K., was jetzt?" Denn dann arbeite ich mit der Vorstellung, daß das Kind bereits alles weiß; die Arbeit an meinem Selbst bedeutet, die Schleier durchlässiger zu machen, die mich daran hindern, alles zu wissen, und nichts dafür zu tun, die Schleier zu vermehren, die es davon abhalten, alles zu wissen, klar? Ich will ihm dabei helfen, seine Schleier durchlässiger zu machen. Ich würde wohl dazu neigen, so glaube ich, mit einer Gruppe von Menschen zusammenzusitzen und zu sagen: „Laßt uns genau dort anfangen, wo wir gerade sind. Die ganze Wahrheit ist überall. In meinem Kopf gibt es kein vorprogrammiertes Schema, irgendwelche Bücher oder Themenbereiche eingeschlossen; denn ich habe einen gewaltigen Respekt vor einem interessanten Phänomen, das ich begonnen habe zu erkennen."

So wie einige dieser jungen Teenager damit aufhören, von der Schule abzuhauen und gegen alles eingestellt zu sein und sich stattdessen auf eine angetörntere Weise öffnen, sehe ich, daß sie Wissensgebiete fast so schnell aufnehmen können, wie sie davon erfahren, denn sie lernen es aus einer sehr positiven Sache heraus. Sie sind dafür bereit, es zu hören, und sie wollen danach greifen. Sie lernen es fast schon beim ersten Versuch. Sie lernen es nicht mit jener Art von Subjekt-Objekt-Widerstand, wo jemand etwas in sie einpflanzen will, ehe sie dazu bereit sind, es wissen zu wollen. Es wird daher eine kritische Angelegenheit, daß ich den richtigen Zeitpunkt, die Bereitschaft zu lernen abpasse. Ich glaube, daß ich dazu bereit bin, viel mehr Nachdruck auf einen „fehlenden Abschluß" der frühen Nicht-Erziehung im formalen Sinn zu legen. Anstatt Kindergarten- und Vorkindergartenzöglinge dazu zu bringen, immer früher und früher lesen zu lernen und immer früher und früher unsere Programme durch die Kinder laufen zu lassen, würde ich wohl eher dazu neigen, die Kinder mit einem so hohen Bewußtsein zu umgeben, wie ich es nur finden könnte. Das heißt, daß ich zuerst einmal ein Programm für Lehrer ins Leben rufen würde, damit sie an sich selbst arbeiten. Das würde ich als erstes tun. Dann würde ich sie zusammen mit diesen Kindern in eine Umgebung hineinversetzen; was auch immer dieses Medium sein würde, der Lehrer würde es als nichts weiter als ein Hilfsmittel für uns ansehen, um gemeinsam bewußt zu werden, anstatt sich wieder in einer neuen Leistungsvorstellung zu verfangen, so wie: „Ich muß von diesen Kindern in Form ihres äußeren Verhaltens einen 'Lohn' bekommen." Das heißt, ich würde bei diesen Kindern gerne für eine ganze Weile einen gewissen Verhaltens- und Leistungszwang wegfallen lassen. Ich verfolge dabei das Fernziel, daß sie sich auf eine Weise für das Universum öffnen werden, das in ihnen drin liegt, so daß sie viel schneller in Sachen einschwingen werden, als wenn sie sie in linearer Manier aufnehmen — auf eine Art und Weise, in der ich es im herkömmlichen Sinn einprogrammiert habe. Ich beginne zu erkennen, daß sich der Erzieher selbst erzieht; dann tut er sich mit dem Kind zusammen, und das Kind wird frei von den Dingen, die es daran hindern, sich selbst zu erziehen — denn tatsächlich machen wir es nur für uns. So verstehe ich es jetzt. Wir machen es nicht für andere, sondern nur für uns. Alles, was du tun kannst, ist, für eine Umgebung zu sorgen, wo das Kind es für sich selbst machen kann. Ich neige zu der Feststellung, daß ein Klassenzimmer ebenso „high" ist wie das höchstentwickelte Wesen in diesem Raum. Manchmal ist es der Lehrer, manchmal aber auch nicht. Manchmal ist es ein Kind. Es stimmt nicht, daß Kinder kleine Buddhas sind. Jeder ist ein Buddha, aber ein Kind befindet sich gewissermaßen am tiefsten innerhalb der Welt der Vorstellung; es mußte in diese Vorstellung hineingeboren werden, sonst wäre es nicht in dieser Inkarnation geboren; jetzt ist es aber hier und befindet sich in der Welt der Vorstellung. Die Frage lautet jetzt aber, wielange wird es wohl da drin bleiben? Es wird solange drinbleiben, wie es drinbleiben muß, aber auch solange, wie die Menschen um es herum es dort hineinziehen, was davon abhängt, wie sehr sie daran haften. So besteht alles, was du für ein Kind tun kannst, wirklich darin, nicht selbst in der Vorstellung verstrickt zu sein. Dadurch wird das Kind befreit, und in dem Augenblick, wo es frei ist, wird es alles aufgreifen, was es braucht.

Wenn ich ein Auto reparieren muß, kann ich verdammt gut herausbekommen, wie Autos zu reparieren sind. Es gibt nichts, was mich schneller dazu bringt zu lernen, wie man ein Auto repariert, als wenn mein eigenes nicht mehr fährt, das schwör' ich dir. Ich könnte solange Theorien über den Vergaser studieren, bis die Hölle zufriert, und sie würden wie ein chinesisches Essen durch mich hindurchgehen; wenn ich jedoch den Vergaser in Ordnung bringen muß, lese ich jenes Buch, und dann hat es wirklich Bedeutung für mich, Mann, weil ich ja wissen möchte, wie ich den Vergaser wieder hinkriege. Das hat auch etwas mit zweckmäßigem Wissen zu tun. Wenn es ein Kind juckt, dann kratzt es sich, und bis zu dem Punkt ist es nur Jux und Tollerei in unseren Köpfen. Die ganze Geschichte mit dem Wissen ist wie ein Tropfen auf den heißen Stein, wenn wir diesen mit Weisheit vergleichen. Wir versuchen, etwas einzumachen, und das tun wir auf Kosten von etwas viel, viel Höherem als das, was wir eigentlich wollen. Wir würden uns gerne für die Weisheit schulen, nicht für das Wissen. Wir üben uns aber auf das Wissen ein, weil wir es abmessen können. Wissen läßt sich jedoch nicht notwendigerweise in menschliches

Glück oder Wohlergehen umwandeln. Das ist möglich mit Weisheit, denn Weisheit bedeutet zu lernen, wie wir mit dem Tao leben können, in Harmonie zu leben mit der Welt, so wie sie gerade ist. Weisheit ist vollkommen anpassungsfähig, Wissen nicht. Wissen paßt sich nicht unbedingt an. Bist du jedoch ein weises Wesen, so *ist* das, was auch immer ist. Du hast mit dem zu tun, was ist. Du bringst einem Kind Methoden bei, wie es bewußt sein, wie es das Werkzeug seines Verstandes als eine ausgezeichnete, analytische Einrichtung verwenden kann. Du lehrst Methoden, um Wissen aufzunehmen, lehrst aber nicht das Wissen als solches. Das ist eines der wesentlichsten Dinge. Ich glaube, daß wir uns in der Grundschulerziehung ohnehin daraufzubewegen. Ich glaube, daß wir damit beginnen, die Methode eines jeden menschlichen Wesens zu achten, sich zu entwickeln und viel mehr Freiheit im Sinne der Reise eines jeden Einzelnen zulassen. Wir vergegenwärtigen ihn uns mit Vorstellungen des Bewußtseins, nicht mit Vorstellungen äußerer Leistung.

Lehrer als Vermittler des Universums

Ich habe häufig für eine Gesellschaft gearbeitet, die sich SMSG nennt – School Mathematics Study Group – und die experimentelle mathematische Erziehung in staatliche Schulen hineinbringt. Ich war ihr folgsamer Psychologe, der Computer-Programme machte, ihre Daten durchlaufen ließ und alle ihre Planspiele entwarf, um herauszufinden, ob sie irgend etwas bewirkten. Ich fand eine ziemlich ausgefallene Sache heraus, daß nämlich die meisten Lehrerinnen in den Grundschulen wie Typhusüberträger für die Einstellung gegenüber der Mathematik waren, weil sie selbst nicht rechnen konnten und sich davon hochbringen ließen. Sie spürten, daß sie es lehren mußten, was sie auch machten; aber sie sagten dabei: ,,O. K., du hast jetzt eine schöne Zeit draußen in der Pause gehabt. Jetzt kannst du dich hinsetzen und deine Arithmetik machen" – ihre eigene Einstellung dazu war so negativ, daß sie diese Haltung weiter aufprägten. Ich begann zu erkennen, daß ebenso, wie jedes Elternteil der Vermittler des Universums ist, auch jeder dieser Lehrer es ist. Je früher du dem Menschen aus der Welt der Vorstellung heraus helfen kannst, desto feiner bist du heraus. Je früher du das machen kannst, desto mehr Hilfe leistest du für das Erziehungssystem. Deine Hoffnung besteht darin, daß soviele highe Wesen in ihrem ersten Semester dazustoßen werden, daß sie dem System zu Hilfe kommen können, sich selbst an diesem Punkte vor seinem völligen Untergang zu retten, denn sie bringen immer mehr von solchen Ideen auf den Campus. Ich klinge jetzt schrecklich radikal und was sonst noch, aber ich schütte nicht wirklich das Kind mit dem Bade aus; denn ich erkenne, daß alles das, was der Mensch in seinem Wissen und in seiner Technologie, in seinen Geisteswissenschaften und Kunstformen etc. entwickelt hat, in der Gegenwart lebt. Es ist alles im Hier & Jetzt. Es gibt keine Möglichkeit, daß es einfach wegfällt, wenn es eine bedeutungsvolle Funktion für den Menschen in diesem Augenblick hat. Wenn wir es nur aus Pietät weiter mit uns herumschleppen, sollten wir es besser vergessen. Hat es jedoch eine Funktion, werden wir diese auch herausfinden. In gewisser Hinsicht müssen wir alles noch einmal von vorne anfangen. Ebenso wie die Ontogenese die Philogenese zusammenfassend wiederholt, so wiederholt die Reise eines jeden Menschen in das Bewußtsein in Kurzform die Reise aller Menschen in das Bewußtsein. Er muß die Notwendigkeit wieder-finden, Musik, Kunst, Geschichte und Literatur in sich aufzunehmen. Du kannst ihn nicht einfach damit belasten, weil du glaubst, es sei wichtig. Er muß dazu bereit sein, es auch hören zu wollen. Jene Bereitschaft ist ein solch entscheidender Angelpunkt. Aus diesem Grunde sind diese frühen Experimente mit der Vorschule, den Kinderhorten und der Grundschule eine so offene Umgebung, die es dem Kind ermöglichen zuzuhören . . . zuzuhören zu lernen. Aus diesem Grunde sind diese Meditationsübungen im besonderen dafür bestimmt, ihm das Zuhören zu ermöglichen, anstatt sich in seinem Ego zu verfangen. Ich glaube, daß Wettbewerb und Verstärkung des Ego zu den Dingen zählen, die verschwinden müssen. Eine ganze Menge davon muß wirklich verschwinden, wie die Wettbewerbsvorstellungen, die wir bei der Bewertung und in der Leistung anwenden. Wir haben ein Denkschema, wonach das ganze System, wenn wir keinen Erfolg erzielen, wenn wir keinen Leistungsansporn geben, zusammenbrechen wird.

Ich habe auf dem Gebiet der Leistungsmotivation gearbeitet. Das Spiel bestand darin, wie Leute dahinzubringen seien, mehr leisten zu wollen. Jetzt beginne ich zu erkennen, daß ein Mensch, wenn du alle Druckmittel von ihm wegnehmen wirst, sagt: „Gut, wenn es keinen Grund mehr dafür gibt, etwas zu leisten, will ich auch nichts mehr tun." Ich sage: „O. K. Dann mach' eben nichts. Was dann?" Er sagt: „Ich werde mich einfach ins Bett setzen." „O. K. Das ist schon etwas. Du setzt dich ins Bett. Was dann?" „Hmm, irgendwie langweilt es mich, im Bett zu sitzen." „O. K. Was wirst du jetzt machen?" Es ist so, als sind wir einmal mit allen unseren Ängsten zu einem Endpunkt gekommen, daß alles im Chaos untergehen wird; danach wird der Mensch damit beginnen, ein neues Leben aufzubauen, denn er befindet sich innerhalb einer menschlichen Geburt, und es ist seine Aufgabe, etwas Schönes, Bedeutungsvolles, Reiches, Anregendes und ästhetisch Zufriedenstellendes daraus zu machen. Genau das wird sich immer wieder ereignen. Jetzt aber macht er es, weil er es wirklich machen will.

Hören wir einmal damit auf, jeden zum Militär einzuziehen, der nicht aufs College geht, werden wir herausfinden, daß Tausende dieser jungen Typen vom College abspringen werden. Anstatt dies als etwas Schreckliches anzusehen, wäre es verdammt noch mal besser, wenn wir damit anfingen, es als eine sehr produktive Sache zu betrachten und die Reise schätzen zu lernen, die diese jungen Typen angetreten haben; denn sie lehnen ja nicht unsere gesamte Tradition ab, sie weisen einfach den Schwindel zurück, in dem wir unsere Tradition ausleben. Als ich aufs College ging, ging ich mit einer Reihe ehemaliger Soldaten dorthin, und ich kam gerade aus der Schule. Die alten Soldaten stellten völlig andere Fragen über ihre Ausbildung als ich, denn die hatten mit Leben und Tod zu tun gehabt und, Mann, sie wollten allem eine besondere Bedeutung abgewinnen. Ich war richtiggehend begeistert davon, dieses kleine, routinemäßige Spiel zu durchlaufen, ein Student zu sein, was keinen anderen Sinn hatte, als ein guter Student zu sein. Als ich dann selbst in Harvard, Stanford und Kalifornien lehrte . . . ohne Zweifel war die höchste Erfahrung der Unterricht an der University of California in Berkeley, denn das waren Stadtkinder dort, die mitten in der Welt lebten und sich ihren Lebensunterhalt an einer Tankstelle verdienen mußten, um das College besuchen zu können; sie wollten wissen, was in Gottes Namen diese Kinderpsychologie denn damit zu tun habe, ihre Kinder großzuziehen? Sie wollten nicht herumsitzen und eine Menge ziemlich abstrakter Spiele durchspielen. In Harvard war jedermann davon begeistert, Spiele zu spielen. Wir machten nichts weiter als Spiele zu spielen. Nichts von alledem hatte etwas mit irgend etwas zu tun. Wir spielen einfach Spiele und freuen uns über das Spiel.

Sie können jetzt sagen: „Es entsteht doch eine Menge Produktivität aus diesem reinen, freien, ungehinderten Spielen heraus." Das kann ich als Untersuchungstaktik gutheißen. Ich heiße es jedoch nicht als Erziehungsprozeß gut. Ich sehe es überhaupt nicht als einen Erziehungsprozeß an.

Wenn sich in Indien Menschen begegnen und wieder auseinandergehen, sagen sie nicht „Guten Tag" oder „Auf Wiedersehen", sondern etwas zueinander . . . was uns daran erinnert, wer wir sind. Sie sagen: „Ich ehre den Atman in dir, ich ehre das Licht, das in dir ist." Das heißt, ich blicke in dich hinein nach jenem Ort, wo wir eigentlich sind, hinter all unseren individuellen Unterschieden. Das Wort, das sie gebrauchen, ist *Namasta*. Na-ma-sta. Es bedeutet: „Ich ehre das Licht in dir." So möchte ich jetzt schließen, indem ich zu euch allen sage, Namasta.

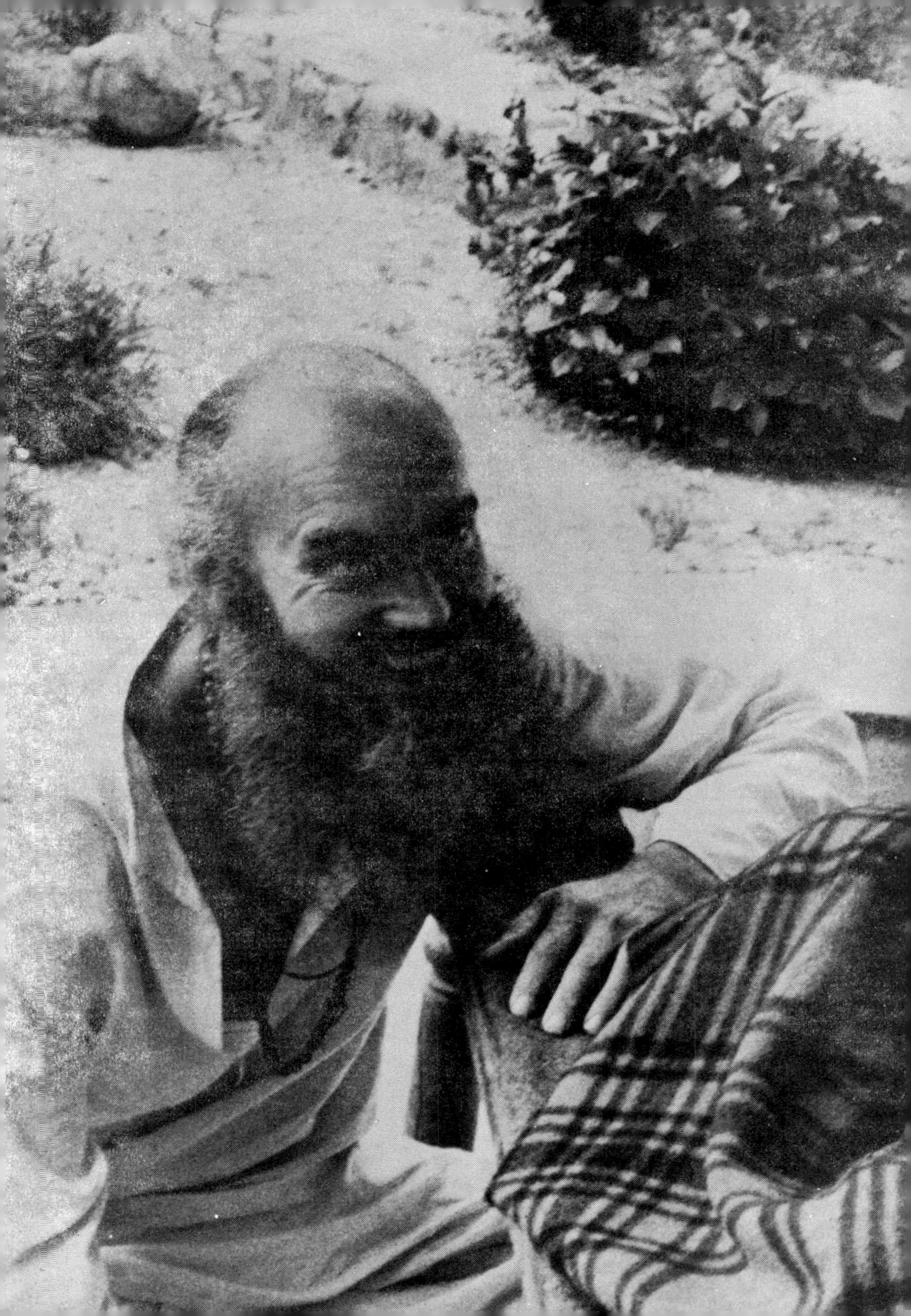

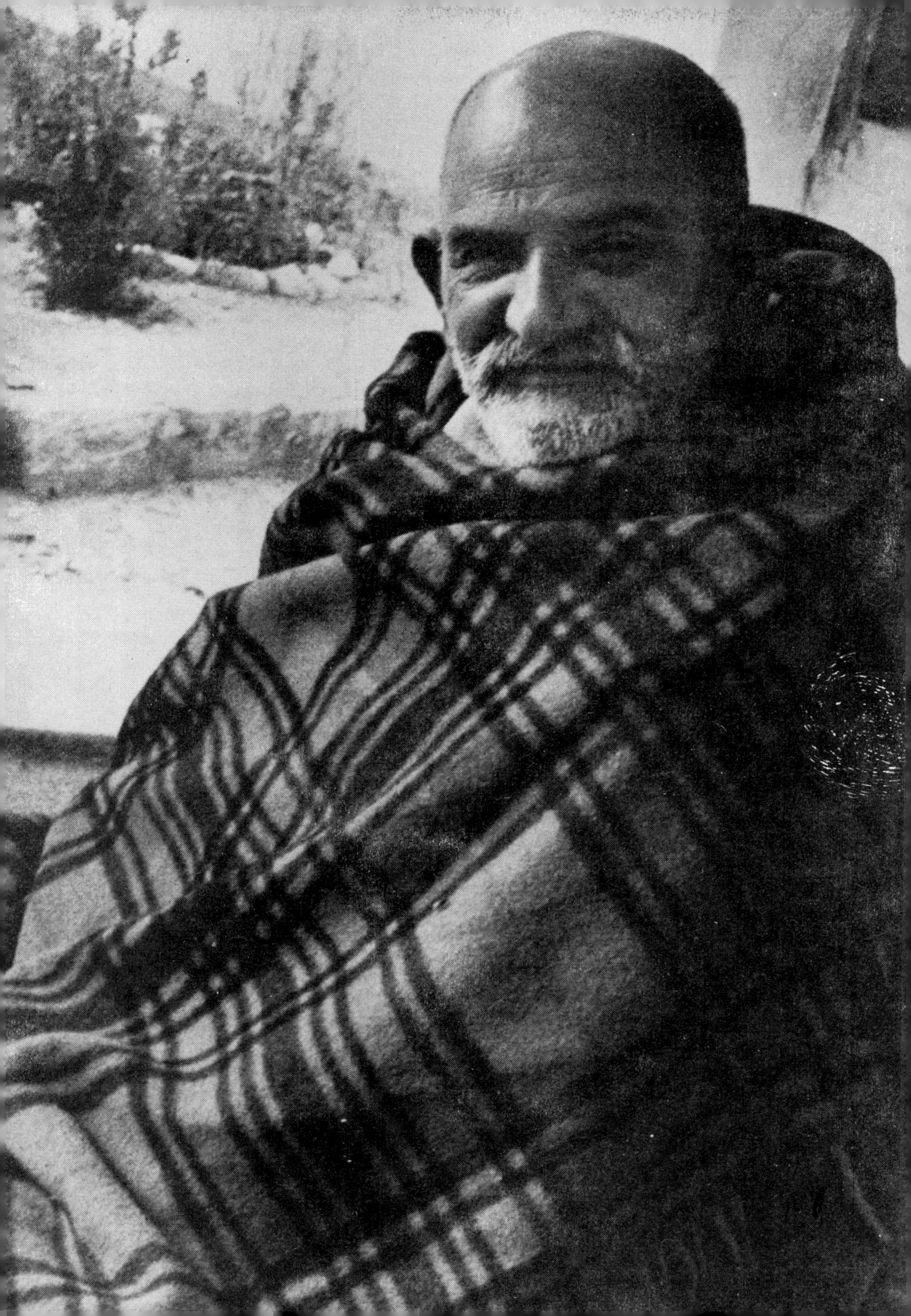

Da meine Ausbildung ähnlich war wie jene von einigen unter Ihnen und ich ohne weiteres vor zehn oder fünfzehn Jahren in einer Einrichtung wie dieser hätte gefunden werden können, könnte es vielleicht sinnvoll sein, Ihnen mitzuteilen, warum ich im Augenblick hier mit überkreuzten Beinen sitze, einen Namen wie Ram Dass habe und den Weg verfolge, auf dem ich gerade bin, anstatt innerhalb der Akademie oder herkömmlichen Forschungsstrukturen zu bleiben. Ich bin im Frühling von meinem zweiten Aufenthalt in Indien zurückgekehrt; warum ich dorthin gehe, wird in Kürze, so denke ich, klar werden.

Ich habe einen Lehrer in Indien. Es ist mehr als ein Lehrer, wie ich gleich erklären werde. Als ich nach Indien zurückkehrte, tat ich dies, um von ihm weitere Unterweisungen zu erhalten. Er ist das, was ein „Dschungel-Sadhu" genannt wird. Das heißt, er hat viele Jahre lang im Dschungel gelebt. Er ist ein sehr einfacher Mensch und geht von Dorf zu Dorf. Er besitzt nichts weiter als ein Lendentuch und eine Decke. Viele Anhänger in verschiedenen Städten bauen gewissermaßen Tempel in der Hoffnung, daß er kommen und dort bleiben wird; er aber kommt unerwartet vorbei und verschwindet rasch wieder. Oder er begibt sich in der Nacht irgendwo anders hin. Es ist daher sehr schwierig, ihn zu finden, denn in Indien . . . nun, um das Lebensgefühl in Indien zu beschreiben, kann ich vielleicht an folgendes erinnern: jene unter den Zuhörern, die schon lange in den Vereinigten Staaten leben, können sich vielleicht die Zeit ins Gedächtnis zurückrufen, als man ein Telefongespräch vorher anmelden mußte; sie sagten dann oft, daß es vielleicht drei oder vier Stunden dauern würde, um, sagen wir, nach Chicago durchzukommen, und wenn es dann klappte, hieß es: „Hallo, hallo, können Sie mich hören?" So etwa ist es in Indien, die Telefonverbindungen sind häufig gestört und werden durchkreuzt; die meiste Kommunikation zwischen den Dörfern spielt sich per Telegraph oder Post ab, weil die Telefone so absurd sind. Ich meine, sie kommen fast überhaupt nicht in Frage; jedes Dorf ist gewissermaßen völlig isoliert, und es ist daher nicht leicht, jemanden zu finden, der durch die Lande zieht. Du kannst höchstens von Mund zu Mund hören, daß er einmal hier war oder du hörst, daß der Schwager von jemand gerade von da und da kam und berichtete, daß er dort sein könnte. Durch Erfahrung mit diesem Menschen habe ich gelernt, daß er mich findet, wenn er mich will; für mich ist es daher am besten, nicht zu versuchen herauszufinden, wo er ist, weil er das Spiel besser beherrscht als ich.

Als ich das letzte Mal nach Indien kam, ging ich zu seinen üblichen Aufenthaltsorten, und er war nicht dort. Daher ging ich an einen Ort namens Bodh Gaya, wo Buddha erleuchtet wurde. Ich ging in einen burmesischen Ashram, wo sie in südbuddhistischer Meditation unterrichteten. Ich nahm an dieser Meditation ungefähr zwei Monate lang mit einer Anzahl anderer Menschen aus dem Westen, ungefähr hundert, teil. Es war ein sehr abgeschiedenes kleines Dorf. Ich hätte immer weiter machen können — ein ununterbrochenes Ding —, aber nach zwei Monaten spürte ich, daß ich das bekommen hatte, was ich zu jener Zeit aus dieser besonderen Technik herausziehen konnte. Obgleich ich fühlte, daß ich tiefer hineingehen wollte, war mir das zu jenem Augenblick nicht möglich; von einem sehr bekannten Swami war ich zwanglos eingeladen worden, nach Dehli zu einem heiligen Fest zu kommen. Dehli ist etwa 400—500 Kilometer entfernt. So entschloß ich mich, fast in der letzten Minute, nur wenige Tage vorher, daß ich dorthin gehen würde.

Als eine Anzahl dieser Leute vernahm, daß ich wegging und daß es dieses Festival in Dehli gab, entschlossen sich viele von ihnen, auch dorthin zu gehen. So ergab es sich, daß vielleicht vierunddreißig von uns nach Dehli aufbrechen wollten. Zufällig war eines der Mädchen von London nach Indien mit einem dieser Tourenbusse gekommen, wo du soundsoviel Geld bezahlst und nach Dehli oder Afghanistan oder sonst wohin mit dem Bus fährst. Der Busfahrer hing nun in Indien herum und wartete auf eine Rückfahrt nach England. Irgendwie stand er auf diesem Mädchen, und er dachte, es wäre vielleicht ganz dufte, sich mit uns zusammenzutun. Und er hatte diesen riesengroßen Bus. So erhielt sie etwa zwei Tage vorher einen Brief, worin er fragte, ob er kommen und mit uns zusammen sein könne. Er war in einer Stadt in der Nähe, und wir schickten ihm ein Telegramm, das lautete: „Wenn du uns treffen willst, können wir alle zusammen mit dir nach Dehli fahren," und plötzlich steigen vierunddreißig von uns in seinen Bus ein und fahren nach Dehli. Die Strecke führt durch die Stadt Allahabad, eine sehr alte Stadt.

Allahabad hat nun eine ganz besondere Bedeutung in der spirituellen Welt Indiens. Dort treffen bestimmte, sehr heilige Flüsse aufeinander, und hier ist der Schauplatz des Khumba Mela, die Zusammenkunft heiliger Wesen aus ganz Indien. Jeweils zu einer bestimmten Zeit im Jahr, die in Beziehung zum Mond steht, kommen sie zu dem Zusammenfluß dieser Ströme. Alle zwölf Jahre findet ein großes Fest statt, und in jedem Jahr ein kleines. Wir fuhren dort etwa eine Woche nach Beendigung durch. Einer der Typen, Danny Goleman, ebenfalls Psychologe, hatte vor kurzem den Meditationskurs verlassen und sich das Khumba Mela angeschaut, während es noch abgehalten wurde; er war zurückgekommen und hatte uns berichtet, wie herrlich es gewesen wäre. Als wir nun auf Dehli zusteuerten — es war spät am Nachmittag —, meinte er: „Ich würde euch allen gerne zeigen, wo das Mela stattgefunden hat." Ich war so etwas ähnliches wie der Wortführer und sagte: „Nun, es ist schon ziemlich spät am Tag, wir haben ein kleines Kind dabei, wir sind alle ein bißchen müde und haben einen langen Trip. Warum verzichten wir dieses Mal nicht besser darauf? Das Mela ist schließlich auch schon vorbei. Wir würden doch nur einen leeren Platz sehen." Danny meinte: „Das stimmt, aber die Schwingungen werden noch sehr schön sein." Nun, wie jeder weiß, sind Schwingungen sehr vergänglich, du kannst sie auffangen oder auch nicht. Von einem Blickwinkel aus betrachtet ist es nichts weiter als ein großer Rummelplatz — es kommt darauf an, wie müde du bist. Daher sagte ich, nein, ich glaubte nicht, daß wir das machen sollten. Er sagte: „O. K.", ging zurück und setzte sich wieder hin. Ich saß vorne beim Busfahrer. Und ich dachte, Mensch, ich bin doch schon ziemlich borniert. Schließlich mußt du nur von dieser Straße herunterfahren und kommst schon nach vielleicht fünfzehn Minuten an diesen Platz; wir könnten dort vielleicht fünfzehn bis zwanzig Minuten verbringen, den Sonnenuntergang betrachten und dann weiterfahren. Das wäre doch eigentlich ganz hübsch. Ich dachte über das Für und Wider nach, ob wir wohl rechtzeitig für die Nacht an einem Hotel ankommen würden, wann es Essen geben würde — über all das machte ich mir Gedanken. Schließlich sagte ich: „Einverstanden, fahren wir dorthin" und wies den Fahrer an: „Genau hier ist die Kreuzung, hier mußt du rechts abbiegen." Es war eine holperige Straße, und ich dachte: „Oje, jetzt weiß ich nicht, ob ich die richtige Entscheidung getroffen habe, aber . . ." Wir fahren diesen langgestreckten Hügel hinunter bis zu diesem riesigen Gelände, das jetzt leer ist. Es ist wie ein Rummelplatz im Karneval, nachdem der Karneval wieder verschwunden ist. Papier fliegt im Wind herum. Alles sieht ziemlich verlassen aus. In einiger Entfernung liegen die Flüsse. Danny sagt: „Ihr kennt doch die kleinen Anhänger, die ich beim Mela gekauft habe. Ich habe sie an einem Stand genau dort drüben gekauft, dort könnten wir eigentlich parken, oder? Das ist ein hübscher Platz, und wir setzen uns einfach einige Minuten dorthin." So fahren wir den Bus hinüber, um zu parken; genau in diesem Augenblick blickt einer der Typen hinaus und ruft: „Da ist ja Maharaj-ji!", das ist der Name meines Gurus oder Lehrers.

Maharaj-ji kommt zum Bus, ein anderer Mann begleitet ihn. Am Ende des Busses hält er an — es sind übrigens keine anderen menschlichen Wesen in der Nähe — und sagt: „Gut, jetzt sind sie angekommen" zu dem anderen Mann. Wir steigen aus, laufen auf ihn zu und werfen uns vor seine Füße. Er sagt: „Kommt, geht mir hinterher." Wir fahren mit dem Bus seiner Rikscha hinterher und kommen zu diesem Haus. Es ist etwa halb sechs oder sechs Uhr am Abend; wir gehen in das Haus hinein, wo seit morgens Essen für vierunddreißig Leute vorbereitet worden ist und wo vierunddreißig Schlafplätze für die Nacht eingerichtet worden sind. Nun, alles was ich jetzt zu Beginn frage, ist folgendes: wer war das, der dachte, er säße im Bus und treffe die Entscheidung darüber, ob wir zu diesem Platz gehen würden oder nicht? Mit diesem Umstand bin ich konfrontiert, wenn ich mich in der Nähe dieses Menschen aufhalte. Wer glaube ich zu sein? Mit was für einem Spiel habe ich es wirklich zu tun? Meine Konfrontation mit einem solchen Wesen wie diesem Menschen zwingt mich dazu — der ich früher doch als ein Psychologe geschult war —, mich damit auseinanderzusetzen, was die menschliche Entscheidungsfreiheit überhaupt *ist?* Was ist Ego, was ist Persönlichkeit, was ist Wahl? Was ist freier Wille?

Worin liegt die Möglichkeit des menschlichen Bewußtseins? Wie schafft er das, was er macht? Und so weiter.

„Wundergeschichten"

Dabei handelt es sich um das, was in der Überlieferung als eine Wundergeschichte bekannt ist. Eine Wundergeschichte ist wirklich eine Wundergeschichte. Sie sind köstlich, und du kannst sagen: „Oh, ist das nicht erstaunlich?" Menschen aus dem Westen werden durch Wundergeschichten gewöhnlich mächtig angetörnt, denn wir lesen zwar von Wundern in der Bibel, sagen aber in der Regel: „Nun, das ist ja alles ganz schön und gut – aber wer weiß denn, ob nicht das hysterische Getue jener Menschen ...", du kennst schon jene Stellungnahme, nicht? Obwohl ich darüber in *Be Here Now* geschrieben habe, will ich vielleicht noch kurz über eine weitere Sache sprechen: das war die Art und Weise, in der ich diesem Menschen zum ersten Mal begegnete. Das wird Ihnen noch etwas mehr Einblick in die Besonderheit dieser ganzen Sache geben.

Als ich 1967 das erste Mal nach Indien ging, war ich dorthin gegangen, weil ich seit 1961 hauptsächlich im Bereich des menschlichen Bewußtseins gearbeitet hatte: was hat es mit Bewußtsein oder Bewußtheit auf sich; wo liegen die Möglichkeiten; das Wesen innerer Erfahrung in Beziehung zum Bewußtsein; das, was veränderte Bewußtseinszustände genannt wird. Obwohl ich Autor und Dozent im Bereich der Bewußtseinserweiterung war, obwohl ich die Literatur kannte und die meisten Leute, die darüber im Westen Forschungen betrieben, obwohl ich ausgiebig psychedelische Substanzen zu mir genommen hatte, kam es mir in der Zeit von 1966 oder 1967 so vor, daß das, was auch immer wir wissen mochten, ganz bestimmt nicht ausreichte. Wir wußten nicht *wirklich,* was es mit allem auf sich hatte. Aus der Literatur des Ostens schien es wahrscheinlich, daß irgend jemand einmal, zu irgendeinem Zeitpunkt, das Zeug gewußt haben mußte, das wir herauszufinden versuchten. Aber das Problem bestand darin, daß du häufig nicht einmal verstehen konntest, was du da gerade am Lesen warst. Zahllose Freunde von mir waren nach Indien gegangen; sie waren zurückgekehrt und hatten gesagt: „Hmm, das alles scheint der Geschichte anzugehören, aber keine lebendige Tradition zu sein. Im Augenblick kannst du das Eigentliche nicht finden. Wahrscheinlich gibt es all diese Typen nicht mehr, die etwas wußten." So ging ich nach Indien nicht, weil ich annahm, daß ich dort irgend etwas finden würde, sondern weil ich nicht wußte, was ich sonst machen sollte.

Zu dieser Zeit war ich wegen LSD-Forschungen aus Harvard gefeuert worden. Ich hatte damit aufgehört, Vorträge über Drogen zu halten, weil ich wußte, daß ich nicht wußte. Worin liegt der Sinn, über etwas einen Vortrag zu halten, wenn du darüber nichts weißt? Heuchelei wäre allzu schrecklich gewesen. In einem Land Rover – ich war mit einem sehr reichen Mann zusammen – machten wir eine ausgedehnte Tour durch Indien. Im Grunde fand ich dort überhaupt nichts. Ich meine damit, wir machten zwar herrliche Dias und ausgezeichnete Tonbandaufnahmen – wunderbare indische Musik, ein hübscher Querschnitt durch die Kultur. Als wir nach Katmandu in Nepal kamen – war ich dazu bereit, alles an den Nagel zu hängen. Dann traf ich diesen jungen Typen aus dem Westen, ein ganz außergewöhnliches Wesen; auf eine gewisse Weise stellte ich fest – auch wenn er noch sehr jung war und ursprünglich aus Laguna Beach kam —, daß dieser Typ etwas wußte, das ich nicht wußte. Ich fing damit an, ihm in Indien nachzufolgen. Nachdem ich das etwa drei Monate gemacht hatte, entschloß ich mich dazu, daß es nun genug damit sei. Ich hatte eine Tempel-Pilgerfahrt mitgemacht und entschied mich dafür, nach Amerika zurückzukehren. Ich blieb noch etwas länger, und er mußte sein Visum verlängern; wir waren in einer kleinen Stadt, und da meinte er: ,,Ich muß in die Berge gehen, um meinen Guru zu treffen." Ich dachte mir, dies müsse wohl ein hinduistischer Guru sein; mein ganzes Interesse galt jedoch dem Buddhismus, weil der Buddhismus eine sehr klare, saubere und intellektuell ausgezeichnete Angelegenheit ist, der Hinduismus dagegen im allgemeinen etwas rührselig. Sie kennen sicherlich jene hinduistischen Poster: die Farben sind irgendwie zu grell, und das Ganze bringt dich 'runter. Für meinen Geschmack etwas zu plump ... zu gefühlsduselig emotional. Deshalb wollte ich keinen Hindu-Guru im Himalaya sehen. Das schien mir doch eine Zeitverschwendung zu sein, und außerdem wollte er diesen Land Rover benutzen, den dieser reiche Mann in Indien gelassen hatte. Ich wollte die Verantwortung dafür nicht übernehmen. Er aber bestand darauf, und so machten wir es auch; ich setzte mich auf den Vordersitz und war den ganzen Weg über in die Berge irgendwie sauer. Er wollte mich nicht einmal fahren lassen. Es war wirklich eine fürchterliche Sache.

Am vorangegangenen Abend hatte ich mich nun in diesem Haus in Lucknow aufgehalten. Während der Nacht ging ich unter die Sterne hinaus, um auf die Toilette zu gehen, und ich dachte an meine Mutter. Als ich hinaufblickte, waren die Sterne sehr nah und klar. Meine Mutter war sechs Monate vorher in Boston im Peter Brent Brigham Hospital an einer Milzgeschichte gestorben; sie hatte sich ungeheuer vergrößert, war dann entfernt worden, und meine Mutter starb an Leukämie. Ich dachte nicht in irgendeiner positiven oder negativen Weise oder irgendwie bestimmt an sie. Ich spürte einfach ihre Gegenwart, ich war mir ihrer in diesem Augenblick bewußt. Ich hatte in dieser Zeit schon einige Monate über nicht an sie gedacht. Dann kehrte ich zurück ins Bett.

Am nächsten Tag stiegen wir in den Land Rover ein und fuhren in die Berge. Wir kamen an diesen kleinen Tempel am Straßenrand. Das Auto hielt an. Ich nahm an, daß es einfach hielt, um einen Lastwagen vorbeizulassen; aber sobald das Auto anhielt, war es von Menschen umgeben, und dieser Typ wußte offensichtlich, was ablief. Den ganzen Weg über in die Berge hatte er geweint; ich spürte, daß es allem Anschein nach eine sehr wichtige Gefühlssache für ihn war. Ich war jedoch ziemlich paranoid und hatte keinerlei Interesse. Er fragte, wo dieser Mann Maharaj-ji wäre, sie sagten, den Berg rauf, und er lief rennend den Berg hinauf. Ich rannte hinter ihm her, und die Absurdität meiner Lage kam mir in den Sinn. Hier war dieser junge Typ aus dem Westen, der den Berg hinaufrannte, um diesen indischen Heiligen aus den Bergen zu sehen, und ich bin ein ... er ist ja nichts weiter als ein einfacher Schulabgänger, und hier bin ich, ein ehemaliger Havard-Professor, ich renne barfuß hinter diesem Typen den Berg rauf, und ich muß irgendwie spinnen. An der ganzen Sache ist etwas völlig verrückt. Ich komme auf der Bergspitze an, da sitzt dieser alte Mann mit einer Decke, und ungefähr acht oder neun Inder sitzen um ihn herum. Dieser junge Typ legt sich flach auf sein Gesicht, berührt die Füße dieses Menschen und weint; der Mann tätschelt seinen Kopf. Ich komme hinzu, werfe einen Blick darauf und denke, — nun, das werde ich wohl ganz bestimmt nicht machen. Ich weißt zwar nicht, was du hier sonst noch machen sollst — Hindu-Guru hin oder her —, aber schließlich bin ich nur ein Besucher, nur ein Tourist in einem Auto, ich muß mich nicht hier hineinziehen lassen. Ich kümmere mich nur um meine eigenen Angelegenheiten. So stehe ich irgendwie etwas entfernt und betrachte die ganze Szenerie. Ich stelle eine soziologische . . . da schaut er zu mir herüber und sagt in Hindi — ich verstehe etwas Pidgin-Hindi, und außerdem wird es übersetzt — er sagt also zu mir: ,,Du bist mit einem großen Auto gekommen?" Nun, ich stelle fest, daß du von dort aus, wo wir uns in den Bergen befinden, die Straße nicht sehen kannst, aber ich nehme an, daß irgend jemand hier heraufrannte und sagte: ,,Hier kommen diese Leute in einem großen Auto." Du mußt aber verstehen, daß dieses Auto eine Quelle großen Ärgers für mich bedeutet. Zuerst einmal deswegen, weil mein anderer Freund so reich und es nicht mein Auto ist und ich daher nicht die Verantwortung dafür tragen möchte; denn ein 7 000-Dollar-Land Rover, ein Land Rover in extra Luxusausführung, ist wahrscheinlich das ausgefallenste Auto in ganz Indien — es entspricht praktisch der halben indischen Wirtschaft. Daher bin ich ziemlich aufgebracht über dieses Auto, und er rührt genau an diesen Punkt. Er sagt: ,,Du bist in einem großen Auto gekommen?", und ich sage: ,,Ja." Das war sein Schachzug zur Eröffnung. Dann sagt er zu mir: ,,Gibst du es mir?" Nun, das ist nun eine ganz besondere Frage. Verstehst du — ich meine damit, es ist schließlich nicht mein Auto, und ich komme aus einer jüdischen Tradition. Mein Vater war gewöhnlich das Oberhaupt des United Jewish Appeal, und ich weiß, wie man Geld aufreißen kann, aber so ein Tempo wie hier habe ich noch nie erlebt. Ich meine, ich weiß nicht einmal, wie dieser Bursche heißt, und schon bittet er mich um ein Auto im Wert von 7 000 Dollar. Er ist nicht einmal sonderlich freundlich zu mir. Deshalb sagte ich: ,,Hmm, . . ." Eigentlich wollte ich nein sagen, aber dieser junge Typ schaut auf und sagt: ,,Maharaj-ji, wenn du es willst, gehört es dir." Ich sagte zu ihm: ,,Das kannst du aber doch nicht machen, du weißt doch, daß es Davids Auto ist, das kannst du nicht"; und jeder lacht mich aus, die ganze Gruppe lacht über mich, und ich weiß nicht, was daran so komisch ist. Die Paranoia nimmt mit einer unglaublichen Geschwindigkeit zu. Ich werde immer aufgebrachter. Dann meinte er zu mir: ,,Du hast in Amerika viel Geld verdient?" ,,Ja" — nun spielt er ein bißchen mit meinem Ego, wie du siehst, er füttert das Ego etwas. ,,Wieviel hast du verdient?" Ich dachte an eines meiner wirklich guten Jahre und fügte hier und dort noch ein wenig dazu. Ich erinnere mich nicht mehr genau, aber ich glaube, daß ich 25 000 Dollar sagte. Das rechnete er in Rupien um, was natürlich die ganze Sache völlig verheerend machte. Von jemand, der soviel Geld verdiente, konnten sie sich nicht einmal eine Vorstellung machen. So sah er mich an und sagte: ,,Du wirst ein solches Auto für mich kaufen?" Das heißt, du kannst mir dieses hier nicht geben, aber du hast all das viele Geld, wirst du mir eines kaufen? Ich sagte daher: ,,Hmm, vielleicht, ich weiß es nicht." Ich versuchte, es cool zu bringen. Dann sagte er: ,,Jao, jao", geht jetzt fort.

Dieser Junge und ich wurden weggebracht, und wir bekamen etwas zu essen. Dieser Typ weiß sehr wenig von meiner Vergangenheit. Wir haben niemals davon gesprochen; wir singen heilige Lieder zusammen. Er war nie sonderlich an meiner

Vergangenheit interessiert. Ich setzte mich auch nicht mit ihm über meine innersten Gedanken oder irgend etwas anderes auseinander — es erwies sich einfach nie als relevant. Nachdem wir gegessen und uns ein wenig ausgeruht haben, werde ich zu diesem Menschen zurückgerufen, und er sagt: ,,Komm', setze dich hierher." So setze ich mich hin. Er sieht mich an und sagt: ,,Du bist in der letzten Nacht draußen unter den Sternen gewesen." Ich versuche mich daher zu erinnern und glaube, daß ich nicht draußen war. Oh doch, ich bin hinaus zur Toilette gegangen. ,,Ja, ich war draußen unter den Sternen." Dann sagt er: ,,Du hast an deine Mutter gedacht." Nun, das ist schon ziemlich merkwürdig, denn davon habe ich ja niemandem erzählt. Wie konnte er das wissen? Er könnte es, aus einem glücklichen Zufall heraus, erraten haben, aber daran denke ich im Augenblick nicht. Ich sagte:,,Ja." Er sagte zu mir: ,,Sie ist im letzten Jahr gestorben." ,,Ja." Er machte seine Augen zu. ,,Bervor sie starb, wurde sie sehr dick im Bauch." Das war die Milz — diese vergrößerte Milz. Ich sagte: ,,Ja." Das alles lief in Hindi ab. Er schloß seine Augen, sah mir plötzlich direkt ins Gesicht und sagte auf Englisch: ,,Milz". Die Wirkung davon war außerordentlich interessant. Wenn du jemanden Hindi sprechen hörst und es übersetzt wird, macht es nicht den gleichen Eindruck, als wenn du das Wort auf Englisch hörst — besonders, als dieser Mensch mir die Todesursache meiner Mutter übermittelte, wobei er mir direkt in die Augen schaute. Was sich dann tatsächlich ereignete, war, daß sich mein Denken überschlug — zuerst einmal wurde ich vollkommen paranoid. Ich meine damit, daß ich plötzlich annahm, daß ich mich in einer Science Fiction-Szene befände und daß dies das Oberhaupt der Welt-Interpol sei; er würde auf ein Knöpfchen in der Erde drücken, der Boden würde sich auftun, und eine ganze Horde würde herauskommen; sie hätten mich hierher gebracht, und dies war ein riesiges Komplott, um mich zu übernehmen. Dieses Komplott aber war allzu absurd, ich meine, mein Denken konnte nicht damit umgehen. Schließlich wich es zurück, bis es irgendwie einfach — aufgab. Du weißt schon, das rote Lämpchen leuchtet auf und sagt ,,Tilt" oder ,,Abgelehnt" oder ,,Dieses Programm verträgt sich nicht mit den Daten, die Sie eingegeben haben" oder etwas ähnliches. Denn keines meiner Programme bekam das in den Griff, was er gerade mit mir gemacht hatte.

An diesem Punkt gab es gleichzeitig eine Erfahrung, eine unglaubliche Erfahrung eines sehr heftigen, sehr schmerzvollen Ziehens in meiner Brust, so als würde eine lange verschlossene Tür geöffnet werden — eine jener quietschenden schweren Türen, die krachend aufgehen; ich begann zu weinen, und dieses Weinen war weder traurig noch glücklich. Das, was ich am nächsten spüren konnte, war ,,Ich bin zuhause". Du könntest nun sagen, er wäre mein Vater, ich wäre zu dem guten Vater zurückgekehrt, und der *wußte* alles. Endlich konnte ich wahrnehmen, daß jemand wußte. Es könnte jenes Gefühl der Beruhigung sein, ich weiß es nicht genau. Auf jeden Fall flossen die Tränen.

In jener Nacht kehrte ich zu einem Haus in der Nähe zurück, und während des Abends war ich ziemlich verwirrt. Ich wußte nicht, was mit mir geschehen war. Die anderen nahmen sich meiner an. Einmal blickte ich in meine Schultertasche, die ich mit mir herumtrug und fand diese kleine Flasche LSD. Ich hatte sie mit nach Indien gebracht — nicht, weil ich besonders scharf darauf gewesen wäre, es einzunehmen, denn was mich betraf, hatte ich es ja bis hierher aufgehoben; sondern weil ich dachte, ich könnte vielleicht jemand treffen, dem ich es geben könnte und der mir etwas darüber sagen würde, was es damit auf sich hätte. Ich dachte: „Nach allem werde ich es einmal diesen heiligen Männern geben." Ich verpaßte es verschiedenen heiligen Männern, wie einem buddhistischen Mönch, den ich fragte: „Wie hat es gewirkt?", und er antwortete: „Ich habe Kopfschmerzen davon bekommen." Dann gab ich es noch anderen, und sie sagten: „Nun, es ist gut zum Meditieren." Jemand anders sagte: „Nun, Meditation ist besser als das." Wieder jemand anders meinte: „Wo kann ich mehr davon bekommen?" Es gab eine Standardfolge von Reaktionen, die du auch im Westen bekommen würdest. Dafür mußt du nicht nach Indien gehen. So fand ich jetzt diese Flasche und dachte: „Hey, *dieser* Typ wird bestimmt etwas *wissen*. Ich werde mit ihm über LSD sprechen."

Ich gehe ins Bett. Am nächsten Morgen erreicht mich eine Botschaft: Maharaj-ji möchte mich sehen. Ungefähr um halb acht oder um acht am Morgen gehen wir hinüber zum Tempel. Ich gehe auf ihn zu. Ich bin noch etwa genauso weit entfernt wie jener Vorführraum dort hinten, als er mir zuruft: „Wo ist die Medizin?" Ich bin es nicht gewöhnt, an LSD als an eine Medizin zu denken; daher war ich etwas verwirrt. Ich fragte: „Medizin? Welche Medizin?" Er sagte: „Die Medizin, die Medizin." „LSD?" „Ja, bring' die Medizin herbei." So ging ich zum Auto, holte die Medizin und brachte sie ihm.

„Laß' mich einmal sehen." Ich legte sie auf meine Hand. Es war eine ganze Menge verschiedenes Zeug drin. „Was ist das?" „LSD." „Was ist das?" „Das ist Meskalin, das ist Librium . . ." — ich machte einen kleinen Streifzug durch das ganze Zeug. Er fragte: „Gibt es dir *Siddhis?* *Siddhis* meint in Indien nun soviel wie „Kräfte". Ich hatte das Wort jedoch niemals vorher gehört. Es bedeutet geistige Kräfte; da ich das Wort niemals vorher gehört hatte und sie es als Kräfte übersetzten, dachte ich, er wollte so etwas wie Vitamin B-12. Du siehst, ich stelle mir vor, er ist ein alter Mann, er muß seine Kraft verlieren und möchte Vitamin B-12. Dieses Vitamin B-12 hatte ich nun aber nicht, und ich sagte daher: „Nein, das tut mir leid, aber das hier wird dir jene Kraft nicht geben", und tat es in die Flasche zurück. Da sagt er: „Nein, nein", und hält seine Hand hin. So lege ich also eine Pille in seine Hand — jede dieser Pillen enthielt 300 Mikrogramm. Er betrachtete sie sich. „Weiter." Da nehme ich eine zweite — das waren 600 Mikrogramm. Als er weiterschaute, gab ich eine dritte Pille dazu, also insgesamt 900 Mikrogramm, was für jeden eine angemessene Dosis zu sein schien. Er nahm alle drei Pillen zusammen ein; ich hielt mich während des ganzen Morgens in seiner Nähe auf — und es passierte überhaupt nichts. Etwa so: „Das also ist deine Medizin, dufte, das ist ja wirklich interessant." Es spielte sich überhaupt nichts ab.

Es ist nun interessant, daß ich danach nach Amerika zurückkehrte und vielen Leuten davon erzählte und es sogar veröffentlichte, daß dieser Mensch 900 Mikrogramm LSD eingenommen hatte und überhaupt nichts passiert war. Die ganze Zeit über nagte jedoch der Zweifel an mir. Da ich zu jener Zeit so durcheinander gewesen war, könnte es ja vielleicht sein, daß er die Pillen nahm und sie über seine Schultern wegwarf, verstehst du; alles andere war nichts weiter als Magie, und er hatte sie überhaupt nicht eingenommen. Es ist daher interessant, den gesamten

Handlungsablauf zu verfolgen, denn jetzt, als ich wieder zurück bin in Indien, sind wir Zeugen der nächsten Runde. Eines Tages ruft er mich zu sich und sagt: „Sag mal, hast du mir irgendeine Medizin gegeben, als du das letzte Mal in Indien warst?" Ich antworte: „Ja." Er fragte: „Habe ich sie eingenommen?" Ich sagte: „Ich denke doch." „Oh. Hat sie irgendeine Wirkung auf mich gehabt?" Ich antwortete: „Nein, ich glaube nicht." „Oh. Du kannst jetzt gehen." Ich ging also fort, und am nächsten Morgen sprach er mich an: „Hast du noch mehr von jener Medizin?" „Ja." „Bring' sie her." Das tue ich. Ich habe eine Menge, die etwa 1 500 Mikrogramm vergleichbar ist. Ich lege alles auf seine Hand; eine Pille ist durchgebrochen, die gibt er mir zurück. Den Rest behält er in seiner Hand, und dieses Mal — wie als Antwort auf meinen leichten Zweifel — nimmt er eine jede für sich. Er macht das *äußerst sorgfältig,* wie um mir klarzumachen, daß sie den Weg in seinen Mund hineinnehmen. Er schluckt alle diese Pillen hinunter. Danach sieht er mich wie in Panik an und sagt: „Pani, kann ich Wasser trinken?" „Sicher." Er fragt: „Warmes oder kaltes?" „Beides, es spielt keine Rolle." Er ruft: „Pani, Pani, bring' Wasser, bring' Wasser." Sie bringen ein Glas voll Wasser, und er trinkt es aus. Dann sagt er: „Wielange wird es dauern, bis es wirkt? Wielange wird es dauern?" Ich sage: „Nun, das weiß ich nicht, ungefähr eine Stunde oder — in einer Stunde wird ganz bestimmt etwas passieren." Dann ruft er einen Mann zu sich herüber, der eine Armbanduhr hat; er hält diese Armbanduhr vor sich und sagt zu mir: „Wird es mich verrückt machen?" Wir haben eine sehr vertraute Beziehung, deshalb sage ich zu ihm: „Wahrscheinlich!" An diesem Punkt verkriecht er sich unter seine Decke, womit er immer dasitzt; er taucht wieder auf und sieht vollkommen irre aus! Jetzt denke ich: „Oje, was habe ich gemacht? Ich habe diesen alten Mann diese starke Droge einnehmen lassen, und jetzt wird er durchdrehen — oh wie schrecklich ... Es wird einen internationalen Vorfall geben, wie schrecklich, und ich habe alles heraufbeschworen." Da lachte er mich an — und nach einer Stunde war rein gar nichts passiert. Nach Ablauf der Stunde fragte er: „Hast du noch etwas Stärkeres?" Ich verneinte. Er erzählte, daß diese Substanzen vor langer Zeit im Kulu-Tal bekannt gewesen wären, jetzt aber all dieses Wissen verloren sei. Dann sagte er: „Es ist nützlich, es ist nützlich, zwar nicht der wahre *Samadhi,* aber es ist nützlich." Als er dann später von einigen jungen Typen aus dem Westen, die mit ihm zusammen waren, über LSD befragt wurde, sagte er: „Wenn du dich an einem ruhigen Ort befindest und du selbst besonnen bist, wenn du viel Frieden in dir spürst und dein Bewußtsein auf Gott gerichtet ist, ist es nützlich. Es ist nützlich." Er sagte, daß es dir ermöglichen wird, soweit hineinzukommen, daß du den Besuch — den *Darshan* — eines Heiligen erlebst, eines höheren Wesens aus einer höheren Sphäre — du kannst es mit höherem Bewußtsein übersetzen. Aber er sagt auch, daß du dort nicht bleiben kannst — nach einigen Stunden mußt du wieder zurückkommen. Siehst du, er sagte, daß es viel besser wäre, selbst zu dem Heiligen zu werden, anstatt sich nur von einem besuchen zu lassen; es ist jedoch ganz nett, sich von ihm besuchen zu lassen. Er sagte, das bestärke deinen Glauben in die Möglichkeit, daß solche Wesen existieren. Er verwandte dabei Christus als denjenigen Heiligen, über den er sprach. Er sagte, es ermögliche dir, den Besuch von Christus zu empfangen, aber du könntest nicht mit ihm zusammenbleiben. Es wäre besser, wie Christus zu werden, anstatt sich nur von ihm besuchen zu lassen, aber LSD könnte dies nicht für dich tun. Er sagte, es wird deinen Glauben stärken, aber es wird dich nicht dazu machen. Er sagte, daß Liebe eine sehr viel stärkere Droge sei als LSD-Medizin.

Eines Tages fuhr ich in meinem Volkswagen-Minibus mit ungefähr sechs oder acht anderen Leuten los, um einen kleinen Tempel zu besuchen, denn er hatte gesagt, daß wir am Nachmittag dorthin kommen sollten. Auf dem Rückweg überquerten wir eine Brücke und fuhren einen Berg hinauf, den der Volkswagen nicht mehr schaffte. Ich sagte daher, daß jeder aussteigen und schieben sollte. Jeder stieg aus, mit Ausnahme der Frauen — dreier Frauen — und ich dachte: ,,Mensch, sie sind doch jung und gesund — warum steigen sie nicht mit aus und schieben?" Aber ich dachte das nur — ich sagte nichts. Wir schoben, kamen zum Tempel und gingen hinein; Maharaj-ji blickte auf und sagte: ,,Ram Dass ist wütend." Jeder beteuerte: ,,Nein, er ist nicht wütend, Maharaj-ji." ,,Doch, er ist wütend, weil die Frauen nicht aussteigen und schieben wollten." Kannst du dir das vorstellen, daß es da jemanden gibt, der sich derart in deinem Kopf befindet — ich meine, wo soll ich mich denn da noch verstecken? Viele von uns sind durch eine Psychoanalyse gegangen, ich selbst fünf Jahre lang, und ich kann dir sagen — so ausgezeichnet das Spiel auch sein mag, es gibt immer subtile Möglichkeiten, um sich zu verstecken. Wo aber kann ich mich jetzt vor diesem Typen verstecken? Ganz offensichtlich kann er sehen — er kann das Innerste meines Kopfes, auf Entfernung und zu jeder Zeit, durch und durch sehen.

Welche Wirkung hatte das auf mich? Wer ist er? Welche Art von Wesen ist das? Um welches Phänomen handelt es sich dabei? Wie funktioniert das? Wie macht er das? In den vergangenen vier oder fünf Jahren, in denen ich wirklich in Lehre und Techniken des Hinduismus und Buddhismus eingetaucht bin, ist mir klar geworden, daß ich in vielen der über dreihundert LSD-Trips, die ich eingenommen habe, viele, viele, viele der Ebenen berührt habe, die in der Literatur beschrieben werden. Der Grund dafür, daß wir beispielsweise *Das Tibetanische Totenbuch* übersetzten und es bereits 1964 unter dem Titel *Psychedelische Erfahrungen* veröffentlichten, lag in dem Wesen der Erfahrungen des *Bardo Thödol*: der Bardo, die Stufen, die jemand während des Sterbevorgangs durchläuft — was ein tibetischer Lama einem Tibeter während der Zeit vorliest, wenn er stirbt — viele jener Beschreibungen der verschiedenen Ebenen oder Bewußtseinszustände waren die allerlebendigsten Beschreibungen davon, was wir unter psychedelischer Einwirkung erlebten, was wir aber nicht beschreiben konnten. Wir sagten, es wäre unbeschreiblich — und hier war es, in diesem Buch beschrieben, das 2 500 Jahre alt war. Worüber wir auch immer sprachen, ohne Zweifel war es dem ähnlich, womit auch immer wir spielten — LSD.

Es stimmt, daß es aufgrund des Wesens der Erfahrungen, die ich in den vergangenen Jahren durch Studium, Meditation und Aufenthalt in Indien gemacht habe, sehr, sehr dramatische Parallelen gibt. Jene unter Ihnen, die schon psychedelische Substanzen eingenommen haben, wissen, daß das Zeug so schnell durchrast. Es spielt sich soviel ab, daß alles das, was bleibt, diese kleinen Fetzen völlig bewußter Augenblicksfragmente von Ebenen und Erfahrungen sind — du sitzt dort, aber bist nicht unbedingt begrifflich in der Lage dazu, dich selbst in das System einzuordnen. Wenn du dann damit beginnst, diese hinduistischen Beschreibungen der

Existenz der Götter, der Devas, der Bewußtseinsebenen zu lesen — die verschiedenen Loci werden sie genannt —, stellst du plötzlich fest: „Oh ja, das war jene Erfahrung, die ich in Zihuatanejo machte" oder „Das war jene Erfahrung, die ich in...", wo auch immer. Plötzlich werden die Bruch-Stücke an ihren richtigen Platz gerückt, und du stellst fest, daß die Menschen des Ostens für ziemlich viele Dinge über ausgezeichnete begriffliche Landkarten des Bewußtseins verfügten, an denen wir im Augenblick unglaublich interessiert sind. Wir sind fasziniert davon, so könnte ich es nennen. Es gibt eine sehr lustige Seite dabei. Buddha sagte: „Die kleinste Energieeinheit wird *Kalapas* genannt", und: „Es gibt eine Billion *Kalapas* bei einem Augenblinzeln, die in der Aufeinanderfolge entstehen und wieder vergehen." O. K., eine Billion. Das könnte sich nun leicht nach einer ziemlich melodramatischen Behauptung anhören — sicherlich betrieb hier jemand mit Ausdrücken wie „eine Billion" oder „ein Augenblinzeln" usw. öffentlich Reklame. Es ist jedoch interessant, daß vor etwa vier oder fünf Jahren der Nobelpreis für Physik von einem Mann gewonnen wurde, der mit einem Elementarteilchen-Beschleuniger die Lichtspanne der winzigsten Einheit ausgemessen hatte, wovon sie eine Spur erhaschen können; obwohl es nicht in Augenblinzeln angegeben wird, wie Sie sich vorstellen können, sondern eher in Sekunden oder Millisekunden, ist die Zeitspanne fast identisch mit derjenigen, die Buddha vor 2 500 Jahren angab — ungefähr eine Billion pro Augenblinzeln. Dann sagte Buddha noch: „Alles das ist sehr interessant, aber das menschliche Denkvermögen hat bei jedem *Kalapas* siebzehn Denkanstöße." Das heißt, daß es siebzehn Billionen Gedanken in der Folge eines Augenblinzelns gibt.

Nirvana

Solange wir uns in der Science Fiction-Welt befinden, wollen wir jetzt den nächsten Schritt nach draußen machen. All dies ist enthalten in einem dicken Wälzer aus der Literatur des südlichen Buddhismus, der *Tripitaka* und *Visuddhimagga* heißt; letzteres ist ein Teil des *Tripitaka* und die Beschreibung einer bestimmten Art der Meditation. Im *Visuddhimagga* beschreibt er die vierunddreißig letzten Gedankenmomente, ehe du in Nirvana eingehst. Das heißt, aus siebzehn Billionen beschreibt er vierunddreißig — einen nach dem anderen, und dann wird der Zustand des Nirvana zwischen zwei Denkmomente, zwischen zwei von siebzehn Billionen, gesetzt. Damit haben wir es hierbei zu tun. Nehmen wir nun einmal an, daß Buddha genauso ist wie wir — was ist dann das Potential der menschlichen Bewußtheit im Vergleich zu der Geschwindigkeit des Gedankens und zu der Fähigkeit, sich auf bestimmte Denkmomente oder einzelne Gedankeneinheiten zu konzentrieren? Das ist interessant, weil viele von uns, die verschiedene psychedelische Substanzen eingenommen haben, eine Zunahme der Denkgeschwindigkeit erfahren haben. Tatsächlich ist das nichts weiter als ein Bewußtsein, das feinere Unterscheidungen treffen kann, und du erkennst einfach mehr von deinen Denkmomenten. Aber selbst dann noch siehst du es auf einer unglaublich grobstofflichen Ebene, wenn du es mit dieser Art von Disziplin vergleichst, die dazu befähigt, das Bewußtsein hinter die Gedanken zu versetzen, die Aufeinanderfolge deiner eigenen Gedanken zu beobachten und so gesammelt und gelöst von deinem eigenen Denken zu sein, um Zeuge der Gedanken zu sein.

Buddha beschreibt diese Zustände der Entstehung, der Dauer und des Absterbens eines Gedankens. Nun gibt es siebzehn Billionen pro Denkmoment, und er beschreibt, wie du dich in einem Augenblick nur auf das Auftauchen der Gedanken konzentrierst, dich umschaust und es so aussieht, als ob das gesamte Universum wieder neu erschaffen werde. Das entspricht der Aussage Christi: „Seht her, ich mache alle Dinge neu." Es ist genau das, wo alles in Erscheinung tritt — ich bin mir sicher, daß viele unter uns jene Erfahrung schon gemacht haben; dann gibt es noch eine andere Sache, wo er sagt, daß du dir plötzlich nur noch der Auflösung jedes Augenblicks bewußt bist. Es ist so, als ob alles abstirbt oder verfällt; denn Buddha sagt eigentlich, daß jeder Denkaugenblick ein ganzes Universum darstellt und daß zwischen den Augenblicken, soweit du mit einbezogen bist, nichts ist. Wenn du daher irgend etwas als gleichzeitig erfährst, findet das durchaus nicht gleichzeitig statt. Es ist einfach so, daß die Geschwindigkeit dich gleichzeitig eine Synchronizität erleben läßt — aber es ist nicht wirklich eine. Dies läßt sich damit vergleichen, wenn du denkst, daß du mich im gleichen Augenblick siehst und hörst. Das machst du aber nicht — es durchläuft etwas deine fünf Sinne und dein Denkvermögen — es ist wie „brrrr", es ist, als wenn du blätterst und blätterst und blätterst und diesen zusammengefaßten Ausdruck aus dem Computer erhälst. Wenn nun irgendein Wesen jemals dazu fähig war, sein Bewußtsein zu reinigen und zur Ruhe zu bringen und es zur Genüge auf eine „Laserstrahl-Technik" auszurichten, damit es seine eigenen Gedanken, einen nach dem anderen, überprüfen kann, die mit dieser unglaublichen Geschwindigkeit ablaufen — was ist dann die Kapazität des menschlichen Bewußtseins?

„Östliches" und „westliches" Menschenbild

Was ich im folgenden sagen werde, geht über das hier noch weit hinaus. Daher möchte ich gerne, daß Sie gut mit den wissenschaftlichen Fragen vertraut sind, ehe wir zu weit nach draußen geraten; denn ich möchte Ihnen gerne mitteilen, wer dieser Typ meiner Meinung nach wirklich ist, den ich in Indien besuche. Ich habe seit fünf Jahren mit ihm zu tun, und ich habe kaum etwas anderes getan, als über ihn nachzudenken. Es ist so, als ob man eine Fallstudie macht: du studierst und studierst, denkst über ihn nach, sitzt zu seinen Füßen, siehst ihn an und hörst auf alles, was er sagt; wieviele Drogen ich auch immer genommen habe, ganz zum Schluß gibt es noch immer eine Ebene, das werden Sie sicher verstehen, wo ich Sozialwissenschaftler bin. Das heißt, ich bin darin ausgebildet. Ich kenne Chi-Quadrate, Varianzanalysen, analytische Faktorentechniken und den ganzen Kram — immer noch habe ich damit zu tun. Jene Art von Schulung bewirkt, daß im gleichen Augenblick, wenn ich ein trunkener *Bhakti* bin — ein emotionaler Anbeter ist das —, ein kleines Computer-Bewußtsein in mir läuft. Als er zum ersten Mal das LSD einnahm, war der Gedanke, der mich dabei durchlief: „Das wird wohl interessant werden." Das ist doch wissenschaftliches Spekulationsdenken, oder? Dieser Typ steckt auch noch immer in mir drin.

Einer der grundlegenden Unterschiede zwischen östlichen und westlichen Menschenbild ist der, daß es sich dabei nicht um einen Rückzug auf „östlich" oder „westlich" handelt, wirklich nicht. Es gibt viele verschiedene Möglichkeiten, um das zum Ausdruck zu bringen. Du könntest sagen, jemand, der aus dem philosophischen Materialismus kommt, gegenüber jemandem, der aus der mystischen Tradition kommt. Es gibt sehr viele Ausdrucksweisen dafür. Aber der Hauptunterschied kann illustriert werden durch die Aussage *Cogito, ergo sum,* „Ich denke, also bin ich". Auf einer Ebene stimmt das nun, denn ein Gedanke ist die Art und Weise, in der du „das Universum erfährst". Die grundlegende Unterscheidung besteht jedoch darin, daß zwischen dem, wer du bist und deinen Gedanken keine Identität existiert. Das heißt, *ich denke, aber ich bin nicht meine Gedanken.* Das wird nun eine sehr kritische Angelegenheit. Es gibt beispielsweise in der Meditation meditative Übungen, die dich vom Anhaften an deinen Sinnen freimachen. Für viele hier mag das ein alter Hut sein, aber ich möchte das gerne systematisch angehen. Viele haben beispielsweise die Erfahrung gemacht, wenn sie ein Buch lesen und so in das Lesen vertieft sind, daß sie nicht hören, wie jemand in das Zimmer kommt. Trotzdem wissen wir als kluge Menschen, daß es weiter in der Atmosphäre arbeitet — denn wir haben ja keine Stöpsel in die Ohren gesteckt —, die Gehörnerven funktionieren, die Klangwellen kommen an, die Übertragung findet statt, irgendwo geht sie hin. Du könntest jedoch behaupten, daß du zu diesem Zeitpunkt nicht darauf geachtet hast. So hat der Äther zwar gearbeitet, aber du hast ihm keinerlei Beachtung geschenkt. Auf die gleiche Weise gibt es Möglichkeiten, nicht darauf zu achten, wie deine Augen sehen, deine Nase riecht, deine Zunge schmeckt, und deine Haut tastet.

Stellen wir uns nun vor, daß es — anstelle dieser zufälligen und völlig unkontrollierten Sache, wo du ab und an zufällig etwas nicht hörst, das abläuft — eine Möglichkeit gab, dich durch Disziplin — das ist nämlich Meditation — von deinen Sinnen freizumachen, so daß sie aber weiter ihre Funktionen erfüllen. Sie arbeiten weiter, sind aber nicht mehr damit beschäftigt, jene Daten weiterzuleiten. Sie gehen einfach durch diesen Vorgang hindurch, aber du wirst nicht mehr hineingezogen. Was bleibt also übrig? Es ist letzten Endes wie bei der Narkose — du erlebst deinen Körper nicht, du hörst die Dinge nicht, die aus der Außenwelt kommen, du siehst nichts, wenn deine Augen auch geöffnet sind. Du schmeckst oder riechst nichts. Das, was übrigbleibt, sind deine Gedanken — das, was du denkst. Während der Meditationsübungen lautet die Aufeinanderfolge: „Ich bin nicht mein Körper, ich bin nicht meine Organe, ich bin nicht meine Sinne"; das allerletzte schließlich, ganz am Ende der Reise, ist: „Ich bin nicht dieser Gedanke." Welcher Gedanke bist du nicht? Ich bin nicht der Gedanke. Ich bin nicht der Gedanke. Ich bin nicht der Gedanke. Ist dieser Punkt klar? Ich meine damit, es bringt dich ziemlich weit nach draußen.

Das wird *Atma-Vichara* genannt, und es kommt aus dem hochentwickelten Bewußtsein von Ramana Maharshi. Schließlich kommst du auf einen sehr, sehr schmalen Pfad, wo alles, was dir bleibt, deine eigenen Gedanken sind. Dann sagst du: „Nein, auch das nicht." In der indischen Philosophie heißt das *neti, neti* — nein, nicht dieses — nein, nicht jenes — nein, nicht dieses, nein, jenes auch nicht — nein, nicht dieses — und ständig unterscheidest du. Ist das verständlich? Wie läuft's? Ich sollte Feedback bekommen, denn ich will die Runde nicht überbelasten. Das würde der Sache nicht dienen.

Die Meditation, die ich beispielsweise mache, wird *Vipassana*-Meditation genannt. Sie kommt von den südlichen Buddhisten und ist eine sehr einfache Übung. Es ist die Übung, dein Denken auf einen Punkt zu konzentrieren. In Indien wird die Analogie gebraucht, daß sei so, als versuche man, einen Elefanten zu nehmen, der wild im Urwald herumgelaufen ist, eine Eisenkette um sein Bein zu legen und dann einen Pfosten in den Boden zu rammen, um den Elefanten zu zähmen. Wenn der Elefant plötzlich bemerkt, daß du versuchst, ihn zu zähmen, wird er wilder, als er jemals vorher im Urwald gewesen ist. Er zerrt an seinem Bein, er kann es verletzen, er könnte es sogar brechen, er beginnt zu bluten; er versucht alle möglichen Dinge, ehe er sich schließlich geschlagen gibt und zahm wird. Das ist, in Kurzfassung, die Geschichte der Meditation.

Vivekananda, einer der östlichen Lehrer, der in den Westen kam, sagte: „Das Denken ist ein schrecklicher Herr und ein herrlicher Diener." Für die meisten von uns ist es jedoch unser Herr und nicht unser Diener. Wir sind derart identisch mit unseren eigenen Gedanken. Dieser Prozeß ist daher die Arbeit, unser Denken auf einen Punkt hin auszurichten. Spielen wir doch einmal, sagen wir, für fünfzehn Sekunden dieses kleine Spiel. Jeder macht genau das, was ich mache. Ich will es erklären. Ich nehme an zehntägigen Kursen teil, wo ich sechzehn Stunden am Tag das mache, was ich jetzt mache. Wir machen es jetzt fünfzehn Sekunden lang. Du konzentrierst dich genau auf deine Nasenspitze und achtest darauf, wie der Atem ein- und ausgeht. Du folgst ihm nicht in deinen Körper hinein nach, und du folgst ihm auch nicht hinaus in *Akasha*, in das Universum. Du nimmst ihn genau hier zu Kenntnis. Du verhälst dich wie ein Parkplatzwächter. Deine Aufgabe besteht einfach darin, ein Auto zu beobachten, das in das Fabrikgelände hineinfährt und eines, das hinausfährt. Du kümmerst dich nicht darum, woher es kam oder wer darin sitzt — du bist nichts weiter als ein Beobachter. Beobachte einfach — es fuhr hinein, und jenes fuhr hinaus. Das eine fährt hinein — ah — dort fährt eines hinaus. Weiter tust du nichts — du sitzt einfach genau dort und beobachtest. Das ist alles, was du tun mußt. Wir machen es hier fünfzehn Sekunden lang. Denke während dieser Zeit über nichts anderes nach.

Du kannst zumindest ein Gefühl davon bekommen, was es mit diesem Spiel auf sich hat. Nun stelle dir vor, daß du ein kluger, verstandesbetonter, westlicher Mensch bist, zu einem Kurs gehst, dich hinsetzt, und der Mensch dort sagt: „Alles klar, ich achte dich, du achtest mich, wir achten uns gegenseitig, und wir sitzen. Fühlt sich jeder wohl? Prima! Gut, mit Pausen alle vierzig Minuten, um einige Male um den Raum herumzugehen, wollen wir nun während der nächsten sechzehn Stunden nichts anderes tun, als unserem Atem zu folgen, der durch die Nase ein- und ausgeht." Nun, dabei gehst du buchstäblich psychologisch die Wände hoch. Das kann ich dir flüstern. Das heißt, wenn du dachtest, du hättest irgendeine Disziplin über dein Denken, siehst du sehr, sehr rasch, was du nicht hast. Die meisten von uns hier haben wahrscheinlich die Klimaanlage gehört oder ihren Körper gespürt oder sie dachten: „Was zum Teufel soll das?" oder „Ist das nicht interessant?" oder „Oh du meine Güte" oder „Ich kann ja nicht einmal meinen Atem finden". Jeder hat diese kleinen „brrrr"-Gedanken gehabt. Sie lassen sich mit kleinen Moskitos vergleichen, die herumsurren.

Was gewöhnlich passiert, ist, daß du dich hinsetzt und zu meditieren beginnst, und dann — wo ich in der Regel hindurchging (jetzt tue ich es nicht mehr), daß ich damit beginne und denke — „Oh, das läuft aber gut." Das ist ein Gedanke. Der aber gehört nicht zum Spiel dazu. Was machst du mit jedem Gedanken, der aufsteigt — es ist wie mit jemand, der zum Tee vorbeikommt, wenn du versuchst, an einem Manuskript zu arbeiten. Du sagst: „Hallo, prima, daß du da bist. Warum gehst du nicht in die Küche und trinkst einen Tee mit meiner Frau, ich komme später nach. Ich arbeite an diesem Manuskript." Dann kehrst du zu deinem Manuskript zurück.

Du setzt dich hin und denkst: „Gut, alles in Ordnung." Als nächstes kommt: „Mensch, mein Knie tut mir weh." Gedanke. Ein weiterer Gedanke. In den ersten Tagen sind sie sehr freundlich zu dir. Wenn dich dein Knie schmerzt, lassen sie dich es bewegen. Später lauten die Anweisungen für die nächsten vierzig Minuten, dich unter keinen Umständen zu bewegen. Dein Knie tur dir weh, und das ist nichts anderes als ein Reiz. Dein Knie wird schließlich nicht abfallen, wenn es eine Zeitlang schmerzt. Jedesmal, wenn du dich mit dem Schmerz beschäftigst, bringst du dein Bewußtsein wieder zurück. Es verfängt sich wieder, und du holst es zurück. Wenn dem so ist, solltest du nicht zornig mit dir umgehen. Schlage den Elefanten besser nicht. Du wirst nur beständig daran erinnert, daß er an diesem Pfosten in der Erde eingehakt ist, daher kommst du einfach wieder zurück. Das wird als ein Primärobjekt bezeichnet. Du kehrst einfach immer wieder zu dem Primärobjekt zurück. Du gehst durch: „Mein Knie tut mir weh." Ein weiteres ist: „Oh, was habe ich für einen Hunger." Dann gibt es noch eines: „Habe ich etwa hierfür meinen Doktor gemacht?" Das ist schon eine dicke Sache, so wie: „Was mache ich überhaupt hier? Nach meiner ganzen Ausbildung sitze ich hier und beobachte meinen Atem. Ich meine, eigentlich gehöre ich ja in eine Klapsmühle." Und weiter: „Wer sitzt denn schon den lieben langen Tag herum und beobachtet den Atem seiner Nase?" Ich meine damit, das muß offensichtlich ein völlig unter Zwang stehendes Individuum sein, das Angst davor hat, es könne zu atmen aufhören oder so etwas ähnliches. Und so etwas als eine selbstgewählte Disziplin anzunehmen — sechzehn Stunden täglich — Tag für Tag?

Es ist eine lustige Sache, daß wir Millionen und aber Millionen Dollar ausgeben, um diese unglaublich komplizierten Computer zu erfinden und unseren Verstand mit Wissen anzufüllen; wir verwenden jedoch sehr wenig Zeit und Übung auf unser eigentliches Werkzeug, unser Bewußtsein. Wir verstehen im Westen nicht einmal, was es *bedeutet,* das Bewußtsein zu schulen oder was es heißt, diese Übungen auf einen Punkt hin zu entwickeln. Denn es stimmt tatsächlich: wenn du dazu in der Lage bist, dein Bewußtsein am gleichen Fleck zu halten, auf einem Punkt — buchstäblich zwölf Sekunden lang an einem Punkt —, dann würdest du dich in einer der höchsten Formen des *Samadhi* befinden. Du wärest eines der erleuchtetsten Wesen. Zwölf Sekunden, das ist nicht viel. Das zeigt, wie sehr wir alle außer Kontrolle sind. Während des Kurses von einigen Tagen oder Wochen wird bewirkt, daß du festzustellen beginnst, wie dein Denken vor sich geht. Du beginnst zu erkennen, wie deine Wünsche sich weiterhin in deinen Gedanken manifestieren. Du sitzt dort und bekommst auf einmal unglaubliche sexuelle Ströme und Phantasien. Halte dir nun vor Augen, daß der, den du als dich selbst zu kennen glaubst, nichts weiter ist als eine Funktion deiner Gedanken oder deiner Begriffsvorstellungen, wer du bist.

Das Ego ist wirklich irgendwo eine Begriffsstruktur. Wenn du die ganze Zeit über die gleiche Sache nachdenkst, was ist dann mit dem Ego passiert? Denn das Ego beruht tatsächlich auf einem Teil jener siebzehn Billionen Gedankenaugenblicke, die damit angefüllt sind, das Spiel immer und immer wieder neuzubestimmen. „Gut, ich bin wirklich Ram Dass, ich bin wirklich Ram Dass, ich mache das hier, ich bin jemand, der Hunger kriegt, ich . . . dort ist die Welt da draußen, und ich bin hier . . . ich bin einfach . . ." Wir setzen unsere gesamten Sinne und unser Assoziationsvermögen ein, um das Spiel zusammenzuhalten — um unser Begriffsgerüst des Universums in einer gewissen Ordnung zu halten. In dem Augenblick, in dem du dein Denken auf einen Punkt hin ausrichtest, setzt du dich tatsächlich über das bestehende Programm im Computer hinweg. Wenn du das machst, hat das natürlich einen unglaublichen Arbeitsanstieg des Computers zur Folge, der versucht, sich selbst wieder zu behaupten, so daß die Gedanken hartnäckiger und fordernder werden — plötzlich mußt du auf die dringlichste Art und Weise auf die Toilette gehen, obwohl du gerade zehn Minuten vorher dort warst. In Indien gibt es ein Buch, das *Bhagavad Gita* heißt und sich mit einer Schlacht beschäftigt — vermutlich eine Schlacht draußen auf einem Schlachtfeld. Eine Möglichkeit, dieses Buch zu verstehen, ist jedoch der innere Kampf darum, wer die Spielregeln bestimmt. Werden deine Gedanken Herr über dich sein oder wirst du Herr über deine Gedanken sein? Ich würde gerne über Programme verfügen, von denen eines das Ram-Dass-Programm ist, aber ich hätte es nicht gerne, wenn es mein ganzes Leben bestimmte. Denn es stellt sich heraus, daß es nicht das ist, was ich bin. Es ist das, wovon ich dachte, daß ich es wäre.

Vivekananda spricht von einer Kutsche, die — mit einem Kutscher und einem Menschen im Inneren der Kutsche — die Straße entlangfährt. Jahrelang hat der Mann oder die Frau im Inneren nur einfach dort gesessen, und der Kutscher hat die Kutsche gelenkt. Der Kutscher hat dadurch das Gefühl bekommen, daß ihm die Kutsche gehöre, und er trifft alle Entscheidungen. Schließlich klopft die Person im Inneren an die Scheibe und sagt: „Sag mal, würdest du hier wohl einmal die Zügel anziehen?" Stellen wir uns nur einmal vor, was sich nun im Bewußtsein des Kutschers abspielt. Er wußte nicht einmal mehr, daß es da überhaupt noch jemand hintendrin gab; er steht unter dem Eindruck, das seien seine Kutsche und seine Pferde und er leite die Vorstellung. Und dann sagt diese Person plötzlich: " Würdest du vielleicht anhalten, hier . . ." „Wer, in Teufels Namen, glaubst du denn, daß du bist? Das ist meine Kutsche!" „Was soll das heißen, das sei deine Kutsche?" „Solange wie ich mich erinnern kann," sagt der Kutscher, „habe ich diese Kutsche gelenkt." „Gut, das verstehe ich. Du bist auch die ganze Zeit über in der richtigen Richtung gefahren — jetzt aber ist die Zeit für eine Veränderung gekommen. Würde es dir etwas ausmachen, nun die Zügel zu ziehen?" Was stellst du dir vor, das jetzt geschieht? Das soll heißen, der Kutscher sagt ja nicht einfach: „Oh, Meister, es tut mir leid, ich gebe mich geschlagen," und hält an. Dann erst beginnt der Kampf, der in der *Bhagavad Gita* dargestellt wird. Obwohl es aufgrund der Art und

Weise, wie wir diese Worte benutzen, bedeutet, sehr dünnes Eis zu betreten, könnte der Kampf dieser verschiedenen inneren Mächte charakterisiert werden als derjenige zwischen dem Ego oder dem Begriffsgerüst unserer getrennten Identität und dem Bewußtsein. Ich werde noch ein wenig davon sprechen, wie dieses Bewußtsein beschaffen ist, obwohl ich glaube, daß einige hier den Begriff Ego unterschiedlich verwenden.

Wenn du damit anfängst, dein Denken auf einen Punkt hin auszurichten, wird es zuerst einmal ungeheuer beschleunigt, und jeder Gedanke gibt dir tatsächlich zu verstehen: „Denk' an mich, denk' an mich. Ich bin wichtig, ich bin wichtig." Etwa so: „Was war denn das für ein Lärm dort draußen?" oder: „Oh, ich muß jetzt aufstehen – oh, ich habe vergessen, den und den anzurufen." Das heißt, du kannst dir nicht vorstellen, was da alles auftaucht. Wenn du jemanden wirklich auf eine andere Bewußtseinsebene bringen willst, dann setze ihn einfach in einen Raum hinein. Genau das mache ich, wenn ich ein Ausbildungszentrum leite. In New Mexico habe ich diese Domes draußen im Wald, die völlig leer sind. Es gibt darin ein kleines Holzfeuer und eine Flasche mit Wasser; ich nehme jemanden mit dorthin, gebe ihm einen Schlafsack, lasse ihn dort hinein und schließe die Türe. Das Essen wird jeden Tag draußen hingestellt, und sie können auch auf die Toilette und gleich wieder zurück gehen. Es ist ein völlig leerer Raum, und sie werden dort bis zu neunzehn Tagen drin gelassen.

Das ist eine sehr interessante Erfahrung, denn es gibt dort nichts, wo du dich verstecken kannst. Du kannst dich nicht in Büchern verstecken. Du kannst dich nicht dahinter verstecken, mehr Erfahrungen anzusammeln. Du beginnst damit, deine alten Tonbänder ablaufen zu lassen. Du erinnerst dich – ich setzte mich gewöhnlich hin und dachte über alle Menschen nach, die ich jemals gekannt hatte, ich gehe bis zum Kindergarten zurück und zu allen Menschen, die ich einmal kannte. Dann greife ich mir einen von ihnen heraus und versuche, mich an alles zu erinnern, was mit ihm zu tun hat. Dann durchlaufe ich alle besonders guten Restaurants, wo ich jemals während meines Lebens gegessen habe. Dann gehe ich durch alle die Orte, die ich noch einmal aufsuchen will, schließlich durch alle meine theoretischen Vorstellungen darüber, was passiert ist – und *immer noch* hatte ich Tage übrig. Immer noch erzeugte das Denken dieses und jenes Zeug. Ich machte dies in einem Tempel in Indien – schließlich hatte ich selbst die Tür des Tempels hinter mir geschlossen, und das war eine freiwillige Angelegenheit.

Jeden Tag um vier Uhr fuhr ein Bus vorbei. Aus meinem Fenster heraus konnte ich diesen Bus genau sehen, der nach Dehli weiterfuhr. Von dort aus konnte ich ein Flugzeug nach Amerika besteigen. Manchmal dachte ich nachmittags um halb vier, wenn ich wußte, daß der Bus um vier vorbeifahren würde: „Was in Teufels Namen mache ich hier überhaupt?" Ich konnte einfach meine Kleider zusammenraffen, eine Nachricht hinterlassen, und in zwei Tagen könnte ich im Fillmore tanzen – ich meine damit, ich könnte wieder ins Leben zurückkehren. „Was mache ich hier, was für ein Blödsinn ist das?" Du verstehst, ich pflegte mir so etwas auszudenken und in dem Raum wie ein verrückter Wilder hin- und herzulaufen.

Als ich das letzte Mal in Indien war, ging ich an einem Ort in Klausur, wo sie dich einschließen und das Essen durch ein Doppelfenster hineinschieben. Sie öffnen das Fenster, stellen das Essen hinein und schließen es wieder. Du siehst überhaupt kein menschliches Wesen, es ist alles perfekt — es gibt keine Fenster, rein gar nichts. Ich war die ganze Zeit über nackt dort drin. Es war dort sehr heiß in Südindien. Als ich wieder herauskam, ging ich zu meinem Guru, und das erste, was er zu mir sagte, war: „Es ist gut, keine Kleider zu tragen, wenn du dort drinnen meditierst." So denkst du nun, du seiest allein . . . Du versuchst, dein Denken zu reduzieren und zur Ruhe zu bringen — und natürlich werden diese Gedanken dadurch immer dramatischer, immer krisenhafter, immer fordernder; am allerschlimmsten ist der folgende: „Das hier wird niemals klappen." Das ist ein starker, und die andere Sorte Gedanken, die dich festhält, ist: „Das klappt ja." Siehst du, es passiert nichts weiter, als daß du das machst, dein Denken etwas zur Ruhe bringst, und schon bekommst du diese unglaublichen Anwandlungen in dir. Du bekommst dieses ekstatische Gefühl einer unglaublichen Freude — sogar bis hin zu unglaublicher Ruhe. Dieses Gefühl des „Ahhh" hast du noch nie zuvor verspürt. Natürlich sind all jene Erfahrungen nur weitere Gedanken.

Diese ganzen Erfahrungen sind nichts weiter als Gedanken. „Oh, komm' nochmal, komm' nochmal." Sie werden nur immer subtiler. Sie bringen dich dorthin, wo du es am wenigsten erwartet hast. Erst nach einiger Zeit wirst du damit aufhören, in der Ekstase zu versinken oder durch die ganzen Kämpfe hindurchzugehen. Allmählich wirst du immer ruhiger und ruhiger, du läßt das Denken *einfach ruhig sitzen* und sich selbst folgen. Was dann langsam auftaucht, ist die Bewußtheit, die die Buddhisten das „reine Bewußtsein" nennen. Die Gedanken sind zwar noch da, aber sie schweben ebenso wie Wolken vorbei. Sie nehmen dich nicht in Beschlag. Die Frage, warum Gedanken auftauchen, hat nun mit der menschlichen Motivierung zu tun. Das ist nun genau dasjenige, was innerhalb der östlichen Tradition als Bindung oder Verlangen bezeichnet wird — Anhaften; Bindung oder Verlangen oder Anhaften ist die Wurzel des Übels. Genau hier hänge ich nun drin, siehst du. Ich wurde als Psychologe im Bereich der Motivierung ausgebildet. Dave McClelland war mein Chef, und ich arbeitete auf dem Gebiet der Leistungsmotivation, der Motivierung von Abhängigkeiten, Ernährung, Unterstützung, Macht, Mitgliedschaft, etc.; sexueller Hunger, Durst, die Triebe und Bedürfnisse. Ich hielt im allgemeinen Kurse über menschliche Motivierung ab.

Ich komme aus einer Tradition, wo — von einem psychologischen Blickwinkel aus — die Motivationen „Gegebenheiten" im Menschen sind. Jedermann hat seine Triebe, Bedürfnisse etc. Nun gerate ich in eine Tradition hinein, wo diese Motivationen nicht als notwendig betrachtet werden, sondern als Teil der Verpackung, wenn du so willst — *nicht, der, der du bist*. Als ein Motivationspsychologe habe ich bestimmt, wer wir im Sinne der Motivierung sind. Nun erkenne ich, daß die Motivierung ein Teil der Verpackung ist, nicht aber das, was wir eigentlich sind. Das ist ein sehr heikler Punkt.

Als Buddha wieder unter dem Bodhi-Baum hervorkam, wo er die Erleuchtung erlangte, kehrte er zu denjenigen Begleitern zurück, mit denen er zusammengewesen war und sagte: „Mensch, ich habe alles herausgekriegt." Er gab ihnen das weiter, was die Vier Edlen Wahrheiten genannt wird. Die erste lautet: „Alles ist Leiden." Das ist ein ziemlich dickes Ding für uns im Westen. Was hältst denn du davon, daß alles Leiden sei? Es ist nicht alles Leiden — ich habe gestern abend eine prächtige Zeit verlebt. Aber die Aufschlüsselung der Behauptung „Alles ist Leiden" ist folgendermaßen: Geburt hat Leiden in sich, Tod hat Leiden in sich, Alter hat Leiden in sich, Krankheit hat Leiden in sich. Nicht das zu bekommen, was du möchtest, enthält Leiden. Wir alle sind nur mit dem einverstanden, wobei zwei Kategorien übrigbleiben — du bekommst das, was du möchtest, du bekommst das nicht, was du nicht möchtest —, die wir nicht unter die Kategorie des Leidens fallen lassen.

Dann sagt er: „Aber siehst du, auch diese beiden befinden sich innerhalb der Zeit, und *alles*, was sich innerhalb der Zeit befindet, muß vergehen." Ich habe das Beispiel von der Eistüte gebraucht. Wie du weißt, beginnst du das Eis zu essen, und du mußt immer weiter essen, weil es ja schmelzen wird; du kannst jenen ersten Drang nach der Eistüte nicht für immer behalten, denn nach einer Weile schon wirst du genug davon haben — das weißt du auch schon, wenn du den ersten Bissen davon nimmst, denn bereits darin liegt der Vorgeschmack des Leidens, daß bald alles vorbei sein wird. So ist es auch mit dem Sex und überhaupt mit allem, was du jemals begehrt hast. Etwa so: „Wir möchten Ihnen Mitteilung davon machen, daß Ihnen soeben der Nobelpreis für den größten wissenschaftlichen Beitrag in diesem Jahre verliehen worden ist!" „Oh, dankeschön." „Würden Sie eine Erklärung abgeben?" Und die erste Frage, die die Reporter dir stellen, ist: „Was ist Ihr nächstes Projekt?" Du hast nicht einmal einen Augenblick Zeit dafür, um anzuhalten und zu sagen: „Mensch, Junge, ich habe gerade den Nobelpreis gewonnen." Genauso verhält es sich auch mit der Erfolgsleiter, mit der wir alle vertraut sind.

Ich war sehr häufig mit der Mellon Family zusammen. Die Mellon Family ist sehr reich. Jedes der Elternteile besitzt 700 Millionen Dollar. In meiner Liste gilt das als reich. Die Kinder waren arm. Jedes besaß nur 20 Millionen. Ich war mit einem von jenen Kindern sehr häufig zusammen; er besaß nur 20 Millionen und kam sich wie ein Bettler vor. Ich hatte ein kleines Cessna-Flugzeug. Wir landeten damit in New York und stellten uns auf dem Privatflugplatz direkt neben dieses sehr komische Düsenflugzeug. Da meinte er: „Das gehört Onkel Paul. Mensch, ich würde mir wirklich wünschen, mir so etwas leisten zu können." Da ist doch tatsächlich ein Typ mit 20 Millionen Dollar, der sich unglücklich fühlt. Das stimmt! Von meinem Standpunkt aus ist das schon ziemlich weit draußen. Siehst du, ich erinnere mich daran, wie ich einmal ein Wochenende mit Hugh Heffner in seinem Playboy-Haus in Chicago verbrachte. Es gab eine Menge Leid inmitten des Überflusses, das kannst du mir glauben. Inmitten des Überflusses — Leiden. Davon hat Buddha gesprochen. Solange wie du dich innerhalb der Zeit befindest, gibt es Leiden.

Seine zweite edle Wahrheit heißt dann: die Ursache des Leidens ist Begehren. Der Grund, warum du leidest, ist der, weil du etwas willst.

Seine dritte edle Wahrheit lautet: würdest du nicht irgend etwas begehren, würdest du auch nicht leiden. Wenn du aufgibst, etwas zu wollen, wirst du nicht mehr leiden.

Die vierte edle Wahrheit wird der Achtfache Pfad genannt — um aufzugeben, daß du etwas willst, mußt du zuerst einmal aufgeben, das zu wollen. Von welcher Bedeutung könnte ein Achtfacher Pfad sein, wenn du ein Experte in der menschlichen Motivierung bist, der nämlich annimmt, daß das, was du bist, deine Motivationen sind? Was wird denn überhaupt übrigbleiben, wenn du diese aufgibst? Oder: das, was dich ausmacht, ist deine Persönlichkeit. Das macht die ganze Sache so interessant. Es stellt sich nämlich heraus, wenn du durch deine eigene Erfahrung und durch Meditation tiefer in die Erforschung deines Bewußtseins hineingehst, daß du erkennst, daß das, was du eigentlich bist, sich nicht als deine Persönlichkeit entpuppt. Es erweist sich nicht einmal als eine deiner Motivierungs- oder Wahrnehmungsstrukturen. Es ist so, als ob ich sehe, aber doch nicht „sehe". Ich weiß, aber ich bin nicht dasselbe wie das Wissen — ich weiß aber. Ich denke. Ich denke. Die Situation ist diese, daß, wenn ich sage „Ich denke", der Begriff „Ich", das „Ich" in eine Vorstellung zu fassen, bereits ein Gedanke *ist*.

Wir können uns vorstellen, was es heißt, sich freizumachen von sozialen Motivationen, wie dem Bedürfnis nach sichtbarer Liebe, Leistung, Anerkennung, etc. Was aber passiert mit Nahrung, Wasser und solchen Sachen? Dahin komme ich jetzt: hier wird es wieder ziemlich a la Science Fiction; denn die Menschen in Indien, mit denen ich oft zusammenlebe — das heißt, ihre tatsächlichen Lebenserfahrungen machen einen totalen Trümmerhaufen aus unseren westlichen Gesundheitsvorstellungen. Ich lernte zusammen mit einem Mann — und das ist nicht mein Guru, sondern einer meiner Lehrer —, der pro Tag nicht mehr als zwei Gläser Milch zu sich nahm. Er besaß mehr Energie als ich und ohne Zweifel auch mehr als die meisten Menschen, denen ich jemals begegnet war. Er schlief höchstens zwei Stunden pro Nacht; wenn wir einen Berg hinaufstiegen, so rannte er ihn rauf, und ich versuchte irgendwie, mich selbst hochzuziehen. Er wog neunzig Pfund und war vollkommen ausgewogen in seinen Bewegungen. Zwei Gläser Milch pro Tag. Du kannst dir vorstellen, was die World Health Organization darüber sagen würde. Sogar, wenn das gute, kräftige Büffelmilch ist. Du kannst davon nicht leben. Er aber ist da. Ihn gibt es.

Alles, was du tun mußt, ist, einen Typen zu finden — eine Frau oder einen Mann, der so etwas bringt —, und schon wird der ganze Trip zu einem Trümmerhaufen. Die Beziehung von Geist zu Materie ist noch viel ungewöhnlicher; die einzige Möglichkeit, daß der Mensch dazu fähig ist, bei diesen Spielen mitzuspielen, besteht darin, daß er sein Bewußtsein von seinem Denken und von seinen Sinnen freigemacht hat. Dann wird sein Bewußtsein einem Laserstrahl vergleichbar, und es entwickelt eine Art von Macht, die zu Dingen befähigt ist, die wir menschlichen Wesen nicht als möglich zuerkennen. Damit jene Macht jedoch ausgebildet werden kann, hebt der Buddha hervor, daß du dich selbst von Bindungen freimachen mußt. Das ist nun eine sehr komplizierte Sache — was es nämlich bedeutet, frei von Bindungen zu sein. Auf die gleiche Art und Weise, wie du deine Sinne beobachtest, wie du beobachtest, wie deine Augen sehen, beobachtest du auch, wie sich deine Begierden äußern, aber du identifizierst dich nicht länger mit deinen eigenen Begierden. Nur um das, was ich eben über die Sache mit der Gesundheit erzählte, noch einen Schritt weiter zu führen: es gibt viele, sehr, sehr eindeutige, dokumentarisch belegte Beispiele in Indien, daß sich ein Wesen für einen bestimmten Zeitraum lebendig begraben läßt und nach einem oder zwei Jahren wieder zurückgeholt wird; sie kommen aus dem Trancezustand heraus, in dem sie sich befunden haben, und da sind sie wieder — sie wurden in einen luftdichten Kasten gesetzt. Als einer von ihnen gefragt wurde: „Nun, wie hast du denn geatmet?", sagte er: „In meinen Zellen war genügend Sauerstoff, um mein Gehirn und meinen Herzmuskel am Leben zu erhalten; mehr war nicht notwendig." Und denjenigen, der das sagte, hatten sie in einen solchen Kasten in die Erde gesteckt; es gab dort ein paar Ameisen, und diese hatten ihm einen Teil seines Armes weggefressen. Siehst du, er hatte sich in Trance befunden... Wo sind also die menschlichen Triebe, wenn die sozialen Motivationen sich selbst überlassen werden? Ich meine, brauchen wir nicht Luft und Nahrung? Ich meine, wir stimmen doch alle darin überein, daß diese notwendig sind.

Das Aufsteigen der Kundalini

Ich machte regelmäßig eine Übung, die *Pranayama* genannt wird. Das ist eine Technik, um Energie dein Rückgrat hochsteigen zu lassen. Das wird das Aufsteigen der *Kundalini* genannt. Es handelt sich dabei um eine sehr ausgewählte Technik. Bei Neumond pflegte ich neun Tage lang zu fasten. Das war zu einer Zeit vor etwa fünf Jahren, als ich sehr intensiv *Sadhana* machte. Eine lange Zeit über machte ich Hatha-Yoga, dann *Pranayama,* das aus einer Folge von Übungen besteht. Einige von ihnen, die ein paar Minuten andauern, sind der Oxydation vergleichbar. Dann gibt es eine andere, wo du die Luft in ein Nasenloch hineinnimmst, bestimmte Muskeln zwischen deinen Genitalien und deinem After anspannst und sie auf bestimmte Nerven drückst. Es ist so, als wenn du den Schließmuskel deines Afters zumachst. Du drückst darauf, dann ziehst du den Atem in ein Nasenloch ein und drückst dein Kinn fest an, wodurch sich ein anderer Ort hier oben schließt. Auf diese Weise schließt du beides, du bringst das zusammen und hältst deinen Atem an. Während einiger Monate hältst du deinen Atem über immer längere und längere Zeitspannen an, und du kommst bis auf anderthalb oder zwei Minuten. Dann lernst du es, deine Aufmerksamkeit auf das untere Ende deiner Wirbelsäule zu richten und genau diese Stelle sichtbar zu machen, die innerhalb des indischen Energiesystems das erste *Chakra* genannt wird. Du lernst es, dich auf ein Flammendreieck zu konzentrieren, worin sich eine Schlange befindet, die mit ihrem Kopf nach unten drei und ein halbes Mal um einen Lingam oder Phallus gewunden ist.

Du richtest deine gesamte Aufmerksamkeit nach dort unten. Du weißt, wenn du unter Wasser tauchst oder etwas ähnliches machst, hältst du deinen Atem an; dann kannst du ihn irgendwann einmal nicht mehr länger anhalten, und in diesem Augenblick wirst du völlig von dem Wunsch in Anspruch genommen, Luft zu kriegen. Nun stell dir vor, daß du in jene Lage kommst, daß du aber nicht auf deine Lungen und das ganze Theater achten mußt, das sich hier oben abspielt; stattdessen richtest du deine gesamte Aufmerksamkeit auf das untere Ende deiner Wirbelsäule, und du hast ausreichende Disziplin, um sie dorthin zu lenken und sie auch dort zu lassen. Wenn es dir gelingt, deine Aufmerksamkeit vom Anhalten des Atems wegzuziehen, passiert nun das Erstaunliche, daß du in diesen Zustand hinein kommst, wo du nicht atmest und wo du deinen Atem nicht anhältst. In der Regel bringt dich das Bewußtsein davon wieder zurück. Du sagst: „Mein Gott, ich atme ja nicht mehr!", und das bringt dich 'runter. Wenn du jedoch nach einer Weile damit aufhörst, über das, was sich abspielt, hysterisch zu werden, kannst du in diesen Zustand hineinkommen und einfach sitzenbleiben. Du atmest nicht mehr. Du sitzt einfach da und hast dein Bewußtsein völlig auf deine Wirbelsäule konzentriert. Du bist auf diese Ebene eingestiegen, wo du vollkommen ruhig bist. Es gibt aber hier keinen Atem mehr, und an jenem Punkt fühlst du, wie diese Energie nach oben bis hinein in deinen Kopf strömt. Das ist wirklich unglaublich, kraftvoll, eine äußerst empfindliche Sache, die sehr, sehr vorsichtig, unter Anleitung, durchgeführt werden muß — aber es ist ein außergewöhnlicher Vorgang. Aber wiederum werden, durch deine eigene persönliche Erfahrung, deine Vorstellungen darüber ad absurdum geführt, wer wieviel atmen muß.

Maharaj-ji

Nun möchte ich gerne hier darüber sprechen, wer, wie ich glaube, mein Guru ist und was es mit ihm auf sich hat. Gehen wir nun einfach der Reihe nach. Wenn du dein Bewußtsein nehmen und es aus deinen Sinnen und deinem Denken heraus- und in deine Bewußtheit hineinbringen würdest, was dann? Wer oder was würdest du dann sein? Nun, das, was du an diesem Punkte wärest, ist Bewußtheit. Einfach Bewußtheit oder Bewußtsein. Du bist dir aber von nichts bewußt, du bist einfach Bewußtheit. Was ist nun Bewußtheit oder Bewußtsein? An diesem Punkt gerät der ganze Tanz so unglaublich weit nach draußen, daß er unser Denkvermögen ins Schleudern bringt. Normalerweise können wir damit nicht umgehen. Es läßt sich mit Einsteins Ausspruch vergleichen: „An mein Verständnis der grundlegenden Gesetze des Universums bin ich nicht durch mein verstandesmäßiges Denken gelangt." Er gebrauchte den Ausdruck „Intuition". Intuition ist etwas, das wir wirklich nicht verstehen — obgleich wir den Begriff verwenden. Das tun wir, wenn wir nicht wissen, was wir sonst über irgend etwas sagen sollen. Wir sagen dann: „Gut, er hat es intuitiv gewußt." Intuitiv. Tatsächlich handelt es sich dabei um andere Möglichkeiten des Menschen, die Dinge zu erfahren, als durch seine Sinne und durch sein Denken. Wir wissen jedoch nicht, wie mit ihnen umzugehen ist. Darin liegt der Unterschied. Unser Denken und unsere Sinne kennen Dinge als Objekte. *Ich kenne das.* Es gibt jedoch eine ganze Reihe von Dingen, die wir zwar in dem Sinne kennen, daß wir mit ihnen die ganze Zeit über arbeiten, aber auf jene Art und Weise *kennen* wir sie nicht. Wenn du beispielsweise die Augen schließt und zu beschreiben oder darüber nachzudenken versuchst, wie du eine Faust machst, so wirst du herausfinden, daß dies wirklich kein begrifflicher Gedanke ist, sondern daß du diese Faust einfach machst. Du kannst eine Faust machen, aber du weißt darum noch nicht unbedingt, wie du eine Faust machst. Sicherlich konntest du auch bereits eine Faust machen, lange bevor du das beschreiben konntest — wenn du es überhaupt jetzt, bei all deiner Erfahrenheit, beschreiben kannst. Ich bringe jetzt wohl zum Ausdruck, daß es Möglichkeiten gibt, subjektiv innerhalb des Universums zu sein, so daß die Dinge für dich — oder in dir — zugänglich sind, um die du sonst nur wissen würdest, wenn du sie durch deine Sinne und dein Denken angesammelt hättest.

Nun führe ich uns noch genau zu den Orten, die am weitesten draußen liegen, und dann werden wir ein wenig damit spielen. Nimm' diese Bühne, auf der ich mich befinde. Schau sie dir an — sie macht einen stabilen Eindruck. Wir stellen uns jenes

Holz als stabil vor, aber wir sind auch genügend gewitzt — wissen wir doch, wenn wir das, sagen wir, einem Elektronenmikroskop aussetzen, daß wir feststellen werden, daß es wirklich nicht so stabil ist, wie es aussieht. Tatsächlich hat es große Hohlräume in sich. Und nicht nur das: die Dinge, aus denen es gemacht ist, bewegen sich tatsächlich die ganze Zeit über. Wenn wir bis zu der winzigsten Energieeinheit hinuntergehen, finden wir heraus, daß sich diese Energieeinheit in freiem Fluß duch alles hindurch befindet. Manchmal ist sie Teil jenes Holzes, manchmal ist sie Teil von mir, manchmal ist sie Teil von diesem und jenem. Es herrscht ein totaler Energieaustausch im Universum. All diese Energiequanten bilden dann die Atomkerne, die Elektronen, etc. Das sind alles riesige, grobstoffliche Dinge, wenn man sie mit dieser winzigen Energieeinheit vergleicht, die vollkommen austauschbar innerhalb des Universums ist und in einer scheinbar zufälligen Art und Weise zu fließen scheint.

Wenn wir das verstehen können, dann ist das, was wir hier als kompakt ansehen, nicht wirklich kompakt. Es sieht nur kompakt aus aufgrund der Frequenz der Wellenlängen, die unsere Augen wahrnehmen können. Du beginnst wahrzunehmen — es ist genauso wie beim Hören: es gibt eine gewisse Frequenz, eine Reihe von Frequenzen, die du hören kannst, die hörbar sind; ein Hund kann eine hören, die du nicht hören kannst und so weiter. Hättest du einen anderen Empfangsmechanismus, würde alles anders für dich aussehen; wärst du nämlich auf eine andere Frequenz oder Wahrnehmungsempfindlichkeit eingestimmt, würde alles so ausschauen, als befände es sich die ganze Zeit über in Bewegung. Wenn du immer mehr und mehr in jene Dimension gelangst, würdest du an den Punkt kommen, wo du sehen könntest — zuerst einmal würdest du diese Bühne wie eine Wolke sehen. Du würdest diese verschiedenen Gebilde als Wolken sehen, genauso wie du Wolken siehst. Sie sind aus Material hergestellt, das sich ständig wandelt, und du würdest die Wolke, das Wolkenmuster erkennen. Es ist so, als wenn du Figuren auf den Karten im Rorschach-Test betrachtest ... Gehst du noch eine weitere Stufe hinaus in die erhöhte Wahrnehmungsfähigkeit, dann würdest du erkennen, daß alle diese Wolken Teil eines festen Körpers sind — du kommst immer mehr und mehr hinein, bis das Universum schließlich ein fester Körper ist, wenn du die Ebene dieser Quantenenergie betrachtest. Es ist ein fester Körper, und doch ist alles mit allem austauschbar. Ich bringe hier nichts weiter als Physik — ganz herkömmliche Physik. Das ist keine großartige mystische Entdeckung aus dem Osten — das ist nur Physik.

Die Ebenen des Bewußtseins

Wir verwenden Mikroskope von höherer und höherer Stärke, um diese Spiele zu spielen. Einige von uns, die psychedelische Erfahrungen gemacht haben, haben unseren Wahrnehmungsapparat, wie ein Fernsehgerät, neu eingestellt. So wie du und ich wissen, daß wir nur ein Fernsehgerät hereinbringen und es in jenen Stöpsel hineinstecken müssen, der sofort Strom bringt und es einstellt — und plötzlich ist da jemand auf Kanal 3, 4, 5, 9, 10. Alles muß hier irgendwo sein — aber wir können es nicht sehen. Wären wir nun dazu in der Lage, uns ein ganz wenig anders einzustimmen, könnten wir alles aufgreifen. „Ich glaube, daß ich das dritte Programm sehen will. Jetzt stelle ich das vierte Programm ein." Das klingt nun alles etwas komisch, ist es aber überhaupt nicht. Das ist es, was als die Ebenen des Bewußtseins bezeichnet wird — wenn du lernst, das Anhaften an Kanal 7 genügend zu durchbrechen, um dich auf Kanal 6 einstimmen zu können. Das ist es, wovon ein Guru spricht — unsere Bindungen an einen bestimmten Kanal, eine bestimmte Wellenlänge, eine bestimmte Frequenz. Dieses Wesen, mit dem ich zusammen lerne, hat sich nun von allem Anhaften freigemacht. Das heißt, der Körper verhält sich auf die gleiche Art und Weise, wie unser Herz schlägt. Er sitzt nicht herum und denkt, jetzt schlag' mal — oder peristaltische Kontraktion, richtig — Whup, Whup, Whup — an so etwas denkt er überhaupt nicht — es läuft ganz einfach weiter. Es ist die gleiche Art und Weise, in der du zumeist Auto fährst. Alles spielt sich im Stammhirn ab. Wenn du fährst, stellst du meistens das Radio an, schaust jemandem hinterher oder stellst deinen Tagesplan auf. Du könntest dich kaum weniger darum kümmern. Die ganze Zeit über machst du diese an sich ausgesprochen komplizierten Handgriffe. Das heißt, du saust durch den Raum — in diesem riesigen Monstrum, und das mit 120 Sachen —, und du nimmst nicht einmal wahr, daß du fährst. Das alles spielt sich auf der Gehirnbasis ab. Dein Essen, dein Schlafen, dein Reden, alles das gehört zum Stammhirn. Ahhh ... das hier magst du wohl nicht. Es wird alles im Stammhirn gespeichert. Wenn du denken mußt, passiert es; du mußt dir keine Sorgen darum machen. Es ist so wie ein Wettrennen von Assoziationen. Warum solltest du deine Zeit damit verbringen — du bist doch kein Computer-Programmierer. Du könntest in der Zeit gut etwas anderes machen.

Wenn du dich selbst vollständig von allen Bindungen an diese bestimmte Frequenz freigemacht hast, dann beginnst du während der Folgeübungen damit, dich auf andere Frequenzen einzustimmen. So habe ich etwa in Indien mit Leuten zusammengesessen, und ich saß direkt neben jemand, der mich mit offenen Augen ansah; meine Augen waren auch offen, und er sprach mit jemandem, den ich nicht sah. Im Westen stecken wir einen solchen Menschen in eine Nervenklinik. Wir sagen, daß er Halluzinationen hat. Nach einer Weile beginnen wir aber zu verstehen, daß wir vielleicht nicht vollkommen darüber Bescheid wissen, was da vor sich geht, und wir stecken nur jemanden weg, weil er das Spiel nicht so spielt, wie wir es spielen. Sie sehen die Welt nicht auf die Art und Weise, in der wir sie sehen. Es stellt sich heraus, daß wir selbst auch Halluzinationen haben, schon weil wir auf eine ganz bestimmte Frequenz fixiert sind. Ich habe einen Bruder, der oftmals in die Nervenklinik eingeliefert wird; manchmal lassen sie mich ihn besuchen, aber der Psychiater ist mit dabei. Da ist nun mein Bruder auf einer Ebene und der Psychiater auf einer anderen. Sie machen beide insofern den Eindruck, verrückt zu sein, als sie beide in das verstrickt sind, was sie für die absolute Realität halten. Nun, von meinem Blickwinkel aus handelt es sich bei allen beiden nur um relative Realtitäten. Es gibt überhaupt keine absoluten Realitäten. Du mußt sich nur einmal eine Realität verschieben lassen — du kommst nur einmal aus ihr heraus, und plötzlich beginnt deine Bindung an das, was du für das Eigentliche gehalten hattest, unglaublich schnell einzustürzen. Du stellst fest: „Ja, das ist zwar relativ wirklich, aber nicht absolut wirklich." Darin besteht die Übung. Du gehst von dieser Ebene weg, und in dem Maße, wie du deine Bindungen verlierst, beginnst du damit, dich in andere Ebenen hineinzubewegen; diese nennen wir, sind wir auf die Ebene hier fixiert, häufig halluzinatorische Zustände. Und das ist manchmal schon ziemlich heikel: was ist eine Projektion wovon?

Du gerätst in andere Frequenzen hinein, wo alles völlig verschieden aussieht — verschiedenes Grün, verschiedene Wesenheiten — du selbst siehst anders aus. Deine verschiedenen Körper, die physischer Körper, Astralkörper und Kausalkörper genannt werden, befinden sich auf verschiedenen Frequenzen; du haftest an deinem physischen Körper, weil du an deinen Sinnen haftest. Wenn du auf jene Art und Weise anhaftest, dann nimmst du deinen physischen Körper nicht mehr zur Kenntnis. So besteht die unterste Ebene des Spiels dort, wo du deinen physischen Körper vom Astralkörper löst.

Ich würde gern ein Beispiel dafür bringen. Ich reiste einmal mit einem sehr prächtigen Swami, Muktananda, auf einer religiösen Pilgerfahrt durch Südindien. Eines Tages, etwa um drei Uhr früh, nahm er mich an der Hand — er ist ein sehr starker Swami, ein starker und hochentwickelter Mensch. Er nahm mich bei der Hand, führte mich zu einem kleinen Tempel an den höchsten Punkt der Stadt und flüsterte ein *Mantra* in mein Ohr. Das ist wie ein Rezept — es ist ein Satz, der wiederholt werden muß. Es ist eine Wortfolge in Sanskrit, und Sanskrit ist eine bewußtseinsmäßige Sprache; das heißt, der Schwingungsklang eines jeden Wortes ist dafür gedacht, bestimmte Dinge in deinem Nervensystem zu bewirken. Er rezitierte also dieses Mantra in mein Ohr, führte dann eine Zeremonie über mir aus, und ich verlor mein Körperbewußtsein. Einige Stunden später wurde ich wieder zurückgebracht, ich ging zu ihm hin und sagte: „Was ist da abgelaufen, Babaji?" Er sagte: „Jenes Mantra wird dir ungeheure Macht und ungeheuren Reichtum geben." Ich sagte ihm darauf: „Nun, das ist ja schön und gut, aber ich will gar keine ungeheure Macht und ungeheuren Reichtum. Es sei denn, du versprichst mir eine gleichwertige Menge an Liebe und Mitgefühl, sonst kannst du es vergessen." Er entgegnete: „Wiederhole nur das Mantra." Er ist übrigens Shivaite und sehr entschieden.

Natürlich brachte ich es nicht fertig, das Mantra sein zu lassen. Erstens einmal, weil ich Macht und Reichtum wollte — wenn ich auch gesagt haben mochte, daß dem nicht so wäre; und zweitens, weil er es so tief in mich eingepflanzt hatte, daß ich es gar nicht mehr losbekommen konnte. Und ich wiederholte dieses Mantra Tag und Nacht, ich machte nichts anderes mehr. Schließlich kam ich in seinen Ashram in der Nähe von Bombay zurück, und er ließ mich in einem inneren Raum, einem sehr besonderen Raum, meditieren — sie mußten ihn erst aufschließen, um mich hineinzulassen. Ich meditierte dort etwa zwischen halb drei und drei Uhr in der Frühe; ich liege flach am Boden, meinen Kopf nach hinten — es ist sehr heiß dort drinnen —, ich rezitiere dieses Mantra, und ich werde aus diesem Körper und dieser Ebene herausgenommen und auf eine andere Ebene gebracht, wo es wieder einen Raum gibt. Es scheint so, als wären die Wände aus Licht anstelle von einer festen Substanz gemacht. Ich komme in diesen Raum hinein, und genau vor mir sitzt Swami Muktananda, der genauso wie auf der physischen Ebene aussieht, klar? Es ist das, was du einen Traum nennen würdest.

Ich komme hinein, er sieht mich unmittelbar an, und ich gerate in den Zustand der Levitation — das heißt, ich schwebe frei in der Luft; das ist bekannt als eine geistige Kraft, was er mir ja versprochen hatte, stimmt's? Die Macht, mit meinem Astralkörper zu fliegen. Meinen Körper zu verlassen und mich zu bewegen, was in Indien als eine sehr große Macht gilt. So ging ich also langsam hoch in die Luft, ich kippte ein wenig nach vorne und bekam es etwas mit der Angst zu tun, du verstehst schon. Ich denke, daß ich mich besser ins Gleichgewicht bringen sollte, und im gleichen Augenblick denke ich: „Was mache ich denn, ich liege ja auf meinem Rücken?", und ich bin wieder zurück in dem ersten Raum. Ich wurde auf die physische Ebene zurückgebracht. Ich stehe auf, gehe aus dem Meditationsraum hinaus, Muktananda kommt auf mich zu und sagt: „Hat dir das Fliegen Spaß gemacht?"

Das ist nur ein winziges Beispiel dafür, um was es sich bei Astralgeschichten handelt. Ich hatte viele Erfahrungen, während denen ich meinen Körper verlassen habe. Du kannst deinen Körper da hineinbringen, was *Padmasana* oder Lotusstellung genannt wird, und dann befindet er sich in vollkommenem Gleichgewicht. Du kannst deinen Körper einfach dort hinsetzten, ihn verlassen und irgendwohin spazieren — wohin auch immer du willst. Du ziehst dich selbst von deinen Sinnen und deinem Denken zurück, und in der subtilen Form deines Denkens, in deinem Astralkörper, der dieser körperlosen Bewußtheit entspricht, gehst du dann hinaus. Ich kann dir sagen, das ist schon ziemlich merkwürdig, obwohl es fast noch merkwürdiger ist, vor einem derartigen Hintergrund über eine Sache wie diese zu sprechen. Du kannst zurückschauen und die Lichtkette erkennen, die die Körper miteinander verbindet. Sie sieht wie eine Nabelschnur aus, und das Licht scheint blau zu sein. Innerhalb *jenes* Körpers befindet sich ein weiterer Körper, und er wird immer subtiler und subtiler, wenn du deine Frequenz auf verschiedene Ebenen einstellst.

Nun stellen wir uns einmal vor, daß wir an keinem dieser Körper anhaften — was geschieht dann mit uns? Genau das trifft auf diesen Menschen zu, dem ich in Indien begegne. Wenn du nämlich nicht länger an irgendeiner dieser Ebenen hängst . . . wie wir das hier nennen . . . (Klopfen auf dem Boden) . . . wenn wir bis zu den Energiequanten hinuntergehen, nennen wir es Energie. Wir sagen, daß diese winzigen Einheiten, die innerhalb des Universums austauschbar sind, Energie sind. Anstatt sie nun Energie zu nennen, wollen wir sie Bewußtsein nennen und einfach behaupten, daß das Universum Bewußtsein sei. Nicht *Selbst*-Bewußtsein, sondern Bewußtsein. Das heißt, Energie und Bewußtsein sind lediglich zwei unterschiedliche Etiketten, was davon abhängt, von wo aus du dir alles betrachtest. Wenn er nun tatsächlich damit aufhört, der Typ zu sein, der in seiner Decke dasitzt, wenn er auch damit aufhört, seine immer subtileren und subtileren Formen anzunehmen, so ist das Bewußtsein, was übrigbleibt, reine Bewußtheit. Es gibt keine getrennte Wesenheit. Innerhalb des indischen Systems wird das *Atman* genannt. Es gibt ein *Jivatman*, was im Christentum die Seele genannt wird und die gesonderte Wesenheit des höheren Bewußtseins ist. Aber auch jene Schale zerbricht, und du könntest tatsächlich sagen — und das ist wirklich so unglaublich weit draußen, daß es schon ziemlich gewagt ist, es vor einer Gruppe denkender Wesen überhaupt auszusprechen —, daß mein Guru von der Milz meiner Mutter weiß, weil er die Milz meiner Mutter ist. Er weiß nicht, daß er etwas über die Milz meiner Mutter weiß, und eine

Minute, bevor er das sagte, wußte er nicht, daß er etwas darüber wußte; aber von allen Möglichkeiten im Universum kam jene Sache durch ihn hindurch — aber nicht durch sein Denken —, die für mich in jenem Augenblick meines Lebens notwendig war: „Ich glaube, ich sollte ihm dieses Ding mit der Milz seiner Mutter verpassen — das wird seinen Kopf schon gehörig aufwirbeln." Du mußt verstehen, daß sich niemand dort drinnen befindet. Damit können wir wohl so leicht nicht fertigwerden. Wenn wir dann einem von Katatonie betroffenen Menschen begegnen und uns ausreichend mit ihm beschäftigt haben, sagen wir: „Mein Gott, vielleicht ist niemand in ihm drinnen. Das ist nichts weiter als ein vegetierender Körper." Das ist jedoch leider ein abgeriegelter Ort auf einer anderen Ebene, jedenfalls nicht die letztendliche Frage. Die Situation ist jedoch jene, daß unser Bewußtsein zu *dem* Bewußtsein wird, worin Alles enthalten ist — obwohl du an diesem Punkt nicht weißt, daß du überhaupt etwas weißt. Denn du *bist* es, du *weißt* es nicht. Es dreht sich um das Wesen des Seins gegenüber dem Wissen.

Das ist eine sehr, sehr heikle Angelegenheit, denn unsere gesamte Erziehungstradition besteht ja darin, daß du dir Wissen erwirbst, indem du die Dinge ansammelst und dann weißt. Hier aber gab es überhaupt keine Möglichkeit, daß er jene Sache hätte ansammeln und wissen können. Schon einen Augenblick später wußte er bereits nichts mehr von dieser Milz. Auch das ist ziemlich weit draußen. Nachdem ich seit fünf Jahren mit meinem Guru zusammen bin und praktisch über nichts anderes nachdenke als „Wer ist er?" und „Was ist das?", kann ich noch immer niemanden bei ihm zuhause vorfinden. Es ist einfach niemand da! Es gibt da zwar eine Persönlichkeit, aber es ist nicht das, was jene Person ist. Das kann ich fühlen. Das kannst du spüren. Das kannst du spüren, wenn du damit zu tun hast. Du glaubst, er sei der erlesenste Geist in der ganzen Welt, und in der nächsten Woche ist er der einfältigste alte Mann — ungeschickt, sich ständig wiederholend, schwerfällig. Du denkst: „Ufff. Stöhn. Oh, was war ich weg! Ich bin froh, daß ich das Licht wieder sehen kann." Wenn du dann gerade sagen willst: „Zum Teufel mit ihm, ich gehe jetzt", macht er irgend etwas unglaublich Angetörntes. Du verstehst schon, wenn jemand über einen sehr subtilen Humor verfügt, der sich heimlich eingeschmuggelt — du dachtest schon, du hättest den Scherz verstanden, und dann plötzlich — Oh! Dann erkennst du, daß du den Witz überhaupt nicht verstanden hast, weil es ein ganz anderer gewesen ist. Mit ihm aber kommst du dahin und weißt, daß es noch ungefähr zehn weitere Schichten dort draußen gibt — und er befindet sich immer genau an jeder und sagt: „Ah, sieh' den Witz hierbei." Und die meiste Zeit über habe ich das Gefühl, wie eine Puppe oder Marionette an einem Faden zu sein. Glaube ich etwa, daß ich es mir ausgewählt habe, den Bus auf das Mela-Gelände fahren zu lassen? Und wie konnte er etwas davon wissen, um das Essen am Morgen anzuordnen? ...

Gesetzmäßigkeit des Universums

Es erweist sich, daß das Universum einem Gesetz unterliegt — übrigens keinem logischen Gesetz. Das Gesetz, wovon ich spreche, könnte als das göttliche Gesetz bezeichnet werden. Das heißt, es ist in dem Sinne kein logisches Gesetz, daß *a* *a* und nicht b ist. Es ist ein Gesetz, das Widerspruch und jegliche Möglichkeit beinhaltet. Innerhalb jenes Gesetzes des Universums verhält sich alles, was eine Form hat, vollkommen gesetzmäßig — ob es sich nun auf dieser oder irgendeiner anderen Ebene befindet, worüber ich gesprochen habe. Wenn wir das auf unsere logische Entsprechung reduzieren, was zwar keine genaue, aber eine ähnliche Entsprechung ist, können wir innerhalb eines deterministischen Bezugsrahmens denken. Im deterministischen System gibt es keine freie Wahl. Das heißt, wenn die Gesetze davonlaufen, laufen sie eben davon, und auch die Erfahrung der freien Wahl ist lediglich ein anderer Wettlauf des Gesetzes. Unter jenen Bedingungen sind Vergangenheit, Gegenwart und Zukunft alle vollkommen gesetzmäßig miteinander verbunden.

Denn wir befinden uns in der Zeit; wir denken, daß die Zukunft noch nicht begonnen hat. Das erinnert jedoch sehr daran, eine handelnde Person in einem Buch zu sein: du bist auf Seite 23 und weißt nicht, was auf Seite 24 passieren wird, weil du denkst, daß du die handelnde Person in diesem Buche bist. Stelle dir nun aber vor, du liest das Buch — gut, du könntest umdrehen und herausfinden, was auf Seite 24 geschah. Nun stelle dir vor, daß du das Buch geschrieben hast. Du würdest bereits wissen, was auf Seite 24 geschah. Der Hinduismus und alle diese dualistischen, religiös-philosophischen Bewegungen sprechen über „das Eine", den „einen Guru" oder *Satguru* oder wie du das auch immer nennen willst. Im Judentum heißt das „Der Herr ist das Eine", und Jesus sagt: „Mein Vater und ich sind eins." Wenn du in diese Traditionen hineingehst, siehst du, daß, wenn er sich selbst von den Bindungen freigemacht hat, wovon ich gesprochen habe — physische, subtile und diese ganzen Spiele mit der unterschiedlichen Schwingungsebene — er und Bewußtsein das gleiche sind. Und da ja alles austauschbar ist, existiert natürlich nur eines davon. Über die Art und Weise, in der es sich in einer Erscheinungsform oder auf diesen verschiedenen Ebenen manifestiert und zuerst in Form von Wolken, dann in festen Körpern herunterkommt — und all dies vollkommen *gesetzmäßig* —, könntest du tatsächlich sagen: „Er ist das Gesetz." Gott ist das Gesetz.

Auf diese Art und Weise kommt das Wort „Gott" zum guten Schluß doch noch hinein, und das ist für uns ziemlich belastet. Du könntest aber sagen, daß die Juden daher solch großes Interesse für das Gesetz zeigten und um was es sich bei den Zehn Geboten handelte, die Moses mit sich zurückbrachte. Denn das Universum der Formen ist nichts weiter als die gesetzmäßige Manifestation dieser Energie in Form von Mustern, und weil alles diesem Gesetz unterliegt — Vergangenheit, Gegenwart und Zukunft —, *sind* auch alle schon. Wenn du dich daher in der Nähe dieses Wesens, meines Gurus, aufhältst, erkennst du, daß er nicht mehr in der Gegenwart als in der Vergangenheit oder Zukunft ist und daß für ihn alles gleichermaßen verfügbar ist. Wenn ich mit ihm zusammen saß, blickte er häufig auf ein Wesen, und später dann, wenn es in einem kleinen Gespräch aufgrund einer karmischen Ursache zur Sprache kam, die ich nicht ganz verstand, sprach er davon, was diesem Typen passieren werde. Innerhalb der tibetischen Tradition entspricht das einem Lama, der Postkarten verschickt und darauf schreibt: „Am nächsten Donnerstag um 2 Uhr werde ich meinen Körper verlassen. Ich werde sterben. Ich hoffe, daß du mir dabei Gesellschaft leisten wirst." Jeder findet sich ein, und am Donnerstag um 2 Uhr dreht er sich dreimal um sich selbst, setzt sich hin und stirbt.

Du mußt wissen, daß ein voll bewußtes Wesen immer genau den Augenblick kennt, wann es sterben wird — wenn es sich überhaupt darum kümmert. Der Ausdruck dafür ist, ,,wenn es seinen Körper verlassen wird" — und um genau das handelt es sich dabei, den Körper zu verlassen. Es bedeutet, auf der physischen Ebene zu sterben. Ramana Maharshi, ein sehr eindruckvolles Wesen, hatte Armkrebs und wollte ihn nicht behandeln lassen. Seine Anhänger beschworen ihn: ,,Oh Bhagavan — Gott — sorge dich um deinen Körper." Er gab ihnen zur Antwort: ,,Nein, er hat seine Aufgabe auf dieser Ebene beendet." Darauf sagten sie: ,,Verlasse uns nicht, verlasse und nicht." Er sah sie wie verwundert an und sagte: ,,Wohin kann ich denn gehen? Denkt ihr denn, nur weil ihr mich nicht auf der Ebene werdet sehen können, die ihr gewöhnt seid, daß ich irgendwo anders hingehe?"

Meine Erfahrung mit meinem Guru über diesen Zeitraum von fünf Jahren ist diejenige, daß er mich langsam übernommen hat — und das ist eine sehr dicke Sache für einen Menschen des Westens. Etwa, wenn mich mein Vater fragt: ,,Wirst du wohl heiraten?" — denn die Frau, mit der ich zusammenlebte, ist in Indien bei meinem Guru, und er nennt sie Frau Ram Dass. Daher sage ich: ,,Das weiß ich nicht. Er hat mir noch nichts davon gesagt." Mein Vater kommt aus einer Tradition, wo du niemand anderen fragst, wenn du . . . ,,Was soll das heißen, er hat dir noch nichts davon gesagt?", fragt er. ,,Triffst du nicht deine Entscheidungen alleine?" Und ich sage: ,,Nein". Nein. Von unserem Standpunkt aus denken wir natürlich, daß wir dabei etwas verlieren. In der christlichen Bibel heißt das: ,,Nicht mein Wille, sondern Dein Wille, o Herr." Denn wenn du das einmal kapiert hast — wer dachte denn, daß er die Entscheidung im Bus treffe, nach rechts abzubiegen? Wenn du einmal wahrnimmst, daß du nicht derjenige bist, für den du dich immer hieltest — wielange willst du dann das kleine Rührstück noch ausspielen, daß du denkst, du machst alles von selbst? Und wenn du nicht mehr denkst, daß du alles machst und immer noch alles gesetzmäßig abläuft, so könntest du dich doch genauso gut einfach hinsetzen und zuhören, wie das alles zustande kam. Das ist ,,Nicht mein, sondern Dein Wille". Es ist das, was *ergeben* genannt wird — und das finden wir dermaßen schrecklich, weil wir bei dem Wort ,,ergeben" daran denken, daß sich ein Ego dem anderen ergibt. Wenn wir uns jedoch vorstellen, daß wir uns einfach dem Gesetz ergeben oder die Illusion aufgeben, daß wir selbst die Wahl treffen . . . Die Vorstellung ist: wenn wir uns ergeben, hat das das Chaos zur Folge? Hat Freud recht? Stimmt die ganze Vorstellung, daß wir eigentlich ein wildes Tier sind? Oder ist das nur mehr aus dem Spielplan?

Karma und Reinkarnation

Die beiden Begriffe, die alles zusammenbringen — die der Osten hat, aber der Westen leider auf den Konzilen von Nizäa, Trient und Konstantinopel aus seinen Religionen entfernt hat — sind die Vorstellungen von *Karma* und *Reinkarnation.* Da wird wirklich zum Ausdruck gebracht, wer wir als getrennte Wesenheiten sind: Wesen, die sich immer wieder inkarnieren. Das bedeutet, eine Form anzunehmen auf bestimmten Schwingungsfrequenzen, die wir einmal die physische Ebene nennen wollen. Geboren zu werden, um bestimmte Arten von Bindungen auszuarbeiten und ganz durchzuspielen, das Anhaften zum Ende zu bringen. Hast du es schließlich geschafft mit der Bindung, dann hören auch die Wünsche auf, die dich immer haben wiedergeboren werden lassen, und du wirst eins mit ,,dem Einen". Das ist das Wieder-Eintauchen in das Eine. Von einem zenbuddhistischen Standpunkt aus gibt es kein Eines mehr, sobald du einmal in dem Einen bist. Natürlich kannst du das Eine nicht wahrnehmen; du siehst es nur, wenn du zwei bist. Bist du einmal im Einen, ist es mit dem Dualismus vorbei.

Diese beiden Denkmodelle, diese beiden Begriffe geben der Bedeutung deines täglichen Lebens oder der Bedeutung des menschlichen Leidens einen völlig anderen Sinn. Denn erkenne ich mich einmal als jemand, der diese Bürde auf sich genommen hat, um bestimmte Reinigungsprozesse durchzuführen, fange ich damit an, die Erfahrungen in meinem Leben als Teil jener Reinigungsübung zu beobachten. Dann sehe ich dieses Leben als eine bestimmte notwendige Arbeit an, die ich zu leisten habe. Das ist die Frage, welche Bedeutung das Leben hat. Um jedoch so vorgehen zu können, arbeite ich nicht länger mit der philosophischen Grundlage des Westens, nämlich dem philosophischen Materialismus. Ich meine Materialismus nicht in dem Sinne, als hätte ich es mit einer Armbanduhr zu tun. Ich meine damit Materialismus, der behauptet, daß wir mit unseren menschlichen Körpern identisch sind, und wenn sie nicht mehr da sind, ist auch alles vorbei. So hole dir jetzt das, was du kriegen kannst, denn danach geht nichts mehr. Wenn du dir vom Standpunkt des philosophischen Materialismus aus die Welt ansiehst und wenn du das Kastensystem betrachtest, das früher in Indien existierte und das gerade jetzt erst langsam zugrunde geht, erkennst du schreckliches Unrecht. Wenn du dir das vom Standpunkt der Inkarnation aus betrachtest, sieht die Sache völlig anders aus. Diese Menschen in den indischen Dörfern leben immer noch „im Geiste". Sie sind nur jetzt auf diese Weise mit der Erde identifiziert.

In der Psychologie bezeichnen wir das nun als eine Bewußtseinsspaltung, als einen Schutzmechanismus, um sich vor übermäßiger Sorge zu schützen. Das heißt, auch dieses Spiel ist mir durchaus bekannt. Das ist eine Möglichkeit, um es zu betrachten — nämlich diejenige, den philosophischen Materialismus, der sich nämlich aus einer Reihung von Annahmen ergibt, vor dem Verderben zu schützen. Wenn du jedoch von einer anderen Erfahrungsgrundlage aus arbeitest, scheint dir der philosophische Materialismus nicht mehr allzu stichhaltig zu sein. Gelangst du einmal auf eine andere Ebene, so erkennst du, daß du diese Geburt tatsächlich wegen einer bestimmten Aufgabe angenommen hast, und diese führst du einfach aus. In jenen Fällen erfüllt der König seinen *Dharma* oder seinen vollkommenen Weg, wo *seine* Sache darin besteht, ein vollkommener König zu sein; und der Straßenkehrer geht *seiner* Sache nach, nämlich der vollkommene Straßenkehrer zu sein. In dem Dorf wünscht sich der Straßenkehrer nicht, daß er der König wäre, denn der Wunsch, König zu sein, läßt ihn nicht mehr den vollkommenen Straßenkehrer sein, und seine Arbeit besteht darin, eben jene eine Sache durchzuspielen. Der König wird einmal der Straßenkehrer, der Straßenkehrer wird der König sein und so weiter. Von unserem Standpunkt aus wirst du jetzt sagen: „Nun gut, das ist nichts weiter als Phantasie und Projektion." Aber für Menschen, die auf einer anderen Ebene oder in einer unterschiedlichen Identität mit sich selbst leben . . . So wie der Typ, von dem ich erzählt habe, den ich in Indien aufsuchte. Er hält sich in einem Dorf auf; du gehst dort die Straße entlang und sagst: „Weißt du, was Maharaj-ji gerade gemacht hat? Er hat mir das und das erzählt . . ." Und die anderen sagen: „Ja, natürlich . . . aber hast du schon gehört . . ." Das heißt, für sie ist das ganz alltäglich. In dem Dorf, wo ich lebe, sagt jeder: „Natürlich passiert dieses ganze Zeug. Davon sollte man doch nicht so ein großes Aufhebens machen." Denn sie leben viel näher als wir an dieser Ebene, wo alles dies möglich ist. Für uns ist das schon ein „Wunder", weil es nicht in unser bestehendes philosophisches Begriffssystem hineinpaßt.

Die Reinkarnation muß nun nicht so linear wie im Sinne von Bridey Murphys Weisheit letzter Schluß verlaufen. Es mag gut sein, daß alles in Form von Vergangenheit, Gegenwart und Zukunft gleichzeitig da ist. Es gibt viele Möglichkeiten, sich die fünfte Dimension der unendlichen Wiederholung, Veränderungen etc. vorzustellen. Viele Möglichkeiten, sich die Reinkarnation vorzustellen. Ich betrieb Persönlichkeitsforschung und, wenn Mutter und Vater etwas Bestimmtes taten, versuchten wir vorauszusagen, wie das Kind im Sinne von Freuds Identifikationstheorie sein würde. Wir erforschten den Widerstand gegenüber Versuchungen, Schuldgefühle, Sozialisation von Wertmaßstäben und sexuelle Rollenidentität: die vier Dinge, die vermutlich Ausdrucksformen von Identifikation sind. Wir befragten die Eltern viele Stunden lang. Wir untersuchten das Kind mit ausgezeichneten Instrumenten, warfen das alles in ein phantastisch komplexes faktorenanalytisches Konstruktionsmuster hinein und kamen gewöhnlich mit einer Korrelation von, sagen wir, zwischen 40 und 60 wieder heraus. eine Korrelation von .4 bedeutet, daß du für 16 Prozent der Variabilität eine Erklärung gefunden hast, was bedeutet, daß 84 Prozent der Variabilität ungeklärt bleiben. In der Sozialwissenschaft sagen wir dann: „Nun, wenn wir mehr Variablen in den Computer hineinstecken könnten . . . das ist eine derart vielschichtige Angelegenheit . . . von einer einzigen Variante können wir das nicht voraussagen." Oder wir sagen: „Hmm, die Theorie stimmt noch nicht ganz — aber fast. Wenn es soweit ist, geht es aufwärts." Aber, siehst du, jene 84 Prozent, die noch übrigbleiben, nennen wir Zufallsquote. Oder wir sagen, daß wir keine Variablen in die Maschine gesteckt haben: alles das könnte sehr leicht für eine Anzahl verschiedener Möglichkeiten in Betracht gezogen werden, wie es sich wirklich mit allem verhält.

Ich stelle überhaupt nicht in Frage, daß mein Körper durch meine elterlichen Erbanlagen mit der Vererbung in Beziehung steht und daß meine Persönlichkeit beeinflußt wird von der Internalisierung von Wertmaßstäben durch meine Beziehungen zu meinen Eltern und der Gesellschaft — meine Sozialisation. Ich stelle das überhaupt nicht in Frage. Soweit ich davon betroffen bin, ist das die Verpackung, aber es ist nicht das, *wer ich bin.* Vom Blickwinkel der Reinkarnation aus weiß ein Mensch tatsächlich vor seiner Geburt ganz genau, auf was er sich da einläßt. Er kauft nicht die Katze im Sack; er weiß genau, was er sich da einhandelt. Sie sagen: „Ich lasse mich auf diese Eltern, diese Erfahrung ein. Ich werde in diesem Leben sein, ich werde nur ein Auge haben, ich werde ein Krüppel sein, ich werde damit enden, auf den Straßen von Benares zu Tode geprügelt zu werden — genau das ist es, was ich brauche. O. K., diesen Weg wähle ich." Du tauchst nach unten, und der Schleier senkt sich. Da bist du, hier sind wir, wir durchlaufen dieses Leben, dann ist alles vorbei, wir tauchen wieder aus ihm hoch und wachen auf. O. K., durch dieses bist du hindurchgegangen; wollen wir mal sehen, was als nächstes kommt. Jetzt müßte ich ein Herzog sein, aber es könnte sein, daß ich darauf Tausende von Jahren warten müßte.

Ich weiß, daß ich Sie ziemlich strapaziere, aber ich versuche nur, ein bestimmtes Gefühl zu vermitteln. Das Spiel ist viel interessanter, als wie wir von ihm annahmen. Du beginnst, diese gesamte physische Ebene als eine Übungsschule anzusehen. In dem Augenblick, wo du damit aufhörst, all die Erfahrungen, die jedes einzelne Wesen gehabt hat und die in dein Begriffsmodell nicht hineinpassen, wer du bist und wie alles funktioniert, als Halluzinationen oder Irrationalität, Psychose oder Abweichung zu behandeln, verstehst du sie wirklich als Information . . . Du siehst, hier liegt das Kernproblem: du entfernst dich davon, ein Schiedsrichter, ein Richter zu sein. Der Richter sagt: „Muß ich das akzeptieren, was er sagt oder nicht? Er ist ein ziemlich überzeugender Typ, aber er hat offensichtlich zuviele Drogen genommen. Er hat den Bereich verlassen von . . ." Ich meine damit, daß es in uns allen einen derartigen Ort des Urteilens gibt. Wir lassen alle diese Erfahrungen durch unser logisches Denken laufen, weil wir annehmen, das sei eine wirklich großartige Sache. Von einem anderen Blickwinkel aus gibt es, wie ich bereits erwähnte, offensichtlich noch andere Möglichkeiten des Wissens. Jene wird für eine psychische

Kraft, *Siddhi*, gehalten. Das Wissen durch den Intellekt ist lediglich eine weitere Kraft. Früher galten zum Greifen geeignete Hände für eine große Sache, und die Wahrnehmung durch das Gehirn ist eine weitere. In der indischen Tradition der Yogis heißt es: „Sieh', alles scheint eine große Sache zu sein, aber mach' dich davon nicht abhängig." Anstatt zu sagen: „Nun, das ist eine gute Sache — ich werde sie benutzen und kontrollieren . . ." Siehst du, wir sind an Kontrolle und Herrschaft interessiert. Wir können bis zum Mond fahren, sind wir nicht großartig? Ich kann es zwar sagen, aber vielleicht können Sie es nicht verstehen; ich kann sagen, daß — von Maharaj-jis Standort aus betrachtet — er selbst der Mond *ist*. Warum sollte er sich dorthin begeben wollen? Der Mensch hat ständig jegliches kleine Werkzeug genommen, das ihm gegeben wurde, und es dazu gebraucht, um die Macht seines eigenen isolierten Seins zu vergrößern. Tatsächlich aber gibt es eine vollkommen andere Ebene, wo du zu einem Teil innerhalb des gesamten Ablaufs wirst, weil du dich dazu entscheidest, daß dein eigenes isoliertes Sein nichts weiter als Teil eines Abtragungsprozesses ist. Du identifizierst dich nicht länger als isoliertes Wesen. Die chinesische Philosophie, die sich am meisten in Harmonie damit befindet, wird *Tao* genannt. Sie ist in einem schmalen Bändchen enthalten, das *Tao Te King* heißt und wahrscheinlich von dem Philosophen Lao Tse stammt. Es ist einfach eine schriftliche Aufzeichnung darüber, was der Fluß ist, wie das natürliche Gesetz beschaffen ist. Du wirst immer mehr und mehr wie ein Fluß. Wenn ein Fluß den Strom hinabfließt, sagt er nicht, ich muß den Gesetzen der Schwerkraft folgen oder heute will ich daran denken, den Strom hinunterzufließen. Es gibt keine überlagernde Schicht des Selbst-Bewußtseins. Wir stehen unter dem Eindruck, daß jener Überzug sich uns in Sicherheit wiegen läßt; tatsächlich aber stellt es sich heraus, daß wir damit verlieren anstatt zu gewinnen. Es ist ein Gewinn auf kurze Sicht und ein Verlust auf lange Sicht.

Das Lustige an meiner Reise im Augenblick ist — je weiter ich gehe, desto weniger denke ich. Das Tao sagt, daß der Schüler durch tägliches Wachsen den WEG lerne — der Weg in der Bedeutung, so wie Christus sagt: „Ich bin der Weg." Der Weg, die Harmonie wird durch täglichen Verlust gefunden: Verlust auf Verlust — bis sich schließlich der Weg einstellt. Wenn ich davon spreche, das Denken auf einen Punkt hin auszurichten, sitze ich zum Beispiel sechzehn Stunden am Tag da und folge meinem Atem, denke an all die Bücher, die ich lesen könnte, all das Wissen, das ich ansammeln könnte. Ist es möglich, indem ich mein Denken auf einen Punkt hin ausrichte, daß ich all das wissen werde — ohne zu wissen, daß ich es weiß, aber es verfügbar habe? Auf was du dich da zubewegst, ist das ideale Computerprogramm, das kein festgelegtes, sondern ein vollkommen fließendes Programm ist. Es verbessert alle Daten, mit denen es gefüttert wird, in der Form, welche Funktion sich als notwendig erweist. Das wäre das ideale Programm, das Programm mit keinem Programm. Es ist dasjenige Programm, das sich immer in vollkommener Harmonie mit dem Bestmöglichen befindet.

Wir denken, daß alles zum Teufel gehe, wenn wir nicht denken. Es ist schon ziemlich ausgeflippt, daß du durch eine Zeitspanne hindurchgehst, wo du das erwartest und wo es auch den Anschein hat. An diesem Punkt brauchen wir von Zeit zu Zeit eine Atempause, wenn wir Programme wechseln. Dann kommst du auf eine Ebene, wo du immer weniger und weniger denkst und immer mehr und mehr passiert und immer mehr und mehr und mehr zu einer Angelegenheit des Stammhirns wird. Das ist eine schlimme Art und Weise, es auszudrücken, aber das ist es in Kurzfassung. Immer häufiger bist du leer, mehr und mehr läuft die ganze Zeit über alles perfekt ab.

Ich machte früher Therapie; kam ein Patient herein, so hatte ich ein Denkmodell davon, was mit Patienten los war. „Ich bin der Doktor; du bist ein Patient." Ich war ein Anhänger Freuds. Ich wurde am psychoanalytischen Institut ausgebildet. Ich hatte ein Denkmodell davon, was psycho-sexuelle Phasen waren. Ich hatte überhaupt eine ganze Sammlung von Denkmodellen. Die Person konnte „Bzzz" sagen, das ging in die betreffende Kategorie in meinen Kopf hinein, und ich sagte dann gewöhnlich: „Oh, ja." Bei Kategorie A pflegte ich Antwort 3 zu geben. Ganz genau so machte ich es natürlich nicht, aber es handelte sich um jene Art von Tanz. Sie sagten: „Meine Mutter bzzz", ich schrieb es auf, und sie konnten erfahren, wann ein Bonbon zur Belohnung fällig war. Ich meine damit, wir alle kennen jene Forschungsuntersuchungen, die nur aufzeigen, wie jeder Therapeut seinen Patienten darin schult, Anhänger Rogers, Freuds oder was auch immer zu werden. Wenn der Patient dann so denkt wie der Therapeut, sagt er: „Sie sind geheilt."

Nun stell' dir einmal vor, daß du überhaupt kein Denkmodell von irgend etwas in deinem Kopf hast. Du hast nicht einmal die Vorstellung, daß es einen Patienten gibt oder daß du der Doktor bist. Hier ist einfach ein Wesen, dem zu zufällig begegnest. Du könntest es in einem Bus treffen, du könntest es im Bett vorfinden, du könntest ihm im Büro begegnen. Wer weiß, wo du dem nächsten Wesen begegnen wirst? Hier sind wir. Und wer sind wir? Wen sehe ich, wenn ich ein anderes menschliches Wesen anschaue? Bin ich auf einen Brennpunkt konzentriert? Auf welche Ebene ist mein Mikroskop eingestellt? Sehe ich den Körper? Nun, wenn ich auf meine sexuellen Begierden fixiert bin, ist es das, was ich sehen werde. Ein wunderschönes Wesen geht vorbei, und ich mache „Umm". Du verstehst, wenn du die Straße entlanggehst und sinnlich oder geil bist, ist das alles, was du siehst. Du gehst an einer Bäckerei vorbei und bemerkst sie nicht einmal. Hast du jedoch Hunger, dann siehst du die Bäckerei, und das wunderschöne Was-auch-immer löst überhaupt nichts bei dir aus . . . es sei denn, es hat ein Brötchen in der Hand. So sieht die Situation aus: deine Begierden, deine Motivationen beeinflussen deine Wahrnehmungen, wie wir alle wissen. Nun wollen wir einmal annehmen, du sitzt da und hast dich selbst durch die Art und Weise deiner Einsicht und deiner Selbstdisziplin geschult. Alle diese Begierden umgeben dich, das heißt, all das läuft, aber es ist fast wie der Ölstandsmesser in deinem Auto: wenn es Öl braucht, leuchtet ein rotes Lämpchen auf, und du gibst ihm Öl; du mußt jedoch nicht selbst dein Ölstandsmesser sein. Der Ölstandsmesser erfüllt genau seine Aufgabe, der Benzinanzeiger erfüllt die seinige. Alles geht seiner Sache nach, und genau hier bist du. Wenn ich einen anderen Menschen anschaue, sehe ich Körper, und dann sehe ich Persönlichkeit oder höre ich Persönlichkeit oder sehe jene Ebene. Tauche nur etwas tiefer ein, da liegt die Persönlichkeit. Dann stimme dich noch einmal ein, und hier sind wir. Hier *sitzen* wir. Es ist so, als würdest du innerhalb jener Verpackung sitzen und ich innerhalb dieser. „Bist du dortdrin?" „Ja, ich bin hier." Die Art und Weise jedoch, in der es nach außen tritt, geschieht durch Persönlichkeit, durch Körper, durch den ganzen Verpackungsprozeß. Die Situation ist diese: bestimmst du ein anderes menschliches Wesen als seine Verpackung oder als sein innerstes Wesen?

Wenn du nun durch verschiedene Seinsebenen hindurchblickst, kannst du auf Wesensformen kommen, die immer noch individuelle Unterschiede sind. Es gibt astrale Unterscheidungen, womit sich die Astrologie im Gegensatz zum MMPI-Test beschäftigt, der es mit der Persönlichkeit hat. Astrologie ist der MMPI-Test der nächsten, weiter hinausreichenden Ebene. Wie beim Rorschach-Test, kannst du immer weiter schauen und einstellen und hinter dieses und jenes gehen, bis du an den Punkt kommst, wo du dir selbst in die Augen siehst. Denn es stellt sich heraus, daß hinter allen individuellen Unterschieden nur *einer* von uns ist. Von meinem Standort aus gibt es in diesem Augenblick im Universum allerhöchstens nur zwei Wesen. Und häufig scheint es nur Eines zu geben. Von den zweien aber, die übriggeblieben sind, ist der eine der, wovon ich immer noch denke, daß ich es bin, und Gott oder Alles.

Jeder, dem ich begegne, ist eine Lehre, die zu mir gekommen ist. Der Grund dafür, daß ich auch jetzt noch andere Wesen sehe, liegt in den Wünschen, an denen ich noch immer hafte und wozu diese ganze Ebene hier gehört. Die Sache, die uns verbindet, ist, daß wir alle Wünsche haben, die diesen besonderen Schwingungsraum einschließen. Wir alle sind in diesen hier hineingeboren, und — mit ganz wenigen Ausnahmen, wie dieser Typ, mit dem ich in Indien zusammen bin — die meisten von uns denken, daß dies wohl die Realität sein müsse. Es ist einer Gruppe von Leuten vergleichbar, die sich in einem Schulungszentrum befinden, die aber niemals außerhalb der Mauern gewesen sind. Es entspricht Platos Bild von der Höhle. Alle diese Wesen sind in der Höhle in Ketten gelegt, und das bereits solange, daß sie nur den Widerschein des Feuers an der entgegengesetzten Seite der Höhle gesehen und eine ganze Kultur darauf aufgebaut haben. Dann kann sich einer der Typen einen Augenblick lang befreien, er tritt vor den Eingang der Höhle und sieht die Sonne, die Bäume und alles; er hastet zurück und sagt: „Freunde, ich sage es euch nur ungerne, aber . . .", und sie steinigen ihn. Das ist es, was Plato betont. Sie steinigen ihn, weil sie nicht wissen wollen. Sie wollen ihre Pläne nicht über den Haufen werfen, weil diese ihnen allzu gut erscheinen. Sie bekommen ihren Lohn. Sie haften immer noch daran, ihre Begierden innerhalb der Zeit zu erfüllen, weil ihnen die Beziehung zwischen Leiden und Zeit noch nicht gedämmert ist. Das kommt den Menschen erst, wenn sie sich darauf vorbereiten zu sterben. Dann plötzlich scheint ihr ganzes Geld, all ihre Bindungen, ihre Stellung und die ganze Schönheit soviel wert zu sein wie „slish" — ein Nichts, um mit Thurber zu sprechen. Es ist nichts als Ballast. Es ist nichts weiter als Kram, und nun werden sie damit konfrontiert und verstehen nicht. Viele von uns aber sahen dieses „slish" etwas früher als erst in dem Augenblick, ehe wir sterben werden.

Was sich innerhalb der westlichen Kultur abspielt und wirklich Furcht einflößt, ist die Tatsache, daß wegen der Technologie — nicht trotz der Technologie, sondern wegen der Technologie — die Grenzen unseres verstandesmäßigen Denkens früher wahrnehmbar werden. Und die Grenzen dessen, was wir in Form der totalen Befriedigung durch die äußere Welt fassen können, werden immer früher und früher sichtbar. Ein Kind von zwölf Jahren hat bereits stellvertretend eine Auswahl von, sagen wir, zweihundert Erwachsenenrollen durch das Fernsehen durchlaufen. Es war schon auf dem Mond, es war schon Rechtsanwalt, es war schon der Polizeipräsident von Los Angeles, es war schon ein Spion für den CIA. Wenn du daher sagst: „Was willst du einmal werden, wenn du groß bist?", so ist das eine ziemlich überholte Frage, etwa wie: „Worüber sprecht ihr denn?" Es ist an dem Punkt angelangt, wo es genau im Hier & Jetzt ist. Es will überhaupt nichts sein. Es ist aus ihnen allen herausgewachsen. Es kann sich den Präsidenten ansehen und Frank Sinatra und alle die Typen, die es in der Gesellschaft zu etwas gebracht haben, und sagen: „Oh-oh, Junge ... das möchte ich aber nicht ... was immer es auch sein mag, aber das scheint mir nicht das Richtige zu sein." Auch die sexuellen Sitten und Bräuche ändern sich, so daß er nicht mehr bis zum Alter von dreißig Jahren warten muß, um seine erste sexuelle Erfahrung zu machen. Häufig kann er schon mit fünfzehn die ganze Sache hinter sich gebracht haben. Das Spiel verändert sich, die Häufigkeit des Gebrauchs von Marihuana und all dieser Dinge bedeutet, daß er bereits damit spielt, sein Bewußtsein freizumachen und daß er schon auf anderen Ebenen gewesen ist. Was ist dieses Wesen also? Wer ist das? Was ist passiert? Das alles hat übrigens mit Technologie zu tun und auch mit der Kulturphilosophie des „Mehr ist besser". Wir haben mehr und mehr und immer mehr angesammelt, und das, was uns langsam dämmert, ist, daß mehr niemals genug ist.

Der nächste Schritt wird durch Verzweiflung motiviert. Darüber wollen wir jetzt sprechen. Wenn der Mensch damit aufhört, völlig gefesselt von seiner Macht, von seinem Intellekt zu sein, wenn er alles kaufen, kontrollieren, beherrschen oder bekommen kann, was er will, und immer noch ... das ist die „Welt der Götter". Ich kann ein Gott sein und immer noch Ram Dass oder Richard Alpert oder wer auch immer ich gewesen bin. Das kann ich wissen, unter Kontrolle haben und Herr darüber sein. Dann dämmert es mir, daß all dies vergänglich ist. Es ist alles vergänglich, und sogar wenn wir es bekommen, reicht das nicht aus. Wir haben kluge Männer und Weise gehabt — nicht allzuviele im Westen —, aber es hat auch Wesen gegeben, die sich vollkommen realisiert hatten; sie haben einen bestimmten Schwingungsraum, und wenn du in ihrer Nähe bist, spürst du großen Frieden. Wenn nun großer Frieden seinen Anteil daran hatte, Dinge zu erreichen, würden wir sicherlich die herrlichsten, mächtigsten und erfolgreichsten Wesen innerhalb der Gesellschaft erwarten, um jenen großen Frieden auch zu zeigen. Nun, in der Regel sind sie ein Beispiel für die Menschen, die am wenigsten vorzeigen. Dann taucht eine Verzweiflung auf, die eine absolut notwendige Voraussetzung für die ganze Reise ist: die Verzweiflung, die darum weiß, daß es so, wie du es dir vorgestellt hast, nicht laufen wird. Jene Verzweiflung ist eine Vorbedingung dafür, um sich zurück ins Innere zu wenden, und das wiederum bringt dich dazu, auf die nächste Ebene zu kommen; das ist es, grob gesagt, womit viele von uns im Augenblick beschäftigt sind. Einige von uns tun dies in ihrer Freizeit; einige von uns tun dies Sonntag morgens oder Samstag abends; einige von uns versuchen, es in unsere Arbeit einzubauen; einige von uns sagen: „Nun, ich kann nichts weiter tun, als das alles durchzumachen und abzuwarten, was passiert."

Für mich als Psychologen ist es ziemlich außergewöhnlich, mich von so vielen

Denkmodellen freigemacht zu haben, die ich für unumgänglich hielt. Kommt nun jemand zu mir und setzt sich mit mir zusammen hin, so kommen sie und sagen: „Mein Problem ist brrr . . . und ich leide . . ." Sie erzählen mir das alles, und ich blicke genau in ihre Augen — denn das sind die Fenster der Seele —, und ich blicke genau durch all das hindurch. Haben sie sich alles von der Seele geredet, dann sage ich: „Gut. Ich habe alles gehört. Hier sind wir. Du hast mir zwar etwas von deinem Rührstück erzählt, aber das entspricht nicht dem, der du bist. Denn ich kann erkennen, daß das alles nur nebensächliches Zeug ist. Es ist so, als wenn du mir von deinem Lackier-Job an deinem neuen Cadillac-Kabriolett erzählst." Ich sehe Therapie, im Sinne der Persönlichkeit, wirklich als Körper- und Instandsetzungsarbeit an. Sie hat jedoch nichts mit dem Wesentlichen zu tun. Das Wesentliche bedeutet, daß der Therapeut wissen muß, wer er oder sie ist, denn die Therapie wird genau so high sein wie der Therapeut. Ein Therapeut, der denkt, daß er ein Therapeut ist, kann nur einen Patienten mit-schaffen, der denkt, daß er ein Patient ist. Ein Therapeut, der denkt, daß er eine Persönlichkeit ist, kann lediglich eine Persönlichkeits-Verpackung mit einer anderen austauschen. Er kann sich nicht einmal vorstellen, daß es eine Seinsmöglichkeit gibt, die nichts mit Persönlichkeit zu tun hat. Von dem Blickwinkel einer Persönlichkeit aus, ist eine Menge von meiner seelischen Erkrankung noch lange nicht vorbei. Als ich mit der Analyse aufhörte, sagte mein Analytiker: „Sie sind zu krank, um in der Gesellschaft wirken zu können." Das war im Jahre 1958, und er mag schon durchaus recht gehabt haben. Seit damals habe ich nur immer weitergemacht. Der ganze Kram ist noch immer da, aber es ist nichts weiter als eben Kram, Beiwerk.

Nun will ich einen kleinen Einblick da hinein geben, wie ich dieses Spiel spiele. Die ganze Zeit über habe ich hier gesprochen, während des ganzen Morgens — habe ich mich selbst mit dem Sprechenden identifiziert? Es mag sehr ungewöhnlich klingen, aber das habe ich nicht. Ich sitze einfach hier drinnen, und die ganze Sache läuft ab. Ich kam hier mit einem völlig leeren Bewußtsein herein; es gab nichts zu sagen. Wie kann ich hier wohl Punkte sammeln? Werde ich es schaffen, daß alle hier sagen: „Wie interessant"? Werde ich es mit nach Hause nehmen, es für wert befinden und in einen Sammelband einkleben? „Sie waren wirklich sehr aufnahmefähig dort unten in . . . sehr schön" — großer Erfolg, was nun? Ich mache das hier, weil dies es ist, was ich mache, weil dies es *ist,* was ich mache — so wie ein Schuster Schuhe macht. Was du da herausziehst, entspricht deiner augenblicklichen Situation. Das hat nichts mit mir zu tun. Ich mache dies als Arbeit an meinem Selbst. Ich habe keinen Sinn für soziale Verantwortlichkeit. Keinen Sinn für was auch immer, weil das auch nur ein weiteres Anhaften ist. Ich habe kein Verlangen, Gutes zu tun. Wenn ich freier von Verstrickung werde, *bin* ich gut. Du kannst die Zehn Gebote mit dem Gedanken betrachten: „Laß mich bloß nicht gleich tot umfallen!" Du kannst sie aus Furcht befolgen oder du kommst an einen Punkt, wo du verstehst, daß sie beschreiben, wie das Universum funktioniert. Praktisch *wirst* du die Gesetze, die Zehn Gebote. Du befolgst sie nicht, du *bist* sie. Wenn ich nicht an meinem isolierten Körper und an meiner Persönlichkeit hafte, wie kann ich dann etwas von dir stehlen? Von wem stehle ich denn? Ich muß doch denken, „ich brauche etwas". Es ist so, als ob eine Hand von der anderen nimmt.

Ich habe diesen interessanten Handel erlebt. Von diesem Buch, *Be Here Now*, sind viele, viele Exemplare verkauft worden. Diese Gemeinschaft, die die künstlerische Gestaltung etc. machte — sie verlegten es —, erhielt ungefähr 40 Cents von jedem Buch. So saßen sie plötzlich mit 150 000 Dollar da, und Geld verdirbt, und sie werden alle ... Deshalb ging ich zum Vertrieb und sagte: „Seht mal, verändern wir doch das ganze Spiel und setzen den Preis herunter; jeder verzichtet auf seinen Gewinn ..." So überlege ich, wie es zu schaffen ist, den Preis herabzusetzen. Ich gehe zu meinem Vater, der ein sehr wohlhabender Republikaner aus Boston mit einem riesigen Vermögen ist, und der sagt zu mir: „Hmm, wogegen bist du eigentlich, gegen den Kapitalismus?" Ich antwortete: „Nein, ich bin nicht gegen den Kapitalismus. Ich finde, er ist eine herrliche Sache. Ich bin glücklich darüber, daß du ein Kapitalist bist und deinen Spaß daran hast, das ist eine feine Sache. Ich bin glücklich darüber, daß ich das mache, was ich mache, und ich möchte dich nicht verändern. Wenn von deiner Seite mehr da ist als von meiner, müssen wir uns nach deinen Spielregeln richten, wenn wir uns auf einer bestimmten Ebene befinden. Wenn von meiner Seite mehr da ist als von deiner, mußt du dich an die anderen Spielregeln halten. Auf diese Weise läuft das Spiel ab — es ist alles ein Entwicklungsprozeß." Er sagte dann: „Ich verstehe nicht, warum du den Preis herabsetzt, wenn es ein Bestseller ist. Jeder will es kaufen. Du könntest das Geld nehmen und etwas Gutes damit anfangen." „Nun, wie kann ich mehr Gutes tun als die Menschen, die das Geld aufbringen? Du bist doch ein Rechtsanwalt — du hast doch gerade einen Fall für deinen Schwager verhandelt, nicht wahr?" „Ja." „Was hast du ihm berechnet?" „Ich habe ihm meine Ausgaben berechnet." „Warum hast du ihm kein großes Honorar berechnet?" „Er ist doch mein Schwager." Da sagte ich: „Siehst du, das ist meine Situation. Jeder ist mein Schwager — was soll ich also tun?"

Das Denken beruht auf Subjekt-Objekt. Wenn du daher ein anderes menschliches Wesen betrachtest, dich selbst eingeschlossen, siehst du das andere Wesen als sie oder er. Wenn du immer weniger an der Getrenntheit haftest, erfährst du alles mehr als wir oder als eines. Weil die Erfahrung deine Handlungsweise bestimmt, kannst du nicht länger in einer Art und Weise handeln, die darauf beruht, die Stellung des Individuums zu verbessern; denn du erkennst, daß dies nur mehr Probleme entstehen läßt. Die einzigen Anweisungen, nach denen ich jetzt innerhalb dieser Welt wirke, sind die Anweisungen meines Gurus, die von einem westlichen, intellektuellen Standpunkt aus sehr einfach und nach Art von Micky Maus erscheinen: jeden zu lieben, jedem zu dienen, sich auf Gott zu besinnen. So lauten meine Anweisungen. Alles jedoch, worüber ich gesprochen habe, ist die Besinnung auf Gott — darum dreht sich alles.

Wir mögen uns mit Worten wie „Gott" und „der Heilige Geist" schwer tun, aber genau darum drehen sich die Kernfragen. Von hier aus finden letztendlich diese riesigen Institutionen wie Religion, Wissenschaft und Philosophie ihren Weg in den Raum hinein, wo du nicht länger in das Mehr oder das Getrenntsein verstrickt bist. Das ist in der religiösen Überlieferung im allgemeinen als „Leben im Geiste" bekannt. Wenn du im Geist lebst, sieht für dich alles anders aus. Wenn du als Teil der Natur in Gemeinschaft oder Harmonie mit deinem Universum lebst, erkennst du, was dich davon abhält, die ganze Zeit über im Geiste zu leben. Das Unglaubliche daran ist, daß du die wahre Kraft des Universums *sein* kannst, sie aber nicht haben kannst. Als Christus sagte: „Wenn ihr nur glaubt, so könntet ihr Berge versetzen," sprach er die wortwörtliche Wahrheit aus. Wärest du jedoch dazu in der Lage, Berge zu versetzen, wärest du nicht mehr du; du wärest dasjenige Wesen, das den Berg zuerst einmal erschaffen hat. Es gibt nur ein Wesen. Auf einer Ebene, die genauso wirklich ist wie dieser physische Plan, gibt es nur noch einen von uns, und auf einer weiteren Ebene gibt es überhaupt niemand mehr.

Mein Weg ist der Weg des Herzens oder der Hingabe. Das ist ein geistiger Pfad. Es gibt viele Pfade durch das Hier. Es gibt den Weg der Weisheit, des gibt den Weg, die Gedanken ruhig werden zu lassen, es gibt den Weg, das Herz zu öffnen. Mein Weg ist der Weg der Liebe.

Gurdjieff spricht von drei Stufen der Liebe. Es gibt die physiologische, biochemische Liebe — „schlafen wir miteinander". Dann gibt es die romantische Liebe, die Personenliebe, die ein Objekt liebt, die Eifersucht und Haß, Besitzdenken und all die psychodynamischen Abläufe enthält, an die wir gewöhnlich als Persönlichkeit, romantische Dichtung und so weiter denken. Dann gibt es als drittes die bewußte Liebe. Dort betrittst du die Ebene, die wir vorhin Energie und dann Bewußtsein genannt haben. Eine weitere Identität mit jenen beiden Identitäten bedeutet das Wort „Liebe". Dort, wo du tatsächlich Liebe wirst: nicht „lieben" als ein Tätigkeitswort, sondern „Liebe sein". Ein Wesen in deiner Umgebung erfährt dich schwingungsmäßig, . . . wenn beide offen sind dafür . . . Wenn du sagst: „Ich habe mich in den und den verliebt, ich liebe den und den", so sagst du eigentlich: „Er ist ein Schlüsselreiz, der einen inneren Mechanismus an dem Ort in mir freisetzt, wo ich Liebe bin." Wenn ich an dem Ort lebe, wo ich Liebe bin, ist praktisch jeder, den ich ansehe, mein Liebhaber. Das ist so weit draußen, wie du dir überhaupt nur vorstellen kannst. Da wird überhaupt nichts von dir verlangt. Wir alle stehen genau hier in der Liebe. Wenn du einem anderen Wesen begegnest, so schwingt es in dem Grade, wie es dazu bereit ist, in eben dem Ort mit; es ist wie eine harmonische Resonanz. Sie schwingen an dem Ort mit — an jenem Ort, der immer und in jedem von uns dazu bereit ist, aber in der Regel von soviel Paranoia überdeckt wird —, wo auch sie Liebe sind: wo sie nicht lieben, sondern Liebe sind. Plötzlich sind wir inmitten des Ozeans der Liebe, welche die Liebe Christi ist. Jene Liebe kennt keine Besitzgier. Was soll ich denn sammeln — deinen Körper? Äußerst seltsam. Soll ich dich innerhalb von Zeit und Raum ansammeln? Ich brauche es nicht anzusammeln, weil ich es ja bin. Ein Teil der Illusion, in die wir hineingeboren sind, ist eine sich ergebende Internalisierung, Negatives als gegeben hinzunehmen; das wird zu einem Teil unser Ego-Struktur und führt dazu, uns selbst auch einfach hinzunehmen — was uns wiederum unmöglich macht, unsere eigene Göttlichkeit, unsere eigene Schönheit, unsere eigene Liebesfähigkeit, unsere eigene Gegenwart zu achten und zu erfahren.

In dem Augenblick, in dem du ein anderes Wesen betrachten, dich genau auf jenen Ort konzentrieren und alles Übrige als nebensächlich beiseitelassen kannst, was einfach nur vorbeizieht, ist es so schnell auch schon wieder verschwunden, wie es jener Mensch entstehen läßt. Das ist als das „Spiegel-Phänomen" bekannt. Ein Guru oder ein bewußtes Wesen ist ein reiner Spiegel für ein anderes Wesen. Das ist keine Feedback-Theorie. Es ist nichts weiter als ein Spiegel. Es ist einfach leer. Während ich hier sitze und spreche, rezitiere ich mein Mantra. Seitdem ich mich hierhin gesetzt habe, läuft es im Inneren RAMMMM, RAMMMM. Siehst du, mein Name ist Ram Dass. Dass bedeutet Diener; Ram ist eine der Inkarnationen Gottes. Ich bin ein Diener Gottes — nicht mein Wille, sondern Dein Wille. Dieser Name ist eine Übungsanweisung für mich. Mein Guru sagte: „Von nun an bist du nicht länger Richard Alpert, jetzt bist du Ram Dass." Wenn er zu mir spricht, sagt er „Ram Dass", und dann spricht er weiter zu mir. Und ich nehme wahr, daß er nicht zu dem spricht, der ich zu sein glaube, sondern er spricht zu dem, der ich sein würde, wenn ich nur einmal aufhören würde, mich für irgend jemanden zu halten. Als ich zu ihm sagte: „Es wird schon ziemlich merkwürdig sein, nach Amerika zurückzugehen", antwortete er: „Du solltest vor nichts Angst haben." Ich sagte: „Meine ganze Angst sind meine eigenen Unreinheiten." Denn, wie ich schon sagte, bist du von Sex erfüllt, dann siehst du Sex, bist du hungrig, siehst du Essen. In jedem Falle kannst du nur deine eigenen Unreinheiten wahrnehmen. Das Universum ist die Projektion deiner eigenen Wünsche. Er kam zu mir, schaute mich von oben bis unten an und sagte: „Ich sehe keine Unreinheiten." Ich dachte, was, nimmt er mich wohl auf den Arm? Dann aber erkannte ich: Nein — von dort, woher er schaut, gibt es einfach keine.

Von Anfang an sind wir in individualistischer Unterscheidung geschult worden. Wir sind hier als intellektuelle Gemeinschaft versammelt, weil wir alle Meister im Spiel der individualistischen Unterscheidung sind. Wir können praktisch besser als jeder andere in der Gesellschaft in Kategorien ordnen, analysieren und in Sektoren aufteilen. Aus diesem Grunde sitzen wir in diesem Augenblick in diesem Gebäude. Dies ist eine feine Sache, wenn du sie zum Diener hast. Ist sie dein Herr, so bist du wie in einer Falle gefangen. Hinter all dem bin „ich" hier. Hier sind „wir". Hier ist „es".

Anhaften

Auf diese Frage läuft letzten Endes alles hinaus: auf welche Weise oder warum ist es überhaupt möglich, daß wir derart anhaften? Darauf kann ich nun keine klare Antwort geben. Denn, wie ich schon sagte, sind die Gesetze des Universums letztlich rational nicht erfahrbar, weil sie sich nicht innerhalb des logisch-rationalen Systems befinden; auch dieses ist wiederum nur ein Untersystem, und es gibt ein höheres System, das dies alles einschließt und Paradox und Gegensätzlichkeiten umfaßt. Denn jede Religion sagt letzten Endes: „Jene Frage kann nicht gestellt oder beantwortet werden." So gibt es im Judentum eine Schrift „Am Anfang", und es wird darin gesagt, daß dies von allen Bereichen, die ein Schüler des Talmud — ein Schüler der Thora — studieren kann, der eine ist, den ein Lehrer ihm nicht beibringen, wobei ihm kein Buch helfen kann. Er kann dies nur durch Meditation erfahren: du gehst nach innen an den Ort, wo du die Antwort *bist*, aber du kennst die Antwort nicht. Buddhas Antwort, ziemlich grobstofflich ausgedrückt, lautet: „Das gehört nicht zu deinen Aufgaben" — unsere Aufgabe in der Form, daß ein Mensch Fragen stellt und beantwortet.

Ich kann Hunderte von Antworten geben, die von den Religionen auf der ganzen

Welt auf diese Frage gegeben worden sind. Warum nahm alles seinen Anfang? Warum gibt es Leiden? Warum wurde aus der Null die Eins und dann die Vielheit? Wie du weißt, verhält es sich in einigen Systemen damit zyklisch. Es fließt einfach, von der Null zu der Eins in die Vielheit hinein, dann zurück zu der Eins, zurück zu der Null, und immer weiter, immer weiter. Von einer anderen Ebene aus geschieht überhaupt nichts, weil sich alles noch innerhalb der Zeit befindet. Ein paar Ebenen weiter draußen bist du dann nicht mehr in der Zeit, dort ist es immer gewesen, es war immer und es wird immer sein, und dennoch ist überhaupt nichts geschehen. Ich meine damit, es gibt so viele Spielebenen, von wo aus sich das beantworten läßt; meine Antwort heißt, daß ich es von der Ebene aus, auf der ich mich befinde, einfach nicht weiß. *Ich* weiß es nicht. Das heißt nicht, daß sie nicht erfahrbar ist, nur ich kenne sie eben nicht.

Es dreht sich immer um die Frage, die sich dir letztlich aufdrängt: warum hat alles einmal angefangen? Was hat es mit all dem auf sich? Das ist das gleiche wie die Bedeutung des Leidens. Es gibt eine gewisse Ebene . . . wo du versuchst, dem Leiden zu entgehen und Angst vor dem Tod hast. Deine gesamte Lebensphilosophie baut sich daher auf der Furcht vor Leiden und Tod auf. Dann gelangst du an einen Ort, wo du etwas mehr erkannt hast, und du hast nicht mehr soviel Angst vor dem Tod. Du bist leicht neugierig darauf. Dann gelangst du an einen Ort, wo du zu erkennen beginnst, daß Leiden Reinigung ist: es ist wie das Feuer, das dich genau im Kern erwischt. Das ist eine Vorbedingung für deine Arbeit. An jenem Punkt nimmt Leiden für dich eine völlig neue Bedeutung an, und du siehst das Universum auf eine völlig neue Art und Weise. Ich war einmal mit diesem Jungen zusammen, dreiundzwanzig Jahre alt, der draußen in Kalifornien langsam an der Hodgkinschen Krankheit starb; er und ich sprachen über seinen nahe bevorstehenden Tod und die Vorbereitung darauf. Äußerst ruhig, genau im Hier. Ich konnte beobachten, daß die Leute um ihn herum sagten: „Ist das nicht schrecklich, daß so ein junger Mensch sterben muß?" Ich hatte dieses Gefühl jedoch überhaupt nicht. Mein Gefühl ist: wie kann ich es wissen, wann ein Mensch seine Aufgabe vollendet hat? Ich kenne seine Aufgabe nicht. Es wäre einzig und allein meine Angst vor dem Tode, die mich zu dem Wunsch veranlassen könnte, daß jener Mensch immer weiter lebt. Sonst würde ich einfach nur wissen wollen, wie sich alles zeigte. Ich hafte nicht daran.

Stellen wir uns vor, daß das hier ein Übungsseminar ist, ein Lehrerseminar — und nicht einmal eines der sonderlich aufregenden, es spielt sich in den unteren Ebenen ab. Nehmen wir an, daß ein Mensch sehr wenig zu tun hat und es in ungefähr drei Jahren schaffen kann. So kommt er, macht es in drei Jahren, und nach Ablauf von drei Jahren stirbt er an Gehirnhautentzündung oder Keuchhusten. Dann sagen wir: „Was kann das nur für ein Gott sein, der dieses Kind gerade jetzt von uns wegnimmt?" Nun, jener Mensch, jenes Wesen hat seine Aufgabe vollendet. Das ist philosophisch völlig unterschiedlich von demjenigen Ort, wo der Mensch jammert. In der Bibel ist Hiob ein ausgezeichnetes Beispiel dafür. „Was tust du mir an, Gott?" Gott konnte tatsächlich die Antwort geben: „Denn ich habe dich auserwählt." Du bist von mir auserwählt. Weil Leiden reinigt. Wenn ich leide, wähle ich es mir nicht aus zu leiden — denn ich bin kein Masochist —, aber wenn ich leide, arbeite ich damit, anstatt zu leiden. Ich erkenne das Leiden. Weil diese philosophische Einstellung sich ständig verändert, so wie du dich selbst in diesen Situationen ständig entwickelst, so ändert sich auch ständig die Antwort auf jene Frage, die du stellst und ebenso auch der Beweggrund, die Frage überhaupt zu stellen. In einem Augenblick ist es eine Last, im nächsten eine Freude, und im übernächsten ist es überhaupt nichts.

Wie können wir wissen?

Es gibt drei Wege, wie wir von Dingen wissen. Bei einem weißt du durch direkte Erfahrung. Bei einem weißt du davon, weil jemand, den du kennst, davon weiß und es dir erzählt. Bei einem erforschst du sie mit deinem logischen Denkvermögen, das nach außen extrapoliert. Ich stecke in der Situation, daß ich sehr, sehr viele Erfahrungen gemacht habe, die begrifflich nicht geordnet sind — sie sind alle wie Stückchen eines Puzzle-Spiels, die überall verstreut sind. Wenn ich dann etwas lese oder mit jemandem zusammen bin, dem ich vertraue — wie dieses Wesen, das ich in Indien kenne — und er etwas zu mir sagt, hat das aufgrund der kleinen Puzzle-Teilchen in mir eine innere Gültigkeit für mich, die sagt: ,,Ja, genauso weiter.'' Während jemand anders, der jene kleinen Puzzle-Teilchen nicht hat, sagen würde: ,,Nun, ich weiß nicht. Das ist halt seine Meinung.'' Verstehst du? Auf eine bestimmte Weise kommt eine ganze Menge dessen, was ich über diese Dinge weiß, aus dem Zusammensein mit solchen Wesen und durch die Lektüre der heiligen Bücher der Welt, wie wir sie nennen. Das sind Beschreibungen von zahlreichen Mystikern und Heiligen über die Zustände und die Arbeit auf anderen Bewußtseinsebenen; das kommt zu uns durch die Theosophen, die buddhistische Überlieferung, die christlichen Mystiker wie Johannes, Teresa und so weiter, die östlichen Mystiker, die griechisch-orthodoxen Christen, die Sufi-Tradition, die Mystiker der muslimischen Überlieferung und eine Menge ägyptischer Schriften — sie alle haben mit solchen Dingen zu tun, mit der Vorbereitung und Schulung der Weisen, mit immer höheren Ebenen. Wenn ich diese Dinge lese, lese ich manches davon nur, und es läuft an mir vorbei, weil ich nichts damit anfangen kann; weil ich noch nicht bereit dafür bin oder weil ich nicht über die Puzzle-Teilchen verfüge, so daß alles zusammenpaßt. Bei anderen Dingen sage ich aber: ,,Ja, genauso weiter.''

Ein Individuum hat bestimmte Verstrickungen, die es nur auf der physischen Ebene ausarbeiten oder umsetzen kann. Das heißt, es muß im jetzigen Augenblick eine körperliche Geburt annehmen, um jene Verstrickung auszuarbeiten. Eine Verstrickung auszuarbeiten bedeutet, daß du mit jenem Wunsch solange arbeiten mußt, bis du nicht mehr länger daran haftest. Der Wunsch mag fortbestehen, du haftest jedoch nicht daran. Einige Arbeit kann auf anderen Ebenen getan werden; es handelt sich dabei um unterschiedliche Schwingungsräume, wo die Wesen über andere Qualitäten verfügen. Das bedeutet, daß es gewisse Ebenen gibt, wo Wesen nach Belieben Körper annehmen können — je nachdem, welchen Körper sie für eine bestimmte Aufgabe benötigen. Es gibt Lichtkörper, es gibt alle diese verschiedenen Astralebenen. Einiges davon ist beispielsweise in Büchern wie Yoganandas *Autobiographie eines Yogi* beschrieben. Eine Reihe von Theosophen hat diese Ebenen beschrieben. Leadbeater gibt eine ausgezeichnete Beschreibung dieser verschiedenen Ebenen. Was einem Individuum im allgemeinen widerfährt, hängt davon ab, wo sich sein Bewußtsein im Augenblick des Todes befindet. Wenn sich ein Mensch im Augenblick seines Todes am Leben festklammert — ganz im Gegensatz zu Gandhi beispielsweise, als er erschossen wurde . . . Wahrscheinlich stößt jemand, wenn er erschossen wird, ,,Umph!" aus oder ,,Zieht sie nicht zur Verantwortung" oder ,,Lebt wohl" oder etwas ähnliches. Gandhi wird erschossen — er kommt aus seinem Hof, er wird von vier Kugeln getroffen —, und als er zusammenbricht, sagt er nichts weiter als ,,Ram", den Namen Gottes. Er tritt einfach ab, verstehst du?

Er ist so vorbereitet darauf zu gehen, er hat seinen Koffer gepackt an der Tür stehen. Er kommt gerade heraus, um eine Pressekonferenz zu geben — aber er ist so darauf vorbereitet abzutreten, als er erschossen wird, daß er nicht sagt: ,,Ich sollte an Ram denken", sondern er sagt einfach ,,Ram". Dieses Wesen befindet sich nun in einer anderen Situation, wenn es seinen Körper verläßt, als ein anderes Wesen, das dachte, es wäre identisch mit seinem Körper. Denn die meisten Wesen, die sich identisch mit ihrem Körper hielten, treten, wenn sie sterben, in einen Raum deutet einfach hineinzutauchen . . . das *ist es* — du hast es geschafft, du bist fertig." Wenn du aber andererseits diesen Augenblick verlierst, weil du zu verwirrt oder zu ängstlich bist oder dich zu sehr daran hängst, so kommst du dann auf die nächste Ebene. Hast du zuviel Angst und ist alles zuviel für dich, gelangst du auf die nächste Ebene. Versuche, dort zu bleiben. Wenn du es dort nicht bringst, kommst du auf eine weitere. Und sie bringen dich durch sieben Ebenen und schließlich herunter auf diese Ebene hier, wo du wiedergeboren wirst. Für alle diese verschiedenen Ebenen bereiten sie dich vor. Ähnlich ist es, wenn ein Mensch in Japan stirbt — wenn er weiß, daß er sterben wird, wird ein Wandschirm vor ihm aufgestellt, der Buddha und das Reine Land zeigt. Es ist wie eine Fahrkarte, eine Zugfahrkarte an den nächsten Ort. Sie sagen: ,,O. K., du bist bereit zu gehen — hierhin wirst du gehen. Behalte es in deinem Gedächtnis. Was immer du auch auf dem Weg hindurch siehst, halte nicht an, kaufe nichts von Bettlern abseits des Weges — gehe einfach immer weiter." Siehst du, die einzigen Bettler abseits des Weges sind nun die Begierden, die du immer noch hast.

Was sich tatsächlich abspielt, ist, daß die meisten Wünsche, die wir haben, keine physischen Körper brauchen, um befriedigt zu werden; das ist nur bei einigen der Fall. Es gibt viele, die in sehr viel subtileren Körpern zufriedengestellt werden: ein, der im Christentum Fegefeuer genannt wird. Das entspricht einem Umhertreiben im Raum, voller Verwirrung — äußerster Verwirrung. Denn du kannst dir nicht vorstellen, daß es dich immer noch gibt und daß du nicht der bist, für den du dich gehalten hast. Du bist nicht mit einem Vortrag wie diesem darauf vorbereitet worden, um zu sagen: ,,Oh, das hier ist es also." Ich meine damit, du befindest dich nicht in jener Verfassung. In jenem Augenblick liegt für dich Entsetzen — nichts weiter als bedingungslose, totale, verwirrte Panik.

Die Vorbereitung für sterbende Menschen im tibetischen Buddhismus ist sehr interessant, weil sie sieben Ebenen beschreibt. Die Sieben entpuppt sich als eine sehr hervorstechende Zahl in dem ganzen Schauspiel. Sie sagen zu dem Menschen, den sie auf den Tod vorbereiten: ,,Wenn du hinausgehst, ist das erste, was du erfahren wirst, der erste Ort, an dem du sein wirst, eben das — wenn du genügend befreit bist, um auf jener Ebene sein zu können, wo du nicht mehr existierst. Es be-

Gedanken- und Gefühlsebenen, Liebesempfindungen, Wünsche, geliebt zu werden und ähnliche Dinge. Getrennt zu sein und geliebt zu werden — das ist eine sehr tiefgehende Sache dabei. Nun, du könntest ohne Körper ungefähr 500 000 Jahre auf einer Astralebene sitzen, getrennt sein und geliebt werden. Aber der Zeitbegriff in jenen Räumen ist ein völlig anderer als hier. Wenn du diese Ebene abschließt, schaust du dir die ganze Sache an, und sechzig Jahre scheinen wie das zu sein (Fingerschnalzen). Es ist fast so, als hättest du dich dazu entschieden: „Nun, ich glaube, darüber will ich eine Stunde lang nachdenken. O. K., das war interessant." Aber selbst, wenn du noch mittendrin steckst, hat es den Anschein, als dauerte es solange, wie es ist; aber wenn du älter wirst, stellst du fest, wie es immer schneller und schneller läuft. In Bezug auf Zeit gerätst du in einen anderen Raum hinein, und von einer Ebene aus ist diese ganze Sache wie das (Fingerschnalzen) oder ewig, was davon abhängt, wie weit du hineinkommst. Nirvana — der Ort zwischen den siebzehn Billionen Gedankenaugenblicken — ist ewig. Du kannst dort für die Ewigkeit bleiben.

In einem Buch von Ruth Montgomery gibt es eine schreckliche, herrliche Beschreibung eines Typen namens Ford. Ford war ein Medium, und als er starb, benutzte er Ruth Montgomery dafür, einige Berichte von der anderen Welt aufzuschreiben. Nun behandeln die meisten von uns in der westlichen Wissenschaft jene Art von Dingen als ziemlich sentimental und verschwommen. Aber von dort aus, wo ich darauf blicke, hat das alles seine Ordnung; es ist wirkliche Kommunikation, es ereignet sich tatsächlich. Ford selbst hatte jedoch noch ziemlich viele Wünsche, und daher lebt er in einem Bereich, der von seinen Wünschen geschaffen ist. Siehst du, wenn du weiter nach draußen kommst, wirst du dir bewußter darüber, daß der Geist die Materie erschafft, und du erkennst, daß du immerfort das Universum um dich herum erschaffst; es ist das gleiche, als ich sagte, daß Bäckereien und Lebensmittelläden plötzlich in den Vordergrund treten, wenn du hungrig die Straße hinunterläufst, während du sonst entlanggehst und nicht einmal zur Kenntnis nimmst, daß sie überhaupt existieren. Deine Begierden *erschaffen* dein Universum. Auf diesen Astralebenen wird das immer offensichtlicher. Was wir Himmel nennen und was sich als Hölle herausstellt — die Vereinigten Staaten entwickeln sich die ganze Zeit über immer mehr dahin — ist ebenfalls ein Raum, wo du das bekommen kannst, was auch immer du willst. Es ist dann natürlich nicht genug, aber du kannst das bekommen, was auch immer du willst. Die Götter können das haben, was sie möchten. Aber was auch immer du haben kannst und willst, macht noch nicht alles aus — der endliche Friede ist davon ausgeschlossen, und der stellt sich nicht ein, indem du ihn bekommst, sondern indem du ihn lebst. Du kannst keinen Frieden „bekommen", ebenso wie du keine Weisheit „bekommen" kannst, aber du kannst weise sein. Du kannst Wissen „bekommen", aber weise kannst du nur *sein* — das sind zwei völlig verschiedene Ebenen.

So gehen die meisten Wesen durch eine ziemlich verwirrende Periode hindurch, und dann werden sie eigentlich auf die gleiche Art und Weise geführt oder geschult, wie auch wir geführt und geschult werden; die meisten von uns nehmen es aber überhaupt nicht wahr, daß wir geführt werden. Das Erwachen dient der Erkenntnis, daß du tatsächlich geführt wirst. Aus diesem Grunde sage ich, daß es — für mich —

nur zwei von uns gibt. Es gibt mich und Gott. Der ganze Tanz meines Lebens ist die Lehre, mit der mir das Universum Dinge vermittelt, die mich auf das Eine hinführen. Es ist so, als hätte mich der Guru an einem Angelhaken, wie eine Forelle, und er bringt mich, ganz langsam, hinein, und ich durchlaufe alle diese verschiedenen Erfahrungen, während ich annehme, daß ich diesen und jenen Weg entlanghaste. Langsam aber wird diese Sache eingebracht, und alles, was mir widerfährt, ist Teil meiner Befreiung.

Die meisten Heiligen sagen, daß du, wenn du schließlich siehst, alles nur noch als gut ansehen kannst. So wie ein Arzt gerade zu mir kam und sagte: „Wenn diese Heiligen alle solch hochentwickelte Wesen sind, warum erleichtern sie dann nicht das menschliche Leiden, anstatt einfach nur herumzusitzen? Warum tun sie nicht etwas?", und ich gab zur Antwort: „Nun, Sie müssen verstanden haben, was diese verstehen, ehe Sie fragen können, warum sie das tun, was sie tun. Eine Art des Leidens zu lindern bedeutet, die menschliche Illusion zu vergrößern. Das müssen Sie erst einmal verstehen. Sie können nicht über einen anderen Menschen richten, ehe Sie nicht das wissen, was er weiß. Denn es mag sein, daß sie mehr als Sie darüber wissen, warum es sich auf eben diese Weise verhält. Alles, was Sie tun können, ist, sich selbst zu reinigen, anstatt über andere zu urteilen."

Es gehen nur solche Wesen durch jenen Zustand der Verwirrung, die nicht vorbereitet sind. Sind sie vorbereitet, begeben sie sich unverzüglich dorthin, wo ihre nächste Aufgabe liegt, auf welchem Plan auch immer das sein mag. Das heißt, ein Mensch, der ausreichend vorbereitet ist, wird hinausgehen und mag sofort, ohne Umschweife, eine andere Geburt annehmen. Jemand anders, mag lange an diesem Ort umhertaumeln, bis er in irgendeinen anderen Raum geführt wird, wo er seine nächste Aufgabe verrichten muß; das macht er für die Dauer eines weiteren Lebens und auf einer anderen Ebene, bis er wieder zu einer menschlichen Geburt zurückkehren könnte. Er mag durch diese Tänze hindurchgehen. Dann gibt es andere Wesen, die sich nicht mehr inkarnieren müssen. Sie durchlaufen einfach einen sehr subtilen karmischen Prozeß, der sich auf rein gedanklicher Ebene abspielt. Sie haben sich nicht einmal in Form oder Gefühl manifestiert. Das entspricht dem Absoluten bei Plato: die Vorstellung von der Reinen Idee.

Die Sache ist die, daß du dich selbst einstimmen kannst. Zahlreiche Heilige haben sich auf verschiedene Ebenen eingestimmt und sind dort zahllosen Wesen begegnet — so wie einige Leute auf Poltergeister und Gespenster treffen. Dabei handelt es sich um Wesen auf sehr niedrigen Ebenen, von denen einige noch immer verwirrt sind und versuchen, in ihren physischen Körper zurückzugelangen. Sie versuchen, Menschen zu übernehmen oder von ihnen Besitz zu ergreifen und alles das, was wir Besessenheit nennen. Du kannst aber nur besessen werden, wenn du noch eigene Begierden hast, das heißt, wenn du Macht willst. Jemand kommt vorbei und sagt: „Schau, ich werde dir Macht geben, die Macht, jemand außerhalb des physischen Körpers zu sein, wenn du mich deinen Körper benutzen läßt." Dann läuft dieser ganze unheimliche Kram ab, den jemand, der rein ist und nach Gott sucht, niemals überhaupt nur zur Kenntnis nimmt. Das ist unwesentlich. Es ist so, als wenn du die Straße entlangläufst und es eine Menge von Taschendieben, Betrügern und noch mehr von dieser Sorte gibt; wenn du jedoch ein Ziel hast, nimmst du sie nicht einmal zur Kenntnis. Sie alle sind nichts weiter als Wesen, und du mußt dich in ihnen nicht verfangen. Hältst du aber danach Ausschau, jemanden zu betrügen, bemerkst du plötzlich all die anderen Betrüger um dich herum. So sagte mein Lehrer gewöhnlich zu mir: ,,Weißt du, wenn ein Taschendieb einen Heiligen trifft, sieht er nur seine Taschen. Niemals wird er den Heiligen erkennen."

Alle diese verschiedenen Wesen auf den niederen Ebenen sind genauso wie wir, nur mit dem Unterschied, daß sie keinen physischen Körper haben. Darauf läuft eigentlich alles hinaus. Es gibt nun diese höheren Orte, die in der Literatur Himmel genannt werden; die niederen heißen Höllen. Dieses sind unsere Etiketten für diese unterschiedlichen Schwingungsräume, wo Wesen andere Arten von Arbeit verrichten. Durch deine Meditation oder ein bestimmtes Mantra kannst du dich auf eine gewisse Ebene einstimmen, wo du einem Wesen begegnest, das ,,Der Herr im Himmel" ist, und du sagst: ,,Mensch, ich bin dem Herrn im Himmel begegnet!" Der Herr im Himmel ist auch nichts weiter als ein Wesen, das sein Karma auf jener Ebene abträgt. In dieser Runde ist es zufällig der Herr des Himmels. Es ist das gleiche, als gingest du zum Weißen Haus und würdest Nixon begegnen, der der Herr der Erde ist oder wie auch immer du das nennen magst. Ich meine damit, daß es sich um die gleiche Art von Trip handelt. Alle diese Himmel und Höllen sind nur weitere dieser Ebenen. Hinter all dem ist der Gedanke oder das Gesetz, und dahinter alles das, was *nicht ist*. Oder was IST, aber sich nicht manifestiert hat. Es gibt Verkörpertes und Unverkörpertes, und alles ist im Hier & Jetzt. Es ist alles hier — es ist nicht dort, sondern es ist alles hier. Es gibt einige Wesen, die sich auf höheren Ebenen aufhalten, und dann entscheiden sie sich dafür, sich als Mensch zu inkarnieren, weil ihre Aufgabe auf jener höheren Ebene etwas umfaßt, was auf dieser Ebene hier am besten durchgeführt werden kann. Das läuft aber nicht so ab, wie wir es machen — wenn wir unbewußt in eine Geburt hineingehen. Sie machen es bewußt — wie Jesus Christus.

Jesus ist der Sohn Gottes in dem Sinne, das er ein Astralwesen ist, das eine physische Gestalt annimmt, um eine bestimmte Aufgabe zu erfüllen. Was dabei unsere Köpfe durcheinanderwirbelt, sind Dinge wie die Unbefleckte Empfängnis und solche Sachen — denn wie könnte das sein? Wie könnte jemand ohne Wasser oder Nahrung leben? Das verstehen wir nicht. Da wir mit nichts davon etwas anfangen können, sagen wir: ,,Nun, das ist nichts weiter als schlimmste Berichterstattung. Darauf läuft letzten Endes alles hinaus." Tatsächlich aber manifestieren sich Wesen von diesen Ebenen. Was wir als einen Guru bezeichnen — wie der Mensch, mit dem ich es zu tun habe, der ein Guru genannt wird und in Indien mit einer Decke sitzt —, das ist ein Eingangstor. Aber es ist nicht das, *wer er ist*. Wenn ich durch dieses Tor hindurchgehe, durch meine Meditation, begegne ich einem anderen Wesen, das nicht auf diese Art und Weise geformt sein mag; es mag nur einfach ein bestimmtes Gefühl oder eine übernatürliche Gegenwart sein: das ist ein weiteres Durchgangstor. Es ist damit wie mit den chinesischen Schachteln: du öffnest diese, und dann kommt die nächste — du öffnest diese, und dann kommt die nächste — du öffnest diese, und dann kommt die nächste, und wenn du schließlich die allerletzte öffnest — dann bist du da. Da ist schon ziemlich weit draußen — da bist du.

So ist der Guru lediglich auch nur eine weitere Methode, und du solltest dich auf der physischen Ebene nicht an den Guru dranhängen, weil das nur ein weiterer Trip ist. Das ist genau das gleiche wie Meditation, Mantra, Chanten oder alles mögliche — nichts als ein weiterer Trip. Und er weiß genau, daß er das nicht ist. Nun, im Grunde weiß er überhaupt nichts. Du bist eifrig damit beschäftigt, die Füße von diesem Ding da zu reiben, und plötzlich stellst du fest, daß du die Füße eines Hundes zu reiben scheinst. Er könnte sich kaum weniger darum scheren, ob du seine Füße reibst oder nicht, und die ganze Zeit über sagt er: „Oh, es ist herrlich, daß du mir meine Füße reibst." Und du hast das Gefühl, ist es nicht gut von mir, daß ich seine Füße reibe? Dann denkst du plötzlich, ich bin ausgetrickst worden — wie gefällt dir das? Er hat mich schon wieder drangekriegt. Dann gehst du und setzt dich hin. Du gehst einfach hinein und bist leer, du konzentrierst dich hier auf den Guru, und plötzlich begegnest du ihm an einem anderen Ort, was ein ziemliches Kuddelmuddel für dich bedeutet — du bist ihm auf der Astralebene begegnet, und das ist alles ziemlich verrückt —, bis du plötzlich feststellst, daß du schon wieder ausgetrickst worden bist. Deine Faszination, deine Aufregung, dein Entzücken und all das lassen dich an diesen Ebenen festkleben. Die meisten Wesen haften an der einen oder anderen Ebene an. Wenn sie sterben, landen sie daher auf einer Ebene oder einer anderen, hängen weiter fest und gehen ihrer Aufgabe nach. Wenn ein voll bewußtes Wesen seinen Körper verläßt, verläßt es ihn auf die gleiche Art und Weise, wie du deinen nächsten Atemzug nimmst. Dramatischer geht es nicht dabei zu. Sie verlassen ihren Körper, und damit hat sich's. Sie treten einfach ab — sie haben es geschafft.

Ein Teil unserer Arbeit besteht deshalb darin, mit sterbenden Menschen zu arbeiten. Aus diesem Grunde haben sich meine hauptsächlichen Überlegungen in diesen Tagen mit der Entwicklung eines Zentrums für Sterbende beschäftigt. Das heißt, mit einem Ort, wohin Wesen aus dieser Kultur kommen könnten, um bewußt zu sterben: um von Menschen umgeben zu sein, die selbst keine Angst vor dem Tode haben und die eine Umgebung für sie schaffen, wo es keine totale Verleugnung des Todes und nicht nur andere Menschen gibt, die Angst vor dem Sterben haben. Wozu es kommen sollte, ist ein Dienst an Menschen — Übungsseminare für die Familien von Sterbenden eingeschlossen, um sie darauf vorzubereiten, mit dem betreffenden Menschen zu der Zeit seines Todes bewußt zusammen zu sein — und eine Erforschung verschiedener Arten von Betäubungsmitteln, die zwar die Schmerzen mildern, aber nicht das Bewußtsein auslöschen, so daß der Mensch in eben dem Augenblick voll bewußt sein kann. Denn die Übung für das Sterben ist das gleiche wie die Übung für das Leben. Es ist eine Übung, genau im Hier & Jetzt zu sein — „Jetzt genau im Hier" — „Jetzt genau im Hier". Aldous Huxley nahm LSD, als er starb. Seine Frau gab ihm LSD, er setzte sich hin und sagte: „Nun spüre ich keinerlei Gefühle mehr in meinen Beinen . . . nun habe ich kein Gefühl mehr in meinen Schenkeln . . . es gibt den Schenkel nicht mehr . . ." und solche Dinge. Er verließ einfach ganz langsam seinen Körper — erfüllt von einer leichten Wißbegierde. Das ist die intellektuelle Falle. So wird er eine weitere Million Jahre an einem Platz zubringen, wo er seine ganze Wißbegierde befriedigen kann. Noch eine weitere subtile Ebene. Denn letztlich bist du nicht einmal neugierig — du nimmst einfach deinen nächsten Atemzug, was auch wir alle hier jetzt tun sollten. Jeder Augenblick ist unser Augenblick der Geburt und unser Augenblick des Todes, hier sind wir, O. K. – und jetzt? Was jetzt? Und was jetzt? Das ist der bestmögliche Weg für jene Umwandlung. Es ist nichts weiter als eine Umwandlung von Energie. Nicht mehr und nicht weniger.

Wenn du aber annimmst, daß du mehr als Energie bist, wirst du erschreckt werden. Weil du dann denkst, daß du etwas zu verlieren hast. Aus diesem Grunde halte ich die LSD-Forschung an diesem Ort hier wirklich für einen Hauptdurchbruch innerhalb dieser Kultur. Soweit ich es beurteilen kann, ermöglicht dies Menschen, vor ihrem physischen Tod psychologisch zu sterben, was ihnen eine Chance gibt, die Auflösung des Ego bis zu einem gewissen Punkt zu erfahren. Die Sache ist die, daß du dich mit der Droge über die Begierde hinwegsetzt. Jene Begierden existieren in subtilen Formen, und jene subtilen Formen bestimmen die zukünftige Inkarnation. So reduzierst du den Trip nicht, sondern du nutzt lediglich den Gebrauch dieses Lebens optimal aus. Siehst du, auf eine gewisse Weise gehst du durch es hindurch – es ist dein Karma, dich in diesem Zentrum aufzuhalten, ein Krebspatient im Endstadium zu sein und hier zu sterben –, das heißt, das hier sind deine karmischen Gegebenheiten.

Du kannst tatsächlich keine Verstrickung einfach abreißen, weil auch das wieder eine Verstrickung ist. Diese Bindungen fallen fort, so wie sich eine Schlange häutet – dieser Vergleich eignet sich wohl am besten dafür. Aber was du fühlst und erfährst, dein Handeln – ist nur die subjektive Erfahrung, daß du etwas tust; denn tatsächlich gibt es niemanden, der etwas tut. Die subjektive Erfahrung, etwas zu tun, bedeutet, daß du irgendeiner Begierde gegenübertrittst. Eine gewisse Einsicht läßt dich erkennen, daß du nicht identisch mit jener Begierde bist. Durch das Wissen wird sie schon ein wenig verjagt. Meditation oder die Ausrichtung des Denkens auf einen Punkt verjagt sie schon ein bißchen mehr, weil du für Augenblicke frei davon bist.

Es gibt nun verschiedene Taktiken, wie du mit einem Wunsch umgehen kannst. Eine davon ist, jene Sache zu unterlassen, womit der Wunsch verbunden ist. So stellte mein Guru eine Tasse Tee vor mich hin und sagte: „Möchtest du das?" Ich antwortete: „Ja." Er sagte zu mir: „Dann trinke es nicht." Nun, das ist eine ziemlich radikale Taktik. Siehst du, die Situation ist die, daß du die nächsten fünf Stunden damit zubringen könntest, jene Tasse Tee zu verlangen. Dem entspricht in der Kirche gewöhnlich das Zölibat. Sie sind eifrigst damit beschäftigt, daß es keinen Sex für sie gibt. „Einen weiteren Tag werde ich keinen Sex haben können. Ich weiß, daß ich da hindurchgehen kann. Ich werde nicht an Sex denken . . ." Es ist unmöglich für dich, in dem Augenblick *nicht* an ein Rhinozeros zu denken, in dem dir jemand sagt: „Denke nicht über ein Rhinozeros nach." Du kannst versuchen, etwas vorzeitig abzubremsen, aber auf eine gewisse Weise nährst du es nur damit. Durch die Beschäftigung damit unterstützt du seinen Realitätscharakter. So scheint die bestmögliche Taktik unter jenen Bedingungen die zu sein, das zu tun, was anliegt, aber so weit wie möglich den Zustand des *Zeugens* einzunehmen – was mit Begriffen von Verteidigungsmechanismen als Bewußtseinsspaltung bezeichnet würde. Es ist jedoch keine Bewußtseinsspaltung aus Angst heraus, sondern eine aufgrund inneren Wachstums. Daher handelt es sich dabei auch nicht um einen Verteidigungsmechanismus. Es ist das folgende — du nimmst einen Platz ein. Du findest das „Ich" in dir.

Ich war von Root Beer besessen. Verstehst du, ich war mit Dingen wie Root Beer und Pizza zu Gange — die, wie du weißt, nicht gerade der Yoga-Ernährung entsprechen. Ich sitze also in meinem Zimmer und sage: „O. K., ich sitze jetzt einfach hier", und alles ist herrlich. Plötzlich, im nächsten Augenblick, befinde ich mich am Kühlschrank, öffne eine Flasche Root Beer, und schon trinke ich. Das erste, was ich dann sage, ist: „Verdammt, ich bin schon wieder daran gescheitert — ich tauge zu nichts." Dann pflegte eine andere Stimme in mir zu sagen: „Root Beer trinken — und sich selbst herunterputzen, weil er das Root Beer getrunken hat." Mit anderen Worten, es gab da noch eine Stimme in meinem Innern, die kein Urteil abgab — sie konnte sich kaum weniger darum scheren, ob ich Root Beer trinke oder nicht —, sie stellt lediglich fest, was vor sich geht. Das ist ein völlig unparteiischer Zeuge — kein Richter. Das ist kein Über-Ich. Sie sagt nicht: „Du wirst niemals einen gute Yogi abgeben, weil du nämlich schlecht bist." Sie sagt: „Hier stehst du — hier ist das, und da ist dies, und dort ist jenes." Nun, im Laufe der Entwicklung dieser Weisheit stellt es sich ein, daß du immer mehr und mehr Zeit darauf verwendest, jener Teil von dir anstatt alles übrige zu sein. Du sagst daher: „Aha — dort ist das Verlangen nach Erfolg, dort ist das Verlangen nach Macht, dort ist dieses Verlangen oder dort läuft jenes ab." Das ist wie mit einem unbewußten Flackern. Du machst etwas aus einem Verlangen heraus, das von dir Besitz ergriffen hat, und dann gibt es einen Augenblick, wo du erkennst, was du tust — worauf gewöhnlich ein Augenblick des Urteilens folgt. Aber dann wirst du Zeuge von diesem Urteil, und du gehst immer weiter durch diese kleinen flackernden Geschichten mit den Wünschen hindurch, die du nicht anhalten kannst, weil noch immer zuviel Kraft in ihnen steckt.

Die tiefsten Begierden sind mit Überleben und Fortpflanzung verbunden

Gewisse Begierden haben mehr Macht als andere. Diejenigen, die mit Überleben und Fortpflanzung der Gattung verbunden sind, enthalten offensichtlich am meisten davon in sich — so wie Sex, Nahrung und so weiter. Sie sind wirklich tief und machtvoll, aber — ebenso wie unbewußte Erfahrungen — entwickelst du diesen Zeugen immer mehr. Zuerst taucht er bei zehn Erfahrungen einmal auf — einen kurzen Augenblick lang, wo du ihn einfach wahrnimmst. Dann ist es schon zweimal auf zehn Möglichkeiten, und ziemlich bald schon ist er immer häufiger da. So wie ich heute hier ruhig in meinem Inneren bin und dieses Sprechen und dieses Zuhören beobachte, wobei ich mich nicht sonderlich mit dem Sprecher oder mit den Zuhörern identifiziere. Dieser Vorgang läuft einfach ab, und ich beobachte ihn. Es ist so, als kommt jemand herein, setzt sich hin und sieht dabei so aus, als denkt er: „Nun gut, ich werde ihm einmal zuhören, aber ich muß das ja nicht glauben" — verstehst du, das ist an einem Ort wie diesem nur recht und billig. Dann stellst du fest, daß sich etwas tut — der Mund wird etwas weicher, siehst du, „Oh, das ist interessant" — und später siehst du dann ein Lächeln. In dem Maße, wie nun Ego in dir ist, kannst du sagen: „Schau', beobachte. (Fingerschnalzen) Sieh', schon habe ich wieder einen Punkt gesammelt." Aber wenn ich das erkenne und wenn ich jene Reaktion in mir feststelle, sehe ich beides und sage: „Ja, das stimmt, genauso ist das Universum. So ist die Natur."

Da gibt es immer noch eine Stelle in dieser Persönlichkeit, die geliebt werden will. Nicht ich bin das, sondern diese Persönlichkeit hat ihr eigenes, unabhängiges Leben; sie zieht ihren eigenen Trip durch. Nun, allmählich wirst du immer mehr zum Zeugen, und dabei nährst du diese Dinge immer weniger und weniger. Es ist so, falls du es jemals versucht hast, zu lieben und während des ganzen Liebesaktes bewußt zu bleiben — wobei es sich um tantrischen Sex handelt ... Du wirst herausfinden, daß dies wirklich ziemlich schwierig, wenn nicht gar unmöglich für fast jeden ist, weil du dich da hinein verlierst, das sinnliche Vergnügen zu erfahren; und wenn du dich in diese Erfahrung hinein verlierst, hast du den Zeugen verloren.

Es gibt eine buddhistische Meditation während des Essens, die wirklich ziemlich ausgefallen ist. Du stellst Essen vor dich hin, und wenn du nach dem Löffel greifst, sagst du: „Ergreifen, ergreifen." Du sagst alles zweimal: „Hochheben, hochheben; hinlegen, hinlegen." Du sagst das leise zu dir selbst. „Kauen, kauen; schmecken, schmecken; genießen, genießen; schlucken, schlucken; verdauen, verdauen; greifen, greifen; hochheben, hochheben." Zu dem Zeitpunkt, wo du das Essen halb geschafft hast, hast du Schreikrämpfe. Derjenige, der sich am Essen erfreut, ist dadurch zerstört worden. Wenn du nun versuchst, das ungefähr ein Jahr lang zu machen, so verschiebt sich die ganze Bedeutung zum Essen zu gehen beträchtlich, das kann ich dir versichern. Denn anstatt dich daran zu erfreuen, bist du zum Zeugen des ganzen Ablaufs geworden. Klar?

Du kannst dich nicht voreilig davon losreißen, dich an etwas zu erfreuen, aber es kommt ein Punkt, wo es nach und nach wegfällt. Bei den meisten von uns verhält es sich so, daß wir einiges da hineinlegen, woran wir uns erfreuen, und wenn das dann wegfällt, geraten wir aus der Fassung, weil wir kurz vorher noch annahmen, daß es etwas wäre. So wie ich hart dafür arbeitete, um meinen Pilotenschein zu machen, um ein Flugzeug zu kaufen. Dann kam ich an den Punkt, wo du einfach für vier Stunden nach oben steigst und dann immer der Nase nach fliegst — dann landest du, gehst auf die Toilette — du besorgst dir ein Milch-Shake — du füllst das Benzin wieder auf — du sitzt vier Stunden lang — du landest. Tolle Sache. Wer kann damit schon etwas angefangen? Aber ich bezahlte 7 000 Dollar für das Flugzeug, und es hat mich Hunderte von Stunden gekostet, um die Genehmigung zu bekommen. Und dann dauerte es wiederum lange, ehe ich es mir erlauben kann, festzustellen, daß ich die Sache über habe. Die Sache ist die, daß wir fortwährend Dinge ausschöpfen, sie aber nicht loslassen können. Wenn wir eine andere Betrachtungsweise annehmen, sind wir wirklich ziemlich schnell dazu bereit, eine ganze Menge davon loszulassen. Bei anderen aber nehmen wir immer noch an, daß wir einen besonderen Anstoß durch sie erleben werden, besonders durch solche wie Sex, Essen und ähnliches. Um jene unter die Herrschaft deines Bewußtseins zu bringen, kannst du sie zuerst nur einmal etwas abschleifen — so hinten herum, indem du ein wenig Zeuge davon bist, du verstehst schon; auf diese Weise kannst du mit Wünschen umgehen. Wenn sie dann dazu bereit sind, wenn dein Wissen größer, dein

Denken ruhiger, deine Reinigung tiefer wird, fallen sie einfach weg — fortwährend fallen sie weg, fallen sie weg, fallen immer weiter weg ...

Ich habe beispielsweise davon berichtet, daß meine eigenen Anweisungen in diesem Augenblick diejenigen sind, zu lieben, zu dienen und sich an Gott zu erinnern. Ich habe keinerlei feste Form dabei, und ein Teil meiner Arbeit — als ein Übungsprozeß für mich — besteht darin, so leicht wie möglich zu bleiben. Ich fließe nun umher — ich fließe durch dieses Land, ich fließe um die Welt herum, ich habe keine Form, es gibt nichts, was ich tun muß. Es ist ziemlich schwierig, frei zu fließen. Es ist so wie freifallendes Fallschirmspringen. Du willst dich immer noch irgendwo festhalten — etwa so: „Gut, ich werde eine Aufstellung machen, eine Liste meiner Vorlesungen", oder: „Ich muß Gutes tun", oder: „Ich bin bekannt — ich kann jene Kraft, jene Macht dafür verwenden, um Bzz zu machen" —, und jeder kommt und spielt dabei mit. Sie sagen: „Möchtest du nicht dies oder möchtest du nicht das?" Das Spiel besteht einfach darin, im völlig freien Fall zu verbleiben und das zu tun, was auch immer du tust — das ist nämlich das, was ich mache. Lock sagte: „Komm' her und sprich'," und so sind wir jetzt hier. Denn das war eine Botschaft und hat nichts damit zu tun, daß ich mir etwas erhofft habe. Ich habe keinerlei Vorstellung davon, warum ich das hier oder irgend etwas anderes in meinem Leben tue. Ich sammle nichts an. Ich habe kein Ziel. Ich bin nichts weiter als ein reines Instrument in dem Spiel.

Wenn du die Bindung an den, der du zu sein glaubst und an das, was du zu tun glaubst, aufgibst, so ist das eine wirklich aufschreckende Angelegenheit. Die Leute sagen: „Was machst du mit deinem Leben?" „Ich weiß nicht, was ich damit mache." „Wer bist du denn?" „Ich weiß nicht, wer ich bin — wer, glaubst du, bin ich?" Siehst du, so wie diese Gruppe hereinkommt und das Bewußtsein dieser Gruppe eine bestimmte Sache erkennt, das aus mir eine bestimmte Sache hervorlockt. Du kannst mir glauben, wenn ich mit einer Gruppe spiritueller westlicher Jugendlicher im frühen Morgennebel an einem Strand sitze, kommt etwas völlig anderes aus mir heraus als das hier. Ich plane das nicht, aber ich stelle es fest, wenn ich die Tonbänder höre. Ich sehe, wenn ich eine Lesung bei der Menninger Foundation gebe, daß sie sich vollkommen von einer Lesung bei den Hell's Angels oder etwas ähnlichem unterscheidet. Der Inhalt ist der gleiche, aber die Metapher verändert sich, weil sie durch das Bewußtsein bestimmt wird, auch wenn ich nicht dasitze und das einplane. Es ereignet sich einfach.

Andere Formen des Lebens

Ich glaube, daß alles Gestaltete damit beschäftigt ist, Karma abzutragen, aber ich weiß nicht, welches die Einheiten sind. So weiß ich nicht, ob der Stein das ist, was er ist oder ob die Zellen des Steins das sind, was er ist. So gesehen, weiß ich nicht, auf welcher Ebene sich das Spiel befindet. Wenn du Meher Baba liest, gehst du durch das Mineral-, Tier- und Pflanzenreich etc. hindurch, und sie alle sind Teil von Reinkarnationen. Ich weiß nicht, ob das stimmt. Ich habe niemals eine Erfahrung in dieser Richtung gemacht, daher weiß ich es wirklich nicht. Aber ich glaube, daß eine menschliche Geburt wegen des Grades an *Selbst*-Bewußtsein — der Bewußtheit über die eigene Situation — als wertvoll angesehen wird. Eine Kuh weiß wohl nur äußerst selten, daß sie eine Kuh ist, und ein Hund — auch wenn er bisweilen große Intelligenz zeigen kann — hat vergleichsweise kaum einen Begriff von sich als Hund. Das scheint ein wichtiger und notwendiger Faktor für das als solches bezeichnete „Erwachen" in dieser Inkarnation zu sein. Daher nehme ich an, daß fast alles andere außer der menschlichen Geburt ein mechanisches Abtragen von Karma ist.

Innerhalb des indischen Systems sprechen sie von den drei *Gunas* oder drei Kräften im Universum: *tamasisch, rajasisch* und *sattvisch* oder die Kraft der Trägheit, die Form des Feuers oder der Energie und die Form der Reinheit, das Sattva. Alles setzt sich aus diesen drei Kräften zusammen. Man könnte sagen, ein Stein ist hauptsächlich eine tamasische Form, Feuer ist rajasisch, und die Wesen gehen einfach durch diese verschiedenen Formen hindurch. Aber das ist eine komplizierte Geschichte, das geht über meinen Horizont.

Erkenntnisvermögen

Wenn du sagst: „Das kann ich nicht begreifen", so rührt das daher, weil dein Denkmechanismus innerhalb der Zeit arbeitet — daher sind Zeit und Raum die Grundsubstanz, wogegen du denkst. Dimensionen, die nicht linear sind — nicht linear in Zeit oder Raum — wo hier und jetzt beide hier sind und jetzt und dann beide jetzt — sind solche, über die wir nicht *nachdenken* können. So sieht es einmal aus. Es gibt ein Buch von Maurice Nicol, *Living Time,* das sich damit weitgehend beschäftigt. Ich persönlich habe die Erfahrung gemacht — einige hier werden diese Erfahrung ebenfalls gemacht haben —, daß ich ein anderes Wesen angeschaut und seine gesamte Inkarnation erkannt habe. Ich sehe das Baby und den alten Mann, ich sehe den Sterbenden und den gesamten Ablauf — du kannst alles darin erkennen. Alles ist in jenem Augenblick genau im Hier. Nur aufgrund deiner Situation innerhalb der Zeit glaubst du, daß du nur zu einem oder einem anderen Teil davon in Beziehung stehst. Jene Wahrnehmung habe ich erlebt, aber mehr als das weiß ich auch nicht darüber. Ich kann nur sagen, daß du nur einige wenige Ebenen nach draußen gehen mußt — und Zeit wird völlig nebensächlich. Etwa so, wenn du mir zuhörst: würdest du deine Augen schließen und mir zuhören — ohne auf diesen Körper zu blicken —, und ich würde dich fragen, wie alt ich wäre, so würdest du das für sehr schwierig halten, weil ich mich selbst nicht in Form irgendeines Alters vorstelle. Ich weiß, daß dieser Körper einundvierzig Jahre alt ist, aber ich bin kein einundvierzigjähriges Wesen. Manchmal, wenn du mir zuhörst, magst du sagen, das ist ein sehr, sehr alter, weiser Mann, und manchmal wirst du behaupten, das ist ein vorwitziges Kind. Es fließt in alle diese unterschiedlich alten Wesen hinein und heraus, weil ich keine Vorstellung von meinem Alter habe. Deshalb sind 99 Prozent der Leute, mit denen ich zusammen bin, wahrscheinlich jünger als fünfundzwanzig Jahre. Niemals habe ich das Gefühl, daß ich mich altersmäßig von ihnen unterscheide — noch glaube ich, daß sie sonderlich von diesem Umstand geplagt werden. Auch sie befinden sich auf die gleiche Art und Weise wegen ihrer Interessen nicht in dieser Alters- oder Zeitdimension: denn nur eine Ebene weiter nach draußen erkennst du, daß der, der du bist, sich nicht innerhalb der Zeit bewegt. Zeit umschreibt die Inkarnation, die Verpackung ändert sich.

Begierden
Der Wunsch nach Erleuchtung bedeutet noch immer, daß du etwas begehrst. Was sich abspielt, ist, daß du mit Orten in Berührung kommst, die jenseits von dem liegen, wofür du dich jemals gehalten hast. Du wachst langsam auf, die Freude ist viel unglaublicher, das Verstehen ist unglaublicher und so weiter — und das Verlangen danach. Das ist wie eine übermäßige Sehnsucht, und dieses Verlangen bringt gewöhnlich all die anderen Wünsche zum Erlöschen. Dann, gegen Ende jener Aufeinanderfolge, stehst du nur noch mit diesem einen Verlangen da; und du erkennst, daß das Verlangen danach dasjenige ist, was dich davon abhält. Dann mußt du dieses Verlangen loslassen, um es werden zu können, und das ist eigentlich der endliche Sterbevorgang. Es ist das psychologische Sterben, denn die Begierde nach jenem letzten Wunsch ist deine letztliche Erklärung, wer du bist. Die Situation ist aber diese, daß das, wer du bist, nicht durch das Eingangstor hindurchgehen kann. Du kannst genau auf die Tür zugehen und anklopfen, aber du kannst nicht hineingehen. Es heißt, ,,es" kann hineinkommen, aber ,,du" kannst es nicht. Das, was begehrt, durch diese Tür zu gelangen, kommt genau bis davor, und dann wird ihm gesagt: ,,Das Verlangen muß draußen stehenbleiben. Es tut uns leid, laß deine Schuhe draußen, du kannst hereinkommen." An jenem Punkt fällt die Begierde ab. Mir ist nun etwas wirklich Interessantes passiert: obwohl ich noch eine ganze Menge anderer Wünsche habe, die die ganze Zeit über immer subtiler werden, ist jenes Verlangen tatsächlich viel kleiner geworden, als es jemals gewesen ist. Es verhält sich jetzt so — um so aufrichtig zu sein, wie es mir möglich ist —, daß ich nicht weiß, in welcher Inkarnation ich stecke, daß ich nicht weiß, wann sie vorbei ist. Ich kann nicht viel daran ändern — ich lebe einfach so bewußt, so offen und vertrauensvoll, wie ich es jetzt mache, und das hat viel von ,,Hier ist es, und was nun?" Ich kann nicht einmal den Versuch unternehmen, bewußt zu sein, denn sogar der Versuch, bewußt zu sein, ist bereits unbewußt. Deshalb gibt es kein Versuchen mehr, sondern einfach Sein. Ich habe meditiert, weil ich versucht habe zu meditieren, aber ich konnte erkennen, daß das nichts anderes als ein weiterer Ego-Trip war. Dann habe ich es schließlich aufgegeben und wurde daraufhin manchmal in die Meditation hineingezogen. Die Meditation ergab sich sozusagen für mich. Viel mehr noch ergibt sich jetzt mein Leben für mich — anstatt daß ich versuche, es selbst bestimmen zu wollen.

Jenseits von Dualität
Auch das ist gewissermaßen eine Umwandlung. Immer weniger mache ich selbst Erfahrungen — und auch das gehört zu dieser ungewöhnlichen Sache dazu, weil wir uns gewöhnlich durch die Art von Erfahrungen, die wir machen, einen Maßstab anlegen, wo wir stehen. Etwa, wenn wir uns gut fühlen oder das Licht in uns spüren oder die Anwesenheit von etwas fühlen und dann sagen: ,,Oh, wie wunderbar." Sieh' nur, jetzt haben wir noch ein Zeichen bekommen, du verstehst schon. Ist das klar? Dann aber kommen wir an einen Punkt, wo wir erkennen, daß dieses An-Sammeln von Erfahrungen — so wie das Verlangen nach Erleuchtung — auch zu jenen Dingen zählt. Das geht solange weiter, bis endlich eine Erfahrung auftritt, die

wir einfach zur Kenntnis nehmen und an uns vorüberziehen lassen. Schließlich sind wir tot für das irdische Leben und sind doch vollkommen lebendig — auf die gleiche Art und Weise, wie das Wasser lebendig ist. Wir tun genau das, was wir tun müssen, aber wir sammeln nichts mehr an dabei. Wir erfahren nicht, wir sammeln nicht, und gewissermaßen ist das eine Horror-Show, weil du eigentlich schon gestorben bist. Ich sitze vor meinem eigenen Tod und Begräbnis. Genau dies ist der Prozeß, den ich durchlaufe. Ich gebe mich als reines Werkzeug hin. Je weniger ich bin, umso stärker ist das; je besser diese Sache ist, umso weniger mache ich mir Gedanken darum, oder: je weniger ich versuche, irgend etwas anderes durchzusetzen . . . Es ist wie mit Ramakrishna. Siehst du, er liebte die Göttliche Mutter Kali so sehr, daß es ihn nach ihrer Gegenwart verlangte, um sie zu verehren. Schließlich sagte sein Dschungel-Guru zu ihm: „Du mußt Kali aufgeben", und er antwortete: „Wenn ich Kali aufgeben müßte, möchte ich nicht weiterleben." Der Guru ergriff einen Stein — einen spitzen Stein — und drückte ihn solange gegen Ramakrishnas Stirn, bis Kali in dessen Bewußtsein in tausend Stücke zersprang; und dann gelangte er auf eine neue Ebene, die sich jenseits von Dualität befindet.

Es ist damit so, als hätten wir uns immer nach dem vollkommenen Liebespartner gesehnt, und wenn wir ihn dann endlich gefunden haben, so ist es wirklich schwer, sich mit ihm zu verbinden — denn eigentlich gibt es dann keinen Liebespartner mehr. Es gibt niemanden, der liebt und niemanden, der geliebt wird. Wir haben die Dualität aufgegeben. Wer Erfahrungen sammelt, Wünsche hat, höchste Seligkeit erfährt, lebt noch in der Dualität. Jenseits der Dualität aber bist du niemand, und dort gibt es nichts mehr. Alles wird zum reinen Werkzeug. Dies bedeutet eigentlich Hingabe oder „Nicht mein Wille, sondern Dein Wille geschehe", das Sterben des Ego um zu dienen, göttliches Instrument zu sein oder wie auch immer wir dies nennen mögen. Dann legen wir es in die Hände Gottes, ob wir weiterleben oder sterben, ob wir dienen oder nicht dienen, und wir müssen nicht mehr selbst darüber entscheiden, was das Beste für uns ist.

REGISTER

Adler, Alfred 28
Ajna (sechstes Chakra) 27, 28, 67, 68, 69—70
Altersvorstellungen 135
Anahata (viertes Chakra) 27, 28—29, 66—67, 68, 69, 70, 71, 73
Angst (Ängste) 24, 29—30, 49, 52, 58—61; s. a. besondere Arten, z. B. Tod
   und höhere Bewußtseinszustände 49—50
annehmen (akzeptieren) 25, 26—27, 50; s. a. aufgeben (ergeben)
Arbeit am Selbst 35—36, 51—56, 58—61, 120—121, 124, 125
   Chakras und s. Chakras
   Essen und Nahrungsmittel und 54—56
   wachsendes Bewußtsein und 36—42; s. a. Bewußtsein
   Zielgerichtetheit des Denkens und 74—77, 96—103
Asanas 55
Ashrams (Ashram-Bewohner) 8—11
Ashtanga-Yoga 41
Astralebene 48, 57, 62, 70, 107—108, 125, 127
Astrologie 118
Atman 108
Atma-Vichara 95
Atmung (Atemkontrolle) 15, 41, 54, 68, 96, 103—104
aufgeben (ergeben) 43, 48—49, 50, 111; s. a. annehmen
   von Dualität 137
   des Ego 111, 131
Ausbrechen aus der Gesellschaft 75—76, 78—79
Autobiographie eines Yogi 125

Baba, Meher 47, 48, 134
Baba, Neem Karoli 2; s. a. Maharaj-ji
Bardos 30, 92
Be Here Now 121
Begierde(n) (Wünsche) 27, 28, 38, 68, 100—102, 136—137; s. a. Bindungen
   nach Erleuchtung 136, 137
   Energieumwandlung von 72—73
   Karma und Reinkarnation und 113—132
   verbunden mit Überleben und Fortpflanzung 132—134
bestmögliches Da-Sein 69—71
Bewußtheit s. a. Bewußtsein
   Wesen der 104—105
Bewußtsein 7—11 ff.
   und andere Lebensformen 134—135
   Angst und höhere Zustände von 49—50
   Austausch von Methoden und 40—42
   bestmögliches Da-Sein und 69—71
   und Bindung(en) 11—12, 69—71, 109 ff.; s. a. besondere Arten
   Cayce und zwei Ebenen von 47—48
   Chakras und s. Chakras
   Drogengebrauch und s. Drogen, Gebrauch von
   Ebenen von 29—31, 105—109, 113—132
   Essen und Nahrungsmittel und 54—56
   Evolution des 11, 12, 25, 37, 39—40 ff., 43, 45—46, 49, 62
   Führer (Gurus, Lehrer) und 24—27, 64—66, 77—79
   Gedankenaugenblicke und 93—94
   gnostische Vermittlung und 66
   Grenzen des Wissens und 43—46, 48—49, 94 ff., 104, 115—116, 118 ff., 125 f.
   Gruppenbewußtsein, Umwandlung von 42
   höheres, als ein Zustand der Einheit 12—13
   Karma und Reinkarnation und 113—132
   Konzentration und 73—74; s. a. Konzentration
   Liebe als 50—51, 121—122
   Mandala-Prozeß und 14—16
   Mantras und s. Mantras
   Meditation und s. Meditation
   und Nirvana 93—94
   „östliches" und „westliches" Menschenbild und 94—103
   Psychotherapie und 21—22, 24—27
   soziale Verantwortlichkeit und 33—36
   Unterscheidungen zwischen Englisch/Deutsch und Sanskrit und 74
   Weg des 7—11 ff.
   Wesen und Bewußtheit und 104—105
   Zielgerichtetheit des Denkens und 74—77, 96—103, 116; s. a. Konzentration
   zunehmendes 36—40 ff.
Bhagavad Gita 98
Bhakti-Yoga 31—32, 47, 94
Bibel, Die 32—33, 48
Bindu 21, 68
Bindung(en) (auch: Verstrickung, Anhaften) 7, 8, 10—11, 15—16, 37—39, 45, 57, 58—61, 66, 95 ff., 110—111, 123—125
   Bewußtseinsebenen und Freiheit von 11—12, 69—71, 106—110
   Chakras und s. Chakras
   Karma und Reinkarnation und 113—132
   logisches Denken und 43—45, 95 ff.
   Psychose und 56—61
   Rollenspiel und s. Rollen
   Überleben und Fortpflanzung und 132—133

Bleibtreu, John 19
Bodhisattva 69
Brahma 9, 13, 32
Buddha (Buddhismus) 8, 10, 28, 32, 38, 61, 62, 69, 76, 84, 87, 93—94, 100—101, 102, 113, 123, 125

Cayce, Edgar 47—48
Chakras (Energiezentren) 27—31, 35—36, 43, 49, 66—69 ff.; s. a. unter den einzelnen Chakras
   bestmögliches Da-Sein und 69—71
   Energieumwandlung und 68—69, 71—73
chanten 42; s. a. Mantras
Chassidim 10, 45
Christus s. Jesus Christus
Christus-Liebe 50
Computer, Gebrauch des 97—98, 106, 116

Denken s. a. Wissen
   Zielgerichtetheit des 74—77, 96—103, 116, 131—132; s. a. Konzentration
Depression 52, 53, 64—65
deutsch, Unterscheidungen zwischen Sanskrit und 14, 74
Dharma 8, 114—115
Dienst (djenen, teilen) 10, 11, 25—27, 33—36 ff., 66, 121—123
Dr. Strange Comics 40
Drogen, Gebrauch von 2, 21—24, 29—30, 40—41, 49—50, 86; s. a. besondere Sorten
Dualismus 29
   Aufgeben von 136—137

Ebenen des Bewußtseins 29—31, 105—109
   Karma und Reinkarnation und 113—132
Ego 19, 51, 62, 63, 74, 75, 78, 98—99, 122, 132—133; s. a. Rollen
   Hingeben des 111, 131
   Kontrolle und 27—28, 50
   Psychose und 59, 60—61
Einheit (Wesen der Einheit, Zustand der Einheit) 66—69
   bestmögliches Da-Sein und 69—71
   Getrenntheit und s. Getrenntheit
   höheres Bewußtsein und 12—13
Einstein, Albert 34, 104
Energie 9, 16, 21, 30, 35—36, 39, 50
   Aufsteigen der *Kundalini* 21, 103—104
   Chakras 27—29; s. a. Chakras
   Einheiten von 105, 108
   Kalapas 93
   Konzentration und 73—74
   Umwandlung von 16, 21, 68, 71—73
Englisch, Unterscheidungen zwischen Sanskrit und 74
Entscheidungen, Treffen von 111
Erkenntnisvermögen 135
Erleuchtung 8, 21, 50—51
   Verlangen nach 136, 137
Ernährung 16, 54—56, 102; s. a. Nahrungsmittel (Essen)
Erziehung (Nicht-Erziehung) 74—79
   Bereitschaft zum Lernen und 75—77, 78
   Lehrer als Vermittler des Universums 77—79
   Zielgerichtetheit des Denkens und 74—77
Esalen 42, 63—64
Essen s. Nahrungsmittel (Essen)
Evolution des Bewußtseins 11, 12, 24, 36—37, 39—40 ff., 43, 45—46, 49, 62
Ewige Gegenwart 16; s. a. „Hier & Jetzt"-Augenblick

Farbige (Neger) 37—38
feinstofflicher Körper 30
Fleisch, Essen von 55—56
Ford, Arthur 127
Fortpflanzung, Begierden verbunden mit 27—28, 132—133
Freiheit 25, 27, 33
   von Bindungen, Bewußtsein und 11—12, 25, 27, 33, 69—71
Frequenzen 105—109; s. a. Schwingungen
Freud, Sigmund 26, 28, 111, 117
From Bindu to Ogis 21
Führer von Bewußtseinsreisen 24—27

Gandhi, Mohandas K. 126
Gedanke (Denken) s. Wissen; Verstand (Rationalität)
Gedankenaugenblicke 93—94
Gedankenlesen 62, 63—64, 92
Gehirn (Stammhirn) 106, 117
Geist, Beziehung zwischen Materie und 102, 127
Gemeinschaftliches Leben (Gemeinschaften) 8—11, 41
Gesetzmäßigkeit des Universums 109—111
Getrenntheit (Isolation) 27—28, 49, 50—51, 62, 67, 69—71, 116, 120—122, 127; s. a. „wir" und „sie"
   Einheit und s. Einheit
   Illusion von 62
   Polarisierung und 11, 34
Glaube 43—44, 48, 62, 122
Heilung und 14—16
gnotische Vermittlung 66
God Speaks, A (Baba) 47
Gopis 31, 32
Gott (Götter) 6, 9, 16—17, 25, 31—33, 59, 67, 68, 91, 110, 119, 121—123, 124, 128, 137
Gott-Berauschte 57—58
Govinda, Lama 13
Gruppenbewußtsein, Umwandlung von 42
Gurdjieff, G. J. 11, 17, 122
Gurus 64—66, 122—123; s. a. besondere Aspekte; einzelne Gurus

Halluzinationen 69, 70, 106—107, 115
Hatha-Yoga 41, 55
Heffner, Hugh 101
Heilige 91, 128—129
Heilige Bücher 125
Heiliger Mann-Rolle 63
Heilung, Mandala-Prozeß und 14—16
Herrschafts-Chakra 27—28, 66, 68, 71, 116, 119
Hesse, Hermann 26
„Hier & Jetzt"-Augenblick 51—54, 72
   Erkenntnisvermögen und 136—137
   Psychose und 57—61
   Weisheit und 76—77
Himmel 6, 127, 129
Hinduismus 45, 55, 87, 110
Hingabe (hingeben) 31—32
höheres Bewußtsein, Angst und 49—50
   als ein Zustand der Einheit 12—13
Hölle(n) 127, 129
Hymnen 10

I Ging 54
Identifikation 71, 96, 114, 116, 120—123
Illusion(en) 15, 29, 36, 51, 62, 69, 70, 122, 128
   Erziehung und 76—77

James, William 44, 47—48
Jehova 31
Jesus Christus 32, 48, 59, 62, 69, 91, 94, 110, 116, 122
Jnana-Yoga 45
Johnson, Lyndon B. 63
Juden (Judentum) 110, 123
Jung, C. G. 28—29, 45, 72

Kalapas 93—94
Karma 8, 9, 10, 11, 36, 54, 69
   Nahrungsmittel (Essen) und 55
   und Reinkarnation 113—124, 125—132, 134
   -Yoga 8, 32
Kast, Eric 24
Katatonie 58, 109
Khumba Mela 84—85
Kindererziehung s. Erziehung (Nicht-Erziehung)
Klang: Frequenzen 105
   Zielgerichtetheit von 70
Kluckhohn, Florence 43
Körper, der 30
   Bewußtseinsebenen und 30, 105—125
   Bindungen und s. Bindung(en)
   Chakras und s. Chakras; einzelne Chakras
   Ernährung (Essen) und 54—56
   Karma und Reinkarnation und 113—124 125—132
kollektives Unbewußtes 28, 72
Kommunikation 39, 40—41, 127
Konfrontation, Polarisierung und 34
Konzentration (im Mittelpunkt sammeln) 24—25, 27, 34—35, 42, 60—61, 70, 73—74; s. a. Zielgerichtetheit des Denkens
   Mandala-Prozeß und 15
   Mantras und 11, 13—14, 15—16
Krankheit s. Heilung
Krishna 31—33
Kundalini, Aufsteigen der 21, 103—104

Laing, R. D. 22—24
Leary, Timothy 17
Lehrer (lehren) 73—79, 83—86 ff.
   gnostische Vermittlung 66
   Notwendigkeit für Gurus und Lehrer 64—66; s. a. Gurus
Leiden 38, 59
   Bindung und s. Bindung(en)
   Karma und Reinkarnation und 113, 118, 124—125, 128
   und Zeit 100—101, 118, 128
Leistungsmotivation 78—79, 100—103, 114—116, 117—118, 132
Lernen s. a. Erziehung; Lehrer
   Bereitschaft zum 75—77, 78
Libido 28, 68
Liebe 48, 50—54, 71, 121—122, 127, 133—134, 137
   s. a. besondere Aspekte und Arten
   Ebenen von 121—122
   als Seinszustand 50—54
Listen Humanity! (Baba) 47
Logik, Grenzen von Lernen und 14—15, 43—45, 48—49, 94 ff., 104, 115—116, 118 ff., 125 f., 134—135
LSD, Gebrauch von 2, 10, 16—18, 22—24, 29, 30, 40—41, 47, 49—50, 60, 86, 89—92
Lust 27, 28, 68
   Energieumwandlung von 72—73

Macht- (drittes) Chakra s. *Manipura*
Maharaj-ji 18—21, 87 ff., 104—105, 110—111, 114, 116
Maharishi Mahesh, Yogi 17
Maharshi, Ramana 95, 111
makrobiotische Ernährung 56
Mandala-Prozeß 14—16, 42
Manipura (drittes Chakra) 27—28, 66, 68, 71
Mantra(s) 13—14, 15—16, 107—108
   allgemein 15—16
   Macht 15
Materie, Beziehung zwischen Geist und 102, 127
McLuhan, Marshall 35, 39
Meditation 12, 14—16, 56, 78, 84, 90, 93, 95—103, 131, 133, 136
Mit-Gefühl 58, 59, 66—67, 71
   ohne Mit-Leid 60—61
Mit-Leid 60—61; s. a. Mit-Gefühl
Montgomery, Ruth 127
Motivation 27 ff., 78—79, 100—103, 115—116, 117—118, 132
Muktananda 107—108
Muladhara (erstes Chakra) 27—28, 49, 103—104, s. a. Getrenntheit (Isolation)

Nadis 70
Nahrungsmittel (Essen) 9, 16, 54—56, 102, 132, 133
Namasta: Bedeutung von 79
Neem Karoli Baba s. Baba, Neem Karoli
Neumann, Therese 56
Nicol, Maurice 135
Nirvana 93—94, 127

Ogis 21, 68
Om Mani Padme Hum-Mantra 13—14, 15, 16, 24, 26—27
Oshawa, George 56
ozeanisches (siebtes) Chakra 27, 28, 66, 67—70

Padmasana (Lotussitz) 108
Pahnke, Walter 40
Paranoia 34, 38, 88, 89, 122
Persönlichkeit 102, 117—118, 133
Pflanzen (pflanzliches Leben) 56
Plato 67, 118
Polarisierung (Polarität) 11, 34
Prana 27, 41
Pranayama 15, 41, 68, 103—104
Protestbewegung(en) 11, 34—35, 37—38, 41
Psilocybin 2, 40
Psychedelische Substanzen, Gebrauch von 2, 16—18, 22—24, 29—30, 40—41, 68, 86, 92
Psychiater 41—42, 58—61, 73
psychische Energiezentren s. Chakras
psychische Kräfte s. *Siddhis*
   Anziehung und Gefahr von 61—64
Psychoanalyse 92, 117, 120
Psychose 56—61
Psychotherapie 21—22, 24—27, 120; s. a. Psychiater; Psychoanalyse

rajasische Kraft 55, 135
Ram 32—33, 126
Ramakrishna 58, 137
Ramayana 32—33
Raum (Räume), psychische 29—31, 40, 42, 50
Raum- und Zeitbegriff(e) 35, 58, 66, 135; s. a. Zeit

Reinkarnation, Karma und 113−124, 125−132, 134−135
Rolle(n) (Anhaften an einer Rolle, Rollenspiel) 12, 21−26, 31−36, 52−54, 58−61, 62−64, 66, 67, 74, 114, 118−120

Sadhana 7−8, 41
Sahasrara (siebtes Chakra) 27, 28, 66, 67−70
Salinger, J. D. 9
Samadhi 68−69, 91
„Samenkörner, Kochen von unausgegorenen" 28, 68, 71
Sangha 8, 9
Sanskrit, Unterscheidungen zwischen Englisch/Deutsch und 14, 74
  Mantras 13−14
Satsang 8, 9
sattvische Kraft 55, 135
Schönheit 38
Schulsystem 74−79; s. a. Erziehung (Nicht-Erziehung)
Schwingungen 36, 118, 125; s. a. Frequenzen
  Mandala-Prozeß und 14−15, 16
Selbstmord 30, 60
Sex (Sexualität) 101, 117, 119, 131−133
  Chakra 27−28, 68−69, 73
  Energieumwandlung von 21, 72−73
  und Fortpflanzungswünsche 27−28, 132−133
  tantrischer 72−73
Shakti 73
Shiva 32
Siddhis 43, 45, 90, 115−116; s. a. psychische Kräfte
„sie" s. „wir" und „sie"
Sinne: Bindung an die 7, 9, 27−28, 68, 95−103
  Energieumwandlung von 71−73
soziale Verantwortlichkeit (soziales Verhalten) 33−36 ff., 120; s. a. Dienst
Spannungen 34
  Lernen und 76
Spiele (spielen, Spieltheorie) 22−27, 59−61, 62, 69, 70; s. a. Rollen
  Chakras und s. Chakras
  Erziehung und 78−79
Stammhirn 106, 116−117
Sufis 10−11, 45
Svadhisthana (zweites Chakra) 27, 28, 68, 72−73

tamasische Kraft 55, 135
tantrische Sexualität 72−73
Tanz, Evolution des Bewußtseins als 11, 12, 25, 37, 39−40 ff., 43−46, 49, 62
Tao 77, 116
Technologie 118−119
Teddy (Salinger) 9
Teresa, St. 125
Thangkas 14−15
Tibetanisches Totenbuch 30, 92
tierische Nahrungsmittel 55−56
Tod (sterben) 24, 29−30, 50, 51−52, 92, 111, 124, 136, 137
  Karma und Reinkarnation und 124, 125−132
Töten, Essen und 55−56
Tripitaka 93
Tschuang Tse 20

Überleben 27−28, 132−134; s. a. *Muladhara* (erstes Chakra)
Umwandlung von Energie 16, 21, 68, 71−73
unbewußte Impulse, Angst vor 49

Universum 13
  Begierden und Schaffung des 127−128
  Bewußtsein als 108−110
  Chakras und Wahrnehmung des 66−69
  Energie des 105
  Gesetzmäßigkeit des 109−111
  Gunas (Kräfte) im 135
  Karma und s. Karma
  Lehrer als Vermittler des 77−79

Verhalten, Motivation und s. Motivation
  soziale Verantwortlichkeit und 33−36 ff., 120
  wachsendes Bewußtsein und 36−40 ff.
Verlangen 38, 101−103; s. a. Begierde(n); Bindung(en)
Verrücktsein 50, 56−61
Verstand (Rationalität), Grenzen von 14−15, 43−45, 48−49, 94 ff., 104, 106, 115−116, 118−119 f., 125 f., 135−136; s. a. Logik; Wissen
Versuche (Versuchsleiter) 43
Verzweiflung 64−65, 119
Vier Edle Wahrheiten 100−101
Vietnam 34−39
Vishuddha (fünftes Chakra) 27, 28, 58, 67, 68
Visuddhimagga 93
Vivekananda 96, 98

Wahrheit 6, 25, 48, 56, 58, 49; s. a. Wahrnehmung(en)
  Grenzen des Wissens und 43−46, 48−49, 104, 115−116, 118 ff., 125 f.
  Zielgerichtetheit des Denkens und 74−77
Wahrnehmung(en) 56−58, 117−118
  und Bewußtseinsebenen 105−109, 113−132
  des Universums, Chakras und 66−69
Weihe 9
Weisheit 67, 76−77, 127, 131−132
  Wissen und 76−77, 127
Wesenskern 117−118, 120
Wettbewerb, Lernen und 78
„wir" und „sie" 12−13, 34, 35−36, 121−122; s. a. Einheit; Getrenntheit (Isolation)
Wissen 74−77, 96−103, 109, 125 f.,
  Erkenntnisvermögen und 135−136
  Grenzen des 14−15, 43−46, 48−49, 94 ff., 104, 106, 115−116, 118 ff., 125 f.
  Gurus und 64−66
  Lehrer als Vermittler des Universums und 77−79
  Wege des 125 f.
  Weisheit und 76−77
  Zielgerichtetheit des Denkens und 74−77, 96−103; s. a. Konzentration
Wissenschaft, Wissen und 43−46, 48
Wunder 86, 114

Yoga 17−18, 31, 41, 70, 116; s. a. besondere Arten
Yogananda 125

Zeit, Bindungen und 38, 101, 110, 118, 123−124, 127
  Erkenntnisvermögen und 135−136
  Leben in der 66, 135−136
  Leiden und 38
  und Raumbegriffe 35, 58, 66, 135
Zen-Buddhismus 61, 62, 113
Zeuge sein 131−132, 133
Zielgerichtetheit: des Denkens 24−25, 74−77, 96−103, 116, 131−132; s. a. Konzentration
  von Klängen 70, 131−132
Zorn 7, 73

Ram Dass berichtet von den drei Stufen seiner Reise, die ihn von den Sozialwissenschaften über die Arbeit mit den psychedelischen Drogen nach Indien zu Maharaj-ji führt, der seine Suche beendet. Der illuminierte Mittelteil vereinigt die Essenz seiner Vorträge im Bucks County Seminar House, New York, 1969, zu einem Ganzen und wirft aus der Sicht des „inneren Ortes" Licht auf den unvermeidlichen Reifungsprozeß, den wir durchlaufen. Im dritten Teil schließlich findet man eine umfangreiche Auswahl von Techniken und Methoden für die spirituelle Praxis in allen Lebensbereichen.

Das Buch umfaßt 400 Seiten und ist durch Überweisung von 16.10 DM auf das Postscheckkonto 3997 73-109 Berlin-West vom Sadhana Verlag, Bundesallee 124, 1000 Berlin 41, zu beziehen.

Cassetten von Ram Dass können zum Preis von 1.50 Dollar je Stunde zuzüglich Porto von der Hanuman Foundation Tape Library, P.O. Box 9, Rego Park, New York 11374 bezogen werden. Katalog kostenlos auf Anfrage.

Love Serve Remember, ein sehr schönes Sechs-Schallplatten-Album von Ram Dass und Freunden mit Gesprächen, Vorlesungen aus heiligen Büchern, Musik und einer Meditation, ist bei ZBS Foundation, R. D. 1, Fort Edwards, New York 12828 zum Preis von 5.50 Dollar zuzüglich Versandkosten erhältlich.

Alles Leben ist Tanz kann durch Vorauszahlung von 9 DM auf Postscheckkonto 3824 19-101 vom Frank Schickler Verlag, Postfach 21 02 29, 1000 Berlin 21, bezogen werden.